本书是国家自然科学基金项目（62161009）、广西科技立项和专利的代理制度研究（桂科ZL18077014）、广西区教改课题（2018JGB195）的最终成果

专利实务实训

周治德◎著

知识产权出版社
全国百佳图书出版单位
—北京—

图书在版编目（CIP）数据

专利实务实训/周治德著. —北京：知识产权出版社，2024.12
ISBN 978 - 7 - 5130 - 8008 - 8

Ⅰ. ①专… Ⅱ. ①周… Ⅲ. ①专利权法—基本知识—中国 Ⅳ. ①D923.42

中国版本图书馆 CIP 数据核字（2021）第 272612 号

责任编辑：刘　睿　邓　莹　　　　　　责任校对：王　岩
封面设计：乾达文化　　　　　　　　　责任印制：刘译文

专利实务实训

周治德　著

出版发行：	知识产权出版社 有限责任公司	网　　址：	http：//www.ipph.cn
社　　址：	北京市海淀区气象路 50 号院	邮　　编：	100081
责编电话：	010 - 82000860 转 8346	责编邮箱：	dengying@ cnipr.com
发行电话：	010 - 82000860 转 8101/8102	发行传真：	010 - 82000893/82005070/82000270
印　　刷：	三河市国英印务有限公司	经　　销：	新华书店、各大网上书店及相关专业书店
开　　本：	720mm×1000mm　1/16	印　　张：	14
版　　次：	2024 年 12 月第 1 版	印　　次：	2024 年 12 月第 1 次印刷
字　　数：	264 千字	定　　价：	78.00 元

ISBN 978 - 7 - 5130 - 8008 - 8

前　言

Preface

　　知识产权是权利人对自己的智力劳动成果和经营标记、信誉依法所享有的专有权利，专利是知识产权的重要组成部分，具有技术性、法律性和经济性。党的十九大报告多次提到"创新"一词，并提出"倡导创新文化，强化知识产权创造、保护、运用"。习近平总书记强调，创新是引领发展的第一动力，保护知识产权就是保护创新。创新包括科技创新、产业创新，还包括市场创新、组织创新、管理创新等，具有复合型、复杂性等特征。无论是科技革命，还是产业变革，各学科范式交叉融合，各领域知识相互渗透。在新质生产力背景下，知识产权人才在面对新一轮科技革命和产业革命时，却面临新的挑战。2012年，教育部颁布实施《普通高等学校本科专业目录（2012年版）》，将知识产权专业列为法学学科门类法学专业类下的特设专业，专业代码为030102T。教育部启动"高等学校本科教学质量与教学改革工程"，以全面提高本科教学质量。知识产权专业以培养应用型复合型人才为主要目标，知识产权实训课程具有法律和实务相结合的特殊性，专业实践环节教学变得尤为重要。开设知识产权专业的实训课程成为热点和重要议题。"专利实务实训"是巩固知识产权理论知识、训练知识产权实务操作的重要课程之一。

　　在国内，复旦大学成立"复旦大学知识产权研究中心"，采用校内外专家结合的开放式研究机构模式，联系知识产权界，促进知识产权理论与实际相结合的研究。华中科技大学以"专利工程师"和"专利代理师助理"为特色，精心设计知识产权实务课程，邀请专利代理机构资深专利代理师、律师事务所资深律师授课。南京理工大学成立专利中心，拥有由律师、专利代理师、专利工程师等组成的专业化的专兼职代理师队伍，建立实训室，提供全方位的知识产权实务咨询与代理服务。重庆理工大学知识产权学院创新"政产学研"联盟新机制，建立知识产权博物馆，为知识产权实务教学服务，培养和培训知识产权专门人才。这些新的思想或新的培养模式，为知识产权专业的复合型人才培养提供了很好的借鉴。

　　我国知识产权专业教育，大多还停留在法学基础教学阶段，导致重理论、轻实务现象；知识产权实务教学是一个培养学生动手、动眼、动脑的过程，可以发掘学生较大的潜能。通过实训教学，可以培养学生的好奇心、兴趣爱好，激发学生的求知欲，使学生对学习产生兴趣，更重要的是培养学生的实验操作技能，以及观察问题、分析问题和解决问题的能力，从而能够较全面地提高学生的基本素质。当前知识产权专业教学面临着诸多亟须解决的问题，值得我们深入研究。

陶行知的生活教育理论主张"生活即教育""社会即学校""教学做合一"，强调教育要与学校结合，要与生活结合，要理论联系实际。知识产权专业学生可以从事公、检、法相关职业，可以在专利、商标事务所从事咨询代理业务，或在版权局、知识产权局、科技局等部门从事知识产权管理工作。郭秋梅对"知识产权法"课程进行调查，有93%的学生认为"知识产权法"需要增加教学实践课，88%的学生认为在学习"专利法"时需要详细了解专利申请案例分析等实践内容，93%的学生认为案例分析教学学时占40%左右比较好，79%的学生认为案例分析课最好穿插在每个章节之中，单独分析讨论比较。这些数据反映了实践教学的重要性。

截至2023年底，全国有近百所高校设立了知识产权学院等专门的教育研究机构，有117所高校开设了四年制的知识产权本科专业；部分设立知识产权学院的高校还开展了知识产权研究生（硕士、博士）教育。知识产权专业教学面临着一些亟待解决问题。一是知识产权教学模式不统一。国内大多数高校采用四年制，以知识产权法学为中心，学生缺乏必要的理工科知识背景和实务能力；一些高校采用"2+2"模式，即用两年主修理工科基本知识，两年学习知识产权法知识，学习较笼统、不够深入；还有一些学校鼓励理工类学生辅修知识产权专业学位课程。二是课程设置不合理。大多数高校以法学理论教学为主，专利实务、专利文献检索与分析、知识产权管理、知识产权评估等实务课程较少，其他相关学科知识很少涉及。三是教学内容与社会需求脱节。培养人才没有很好地面对市场需求，存在封闭式、"填鸭式"教学，停留于书本、停留于理论层面；随着"大数据"、"互联网＋"时代来临，对知识产权专业时代性强、知识更新快的特点把握不够准确。四是教学资源不够丰富。知识产权教学内容大多局限于理论授课，教学资源无法满足学生的实际需求。五是学科定位不够清晰。开设知识产权专业的院校对于知识产权学科的定位不大一致，中国人民大学、中国政法大学、中南财经政法大学等院校将知识产权法作为独立学科招生，清华大学、苏州大学等院校将知识产权方向置于法学一级学科下，华中科技大学、西安交通大学等院校在法学二级学科民商法或经济法下设知识产权研究方向，南京工业大学、山东大学等院校将知识产权方向放在管理学一级学科下，作为其二级学科。总之，学科定位不够清晰，这对知识产权教学和人才培养无疑是不利的。

我国知识产权人才培养已近40年，知识产权法学人才辈出，成绩明显。但是企业急需的知识产权经营管理实务人才较为薄弱。大中型企业、高新企业等迫切需要的是善管理、能经营的知识产权经营人才；中小微企业需要的是会操作、能动手的知识产权实务人才。实体行业提供的知识产权类岗位数量超过了中介类行业所提供的岗位。《2023 年中国专利调查报告》显示，2023 年 55.2% 的企业专利权人反映缺少高端专业人才是制约专利产业化的最大困难和障碍，同比提高了 6.5个百分点；52.3% 的企业认为需要加大知识产权高端专业人才培养与引进方面的政策支持。陶鑫良认为，我国高校应在博士研究生、硕士研究生、本科生组成的在学层面上和通过"国家知识产权人才培训基地"等在职教育层面上，通过在学教育与继续教育双管齐下，培养社会需求的知识产权应用专业人才。西南政法大学总结知识产权实践教学存在的问题有实践教学流于形式、方法单一、创新实践不够。兰州理工大学进行了"知识产权管理"课程项目式教学探索。

专利代理工作对推动专利制度的建设和发展起着重要的作用。专利代理师以委托人的名义，按照专利法及有关规定，向国家知识产权局办理专利申请或其他专利实务。专利代理师的具体业务大致为：提供专利申请咨询；代理撰写专利申请文件、申请专利以及办理审批程序中的各种手续以及批准后的事务；代理专利申请的复审、专利权的撤销或者无效宣告中的各项事务，或为上述程序提供咨询；办理专利技术转让的有关事宜，或为其提供咨询；其他有关专利事务。鉴于专利代理在专利制度正常运转中的重要作用，国务院法制办 2018 年公布的《专利代理条例（修订稿）》将"专利代理人"称谓变更为"专利代理师"，并从资格证的获得、执业证的颁发等方面予以了全面规定。自国务院 1991 年颁布《专利代理条例》后，国家知识产权局已组织了 18 次全国专利代理师资格考试。国家知识产权局对申请文件的格式有比较严格的要求，如果文件不符合要求，就会被要求补正、视为未提交、撤回，或者驳回。撰写权利要求书必须用专门的法律语言，准确地限定保护范围。在专利申请过程中，还要注意各种限制，比如违反国家法律、社会公德或者妨害公共利益的发明创造，不能授予专利权；对审查意见要及时陈述意见；对驳回、宣告专利无效等行为要及时申请复审，或者向人民法院提诉；为了维持专利权有效，要按时足额缴纳专利年费等。专利申请文件的撰写格式和要求要按规定来写；需要熟悉有关专利知识，掌握专利申请和审批的规定和流程，要具备从事这些工作的技能，而专利代理师则可以帮助发明人完成这些工作。一般专利实务由代理机构代办，由专利代理师和发明人一起撰写申请文件和后续实务。

美国的大学本科没有知识产权专业，而是放在研究生层次上。学生在获得非法学专业本科学位以后，参加法学院入学考试才可以攻读知识产权专业硕士学位；这样设置有利于培养复合型的中高级知识产权人才。美国加州大学伯克利分校知识产权课程采取了多种多样的教学方式和方法，如研讨会、模拟练习、实务实习、邀请行业专家与时事专家进行案例教学、公开发表文章等。除上述形式外，新罕布什尔大学的在线品牌管理、哈佛大学的版权和商标诉讼等，在知识产权课堂中还增加了口头辩论、课堂演讲等授课形式。英国则主要采用案例教学模式，通过案件建立师生间的问答和交流，让学生充分掌握知识产权法律相关知识点，重视知识产权案例教学。

目前来说，我国知识产权专业培养模式仍以教师讲授为主，学生主动思考和实际操作的机会较少，被动地接受理论知识，这在一定程度上限制了学生自我创新的能力，不利于学生的全面培养。应借鉴和吸收美国、英国案例教学的模式，在教学过程中，不仅注重对纯粹理论知识的掌握，更要注重通过具体案例让学生掌握相关的法律概念，训练法科学生独有的批判性思维模式，增强学生处理具体问题的能力。

对于专利实务实训教学，本人有以下几点建议。

构建实务教学与理论教学相互促进的递进教学模式。知识产权专业针对具体区域优势和高校专业布局设置，由于专利实务具有法律、技术和管理相结合的特殊性，可以在课程设置里面，按照"熟悉—模拟—实战"三个步骤，设计并开设"专利实务实训"课程。按照理工科专业实验指导书的原理和流程，建立知识产权实训室，购买电脑、办公桌等实训硬件，以及知识产权教学软件，包括知识产权模拟教学软件、专利检索分析教学软件、知识产权管理软件。配套编写《专利实务实训》，构建实务教学与理论教学相互促进的递进教学模式。

建立知识产权模拟教学中心。首先建设专利法知识和专利流程的模拟教学系统。课程中心有课程管理、考勤管理、成绩管理、资源管理、实验模拟等模块。课程管理模块是课程维护、查看课程、开设课程。成绩管理模块是各项成绩及综合成绩分析，有考勤成绩、实验成绩、单个课程、指定时间范围内实验成绩、考试成绩平均分、综合成绩。在本系统中，一个流程角色可能会参与多种流程类型。专利流程模块，包括发明专利申请、实用新型专利申请、外观设计专利申请、专利检索、专利复审、专利无效宣告、专利侵权行政调处、专利实施许可、专利转让、专利质押贷款、专利提案内部审批、专利诉讼等环节。学生在完成模拟实验之后，将自动生成实验报告提交，对实验过程的心得体会进行记录，教师对本次实验进行打分。该系统经过讨论、试用，已经修改完善多次，使用效果反应良好。

建立专利检索与分析模块。利用宽带网络、学校局域网、学校图书馆等平台系统，选用不同的专利检索分析工具，进行专利检索分析。该模块包括专利检索、专利阅读、专利分析以及个人工作台功能。首先学习专利信息基本知识，然后学习如何利用检索工具，采取具体检索手段，检索专利文件，进一步分析专利文献信息。介绍多种程度的检索方式，包括智能检索、高级检索、分类检索、法律状态检索和批量检索，最大程度地方便专利检索；专利阅读可对专利基本信息进行阅读，包括题录信息、摘要及附图、权利要求、法律状态、引证信息、同族信息；通过关键字对专利进行检索后，对检索结果可以进行分析。

　　建立专利管理实训系统。专利管理实训，学习在科研活动中如何快捷获取技术信息、掌握并跟踪本技术领域的技术动态。管理模块主要功能有提案评审、专利咨询、技术秘密、专利申请、委托案件、工作台管理、年费缴纳、流程设计、数据权限、期限管理等，就是按照目前大型企业专利管理模式来设计。为了体现理工科背景和电子信息专业特色，提案评审包括全流程化管理专利提案，挖掘专利案源，完成线上评审与评价汇总，形成专利申请，并可查看该提案申请了多少条专利。专利申请包括国家/PCT申请的业务流程、进度监控、官文答复、费用缴纳、奖励、资助管理等全过程管理。委托案件模块，可在线委托案件撰写核稿、OA答复等业务，系统自动发送邮件提醒。工作台管理包括待办任务、期限提醒、费用清单等，方便专利管理人员有效监控学校所有专利案件业务，提升工作效率，规避工作遗漏；年费缴纳：专利年费期限监控与提醒，年费批量续费并可导出账单明细；统计分析与数据表导出：包括申请授权量、状态类型、发明人、历年汇总等，便于查看与统计，掌控学校专利的全局信息；期限管理，支持监控专利优先权申请、实审、PCT进入国家、专利资助等期限提醒。附件管理及导出，设置集中管理专利全过程中的各类文档，支持在线阅读、上传及下载，并支持按文件类型批量导出附件，如专利申请文件、受理通知书、证书文档。专利运营模块，可进行专利许可、转让、诉讼、质押评估等业务管理，实现专利权生命周期管理，专利运营关联专利本身。

　　编写《专利实务实训》指导书。有了实训室，有了硬件和软件以后，关键是如何让学生和实务人员有效学习和利用，达到实训目的。为了帮助大家熟练操作知识产权实训教学软件，学校提供了软件操作说明书电子版和操作视频，放在每台电脑的桌面上，供大家学习和操作参考。系统功能模块设计好以后，具体的专利实务实训内容和操作流程需要教师来设计。为了体现"理论—实践—塑造"闭环教学理论，突出专利实务实训，要有针对性地编写专利实务实训教材，指导学生如何学习和模拟专利实训流程。

　　本书以提高知识产权实务能力为出发点，通过实训目的、基本原理与法条、基本要求与案例、实训操作步骤、思考题等环节，将专利基本知识、专利技术交底书、专利申请文件撰写、专利申报、专利维权、专利复审与无效、专利诉讼、专利意见陈述、专利管理操作、法律文书撰写进行专题学习和实训，具有针对性和可操作性。本书可以作为高校知识产权专业的教科书，可供知识产权管理人员、知识产权实务人员参考，也可作为专利代理师考试参考用书。

由于本人专业水平有限，难免有一些疏漏和错误，还望读者不吝赐教，以便有机会改进。

周治德

2024 年 3 月

目　　录 ◖
Contents

实训一
专利基本知识

一、实训目的

（一）了解专利基本知识，熟悉专利申请流程

了解基本概念：知识产权、专利权的定义；专利的类型，发明创造取得专利权的条件，专利权的特点；申请专利文件包括哪些，具体要求；专利权和专利申请权的转让；哪些情况下不授予专利权；申请发明专利的程序；申请实用新型和外观设计专利的程序。

（二）了解、熟悉知识产权实训室管理规定，熟悉知识产权模拟教学软件、专利管理软件等的操作

知识产权实训室管理规定、专利法教学模拟软件、专利管理软件操作具体见后文与附件。

二、基本原理与法条

相关内容参见《中华人民共和国专利法》（以下简称《专利法》）第 1～19 条、第 21～25 条、第 49 条，《中华人民共和国专利法实施细则》（以下简称《专利法实施细则》）第 3～9 条、第 13～15 条，《专利审查指南 2023》第一部分第 1 章（1、2）。

三、基本要求

（一）掌握专利法基本概念

1. 知识产权的定义

知识产权是指公民、法人或者其他组织在科学技术方面或文化艺术方面，对创造性的劳动所完成的智力成果所依法享有的专有权利。

知识产权包括两大部分：

第一部分称为工业产权，第二部分称为著作权或者版权。工业产权是知识产

权的重要组成部分，包括专利权和商标权。知识产权是无形财产权，并不是指动产或不动产的财产权。

2. 专利权

专利，是专利权的简称。它是指一项发明创造（包括发明、实用新型和外观设计）向国务院专利行政部门提出专利申请，经依法审查合格后，向专利申请人授予的在规定的时间内对该发明创造享有的专有权。

3. 我国《专利法》保护哪几种专利

我国《专利法》保护三种专利，即发明、实用新型和外观设计专利。

4. 什么样的发明创造才能取得专利权

申请专利必须具备三性：新颖性、创造性、实用性。

（1）新颖性。第一个标准是在专利申请日以前没有同样的发明或实用新型在国内出版物上没有公开发表过；第二个标准是在国内没有公开使用或者以其他方式为公众所知。满足了这两个标准，就符合发明创造的新颖性。根据这一原则，判断发明或实用新型完全依赖于现有技术这一客观标准。判断现有技术是判断新颖性的前提。

如果在专利申请日之前，发明创造已经公开了，或者在文字上已经记载出版了，就丧失了新颖性。如果有人先发表论文或申请成果，其他人再申请专利，就造成发表论文破坏了后申请专利的发明创造的新颖性，不能授予专利权。因此，要先申请专利，再发表文章、申请成果等。

（2）创造性。根据我国《专利法》对创造性的定义，是指与申请日之前已有的技术相比，发明有突出的实质性特点和显著的进步，即非显而易见性，也叫创造性。

（3）实用性。是指发明或者实用新型能够制造或者使用，并且能够产生积极效果。能够制造或者使用，即它能够被工业批量地制造出来。

5. 专利权的特点

专利权是一种无形财产权，与有形财产权相比较，有其独特的特点。

（1）专有性。专有性也称独占性，是指专利权人对其发明创造享有独占性的制造、使用、销售和进口的权利。也就是说，其他任何单位或个人未经专利权人许可不得为生产、经营目的制造、使用、销售和进口其专利产品，否则，就是侵犯专利权。

（2）时间性。专利权的时间性是指专利权人对其发明创造拥有法律赋予的专用权只在法律规定的时间内有效，期限届满后，专利权人对其发明创造就不再享有制造、使用、销售和进口的专有权。至此，原来受法律保护的发明创造就成了社会的公共财富，任何单位或个人都可以无偿地使用。我国《专利法》规定的发明专利权的保护期限为 20 年，实用新型专利权的期限为 10 年，外观设计专利权的期限为 15 年，均自申请日起计算。

（3）地域性。专利权具有极严格的地域性，一个国家的专利局依照本国的专利法所授予的专利权，只在本国法律管辖范围内有效，在其他国家或地区是无效的。

6. 申请专利所需文件及要求

（1）请求书。

请求书是确定发明、实用新型或外观设计三种类型专利申请的依据，应谨慎选用；建议使用专利局统一表格。请求书应当包括发明、实用新型的名称或使用该外观设计产品的名称，发明人或设计人的姓名，申请人姓名或者名称、地址（含邮政编码），以及其他事项。

其他事项是指：

① 申请人的国籍；申请人是企业或其他组织的，其总部所在地的国家。

② 申请人委托专利代理机构的应当注明的有关事项。申请人为两人以上或单位申请，而未委托代理机构的，应当指定一名自然人为代表人，并注明联系人姓名、地址、邮政编码及联系电话。

③ 分案专利申请（已驳回、撤回或视为撤回的申请，不能提出分案申请）类型应与原案申请一致，并注明原案申请号、申请日，否则，不按分案申请处理。要求本国优先权的发明或实用新型，在请求书中注明在先申请的申请国别、申请日、申请号，并应于在先申请日起一年内提交。

④ 申请文件清单。

⑤ 附加文件清单。

⑥ 当事人签字或者盖章。

⑦ 确有特殊要求的其他事项。

（2）说明书。

说明书应当对发明或实用新型作出清楚、完整的说明，以所属技术领域的技术人员能够实现为准。

（3）权利要求书。

权利要求书应当以说明书为依据，说明发明或实用新型的技术特征，清楚、简要地表述请求专利保护的范围。

（4）说明书附图。

说明书附图是实用新型专利申请的必要文件。发明专利申请如有必要也应当提交附图。附图应当使用绘图工具和黑色墨水绘制，不得涂改或易被涂擦。

（5）说明书摘要及摘要附图。

发明、实用新型应当提交申请所公开内容概要的说明书摘要（限 300 字），有附图的还应提交说明书摘要附图。

（6）外观设计的图片或照片。

外观设计专利申请应当提交该外观设计的图片或照片，必要时应有简要说明。

（7）专利申请权和专利权的转让。

转让专利申请权或者专利权的，当事人应当订立书面合同，并向国务院专利行政部门登记，由国务院专利行政部门予以公告。专利申请权或者专利权的转让自登记之日起生效。

中国单位或者个人向外国人转让专利申请权或者专利权的，必须经国务院有关主管部门批准。

（8）不授予专利权情况。

① 科学发现。

② 智力活动的规则和方法。

③ 疾病的诊断和治疗方法。

④ 动物和植物品种。

⑤ 用原子核变换方法获得的物质。

⑥ 对平面印刷品的图案、色彩或者二者的结合作出的主要起标识作用的设计。

（9）发明专利申请的程序。

① 申请：由专利申请人向国务院专利行政部门提出申请。

② 初步审查：国务院专利行政部门收到发明专利申请后，经初步审查认为符合《专利法》要求的，自申请日起满十八个月，即行公布。国务院专利行政部门可以根据申请人的请求早日公布其申请。

③ 实质审查：发明专利申请自申请日起三年内，国务院专利行政部门可以根据申请人随时提出的请求，对其申请进行实质审查。国务院专利行政部门认为必要的时候，可以自行对发明专利申请进行实质审查。

④ 登记：发明专利申请经实质审查没有发现驳回理由的，由国务院专利行政部门作出授予发明专利权的决定，发给发明专利证书，同时予以登记和公告。发明专利权自公告之日起生效。

⑤ 驳回申请：国务院专利行政部门对发明专利申请进行实质审查后，认为不符合《专利法》规定的，并且经申请人陈述意见或者进行修改后，国务院专利行政部门仍然认为不符合专利法规定的，应当予以驳回。

⑥ 复审：专利申请人对国务院专利行政部门驳回申请的决定不服的，可以自收到通知之日起三个月内，向专利复审委员会请求复审。

⑦ 无效申请：自国务院专利行政部门公告授予专利权之日起，任何单位或者个人认为该专利权的授予不符合《专利法》有关规定的，可以请求专利复审委员会宣告该专利权无效。

⑧ 行政诉讼：专利申请人对专利复审委员会驳回申请的复审决定不服的，或者当事人对专利复审委员会宣告专利权无效或者维持专利权的决定不服的，可以自收到通知之日起三个月内向人民法院起诉。

（10）实用新型和外观设计申请专利的程序。

与发明专利的申请程序相比，实用新型和外观设计专利申请的程序基本相同，只是没有实质审查这一环节。实用新型和外观设计专利申请经初步审查没有发现驳回理由的，由国务院专利行政部门作出授予实用新型专利权或者外观设计专利权的决定，发给相应的专利证书，同时予以登记和公告。实用新型专利权和外观设计专利权自公告之日起生效。

（二）了解《专利法》基本知识

1.《专利法》概述

《专利法》作为调整发明创造社会关系的法律，是知识产权法律制度的重要组成部分，与一个国家科学技术进步与创新之间的联系十分密切。我国《专利法》自 1985 年实施，已走过近 40 年，经过了四次修正，也见证了我国知识产权行业由初创到高速发展的风风雨雨。在鼓励和保护发明创造，促进发明创造的推广应用，提升我国自主创新能力，从而促进我国科技进步与创新方面发挥了十分重要的作用。我国正处于大力推进国家知识产权战略，实行自主创新政策、建设创新型国家的大背景下。《专利法》将在推动中国科技进步与创新、提升创新能力、加强对专利权的保护、促进中国经济社会发展等方面发挥更加重要的作用。

国家颁发专利证书，授予专利权人以专利权，在法律规定的期限内，对制造、使用、销售（有些国家还包括进口该项专利发明或设计）享有专有权（又称垄断权或独占权）。其他人必须经过专利权人同意才能进行上述行为，否则即为侵权。专利期限届满后，专利权终止。任何人皆可无偿地使用该项发明或设计。

国家颁布和实施《专利法》，是为了促进市场资源向有利于发明创造不断产生的方向积极投入，推动经济产业的兴旺发展。为此，国家以法律程序赋予发明人一定期限内的垄断权利，同时要求其将发明的内容向全社会公开，以此在提高市场个体进行发明创造意愿的同时，促进社会整体技术水平的快速积累和发展。

2.《专利法实施细则》介绍

我国《专利法实施细则》是根据我国《专利法》制定的细则，自 2001 年 7 月 1 日起施行。现行《专利法实施细则》是 2023 年修订的，共 13 章 149 条。

3.《专利审查指南》介绍

国家知识产权局作为国务院专利行政管理部门，委托国家知识产权局专利局受理、审批专利申请，专利局以国家知识产权局的名义作出各项决定。为了客观、公正、准确、及时地依法处理有关专利的申请和请求，国家知识产权局依据《专利法实施细则》第148条制定《专利审查指南》（以下简称"指南"）。该指南是专利法及其实施细则的具体化，因此是专利局依法行政的依据和标准，也是有关当事人在上述各个阶段应当遵守的规章。

现行的《专利审查指南》是2023年修订的，自2024年1月20日起施行。

（三）掌握专利代理师考试要求及题型

全国专利代理师资格考试是国家知识产权局举办的从事专利代理行业的职业资格考试，每年举行一次，一般在11月进行。应试人员在收到总成绩合格通知单后向考核委员会提出申请，经审查符合《专利代理条例》有关规定的，由专利代理师考核委员会颁发《专利代理师资格证书》。考试包括专利法律知识（总分为150分）、相关法律知识（总分为100分）和专利代理实务（总分为150分）三门考试科目。考试采用闭卷方式进行。专利法律知识和相关法律知识两门科目采用填涂机读答题卡方式，专利代理实务科目采用论述答题和撰写方式。考试要求和内容见全国专利代理师资格考试大纲。

四、思考题

（一）如何利用模拟教学软件和专利管理软件来帮助学习

模拟软件有发明专利、实用新型专利、外观设计专利申请的流程，通过进入模拟教学软件不同专利申请流程来进行学习，掌握申请流程的基本思路、注意事项、各种相关规定等，同时模拟教学软件还包括专利维权、专利诉讼、专利复审和无效宣告等相关模拟操作，可以很好地供学习者学习。

（二）专利法知识在专利代理师考试中的地位和作用

在专利代理师考试中，专利法律知识：150分；相关法律知识：100分；专利代理实务：150分，总共400分，由此可见专利法知识在考试中占据举足轻重的地位，同时专利法知识涉及发明专利、实用新型专利、外观设计专利的各个领域，是任何一个专利代理师都必须掌握的法律知识。

实训二
专利技术交底书

一、实训目的

（一）了解专利技术交底书的结构组成

（二）了解专利技术交底书的基本知识

（三）了解专利技术交底书的作用

（四）掌握专利技术交底书的撰写方法

二、基本原理与法条

专利技术交底书是发明人与专利代理师进行技术交流的重要文件，其撰写质量高低直接关系到代理师对技术的理解和申请文件的撰写质量，进而影响到专利能否授权以及专利授权的保护范围。专利技术交底书是专利发明人把自己的专利技术构思写下来，供专利代理师撰写专利说明书时参考的技术文档，也是发明人与代理师之间沟通的基本素材和基础。

相关内容参见《专利法》第 26 条第 3 款、《专利法实施细则》第 20 条、《专利审查指南 2023》第二部分第二章（2.1）。

三、基本要求与案例

（一）掌握专利技术交底书的格式要求

清楚、完整和准确的"技术交底书"是高质量申请文件的基础。在实际工作中，由于专利申请文件撰写不到位或者不规范导致专利审查周期延长、授权范围小以及专利权不稳定的问题比比皆是。究其原因，专利技术交底书撰写质量低是一个重要方面。专利代理师是在技术交底材料的基础上撰写申请文件，发明人作为非专利工作者，其撰写的技术交底材料并不等同于申请文件，不能要求发明人完全以申请文件的要求来撰写技术交底材料，但专利申请中某些重要内容也是需要在技术交底材料中明确体现的，这样有利于代理师更好地理解技术内容并撰写出高质量的专利申请。

技术交底书的大致结构有以下几方面。

首先，需要给"技术交底书"起一个标题，与写文章、写论文要起个标题一样，发明人也必须用一个标题对自己的技术构思进行概括，例如"基于……的车联网方案"。

其次，要说明现有的技术有什么缺点，所有的技术构思都会有一个起源，总是对现有的技术有不满意的地方才会有改进现有技术的动力。就某项技术而言，现在的技术是怎样的，它存在什么问题，而发明人的这项技术构思就是为了解决这个问题而提出来的。如果现有技术比较复杂，还要对背景技术作一些说明，方便专利代理师和专利审查员根据发明人叙述的技术线索快速进入角色。

最后，写得好的"技术交底书"，对现有技术都有比较详尽的说明，这么做的好处是在正式展开自己的技术构思之前，发明人通过自己对现有技术的描述和设定，先将专利审查员的思路引入自己掌控的环境和进程，而且专利审查员对将现有技术写得很详尽的专利申请都有好感，因为这能减轻审查员了解相关技术的负担，并显示了发明人对现有技术的通透研究和对自己方案的自信。

（二）了解、熟悉专利技术交底书的撰写要求

发明人把专利技术交底书撰写成文字的过程，是其整理和改进自己的技术构思的过程，还可能在这个过程中发现原有的技术缺点，并形成更好的技术方案。专利代理师的角色在于从专利法和专利申请的角度将发明人的技术成果转化为法律权利，只有发明人首先将自己的技术以书面的形式写清楚了，代理师基于这个书面材料才能更高效地理解发明人的技术并抓住重点。下面介绍专利技术交底书的撰写要点。

1. 背景技术部分

《专利审查指南2023》中规定，发明或者实用新型说明书的背景技术部分应当写明对发明或者实用新型的理解、检索、审查有用的背景技术，并且尽可能引证反映这些背景技术的文件。尤其要引证包含发明或者实用新型权利要求书中的独立权利要求前序部分技术特征的现有技术文件，即引证与发明或者实用新型专利申请最接近的现有技术文件。该规定明确了背景技术在申请文件中的作用，也间接体现了背景技术在技术交底材料中的地位。背景技术的撰写也因技术内容差异而不同。对于改进性技术来说，背景技术应当详尽、准确地撰写，客观地分析相应现有技术中存在的缺陷和不足，亟待解决的技术问题。在可能的情况下，应进一步分析产生上述缺陷和问题的具体步骤或者技术特征，以及现有技术在解决上述缺陷中存在的技术障碍。对于此类改进性技术，应当尽量避免背景技术记载过于笼统、没有针对性，偏离技术主题，主观、偏执地判断现有技术缺陷。对于另一类开拓性的技术来说，其背景技术的撰写要求与改进性技术有所不同。发明人难以找到接近的现有技术，其背景技术可简单介绍本领域相同或相近主题技术的发展现状，明确现有技术中不存在或者不能实现类似的技术方案，申请人提出的是开拓性的且可以实施并产生一定有益效果的技术方案。撰写恰当的背景技术可以让代理师、审查员和公众充分了解现有技术发展的现状，以更加接近本领域技术人员的角度去审视申请的技术方案。客观、准确的背景技术可以作为专利审查中最接近的现有技术，实际上就是发明人作出本发明技术方案的改进基础，其明确了现有技术与发明人技术方案的界限，有助于代理师对发明点的挖掘以及最终授权范围的预判，进而有助于代理师进行合理的专利布局。

2. 发明目的部分

发明的目的通常是解决现有技术中存在的缺陷和不足，在申请文件中通常是简单记载的，但在技术交底材料中，发明人应当在简单说明发明目的后，就发明目的对应的技术方案以及技术效果进行详细的记载。当技术方案有多个发明目的时，应全面记载，供代理师在撰写中参考，有利于撰写出更具针对性的专利申请文件。

3. 技术方案部分

在现有专利制度中，专利权以公开获取保护，是以技术方案的"充分公开"为前提的。发明或实用新型的技术方案即为实际要公开的内容，也是发明或实用新型的核心内容，在技术交底材料中应当清楚、完整地记载。同时，该部分内容也是权利要求合理概括的基础。

技术交底材料中技术方案部分的撰写应当注意以下四点。

（1）清楚、完整的技术方案。

我国《专利法》第 26 条第 3 款规定：说明书应当对发明或者实用新型作出清楚、完整的说明，以所属技术领域的技术人员能够实现为准。基于该规定，技术交底材料对技术方案作出了清楚、完整的说明，是以所属技术领域的技术人员能够实现为判断标准的，而能够实现是指所属技术领域的技术人员按照记载的内容，就能够实现请求保护的技术方案，解决其技术问题，并且产生预期的技术效果。为了体现技术方案"能够实现"，发明人应当用不产生歧义的技术术语对技术方案进行完整描述，重点指明发明对现有技术的改进部分，明确哪些技术特征是必需的，哪些是可选择的，并对具体技术特征可以进行合理的替代和扩展进行说明，便于代理师在申请文件撰写时进行上位的合理概括，以获得尽可能大的专利授权保护范围。以化学领域的撰写为例，发明人应当明确记载反应原料（包括原料结构、来源）、必要的制备工艺参数、最终产品结构的确认（如实训数据）以及相应原料和工艺中可替代方案。在实际的代理工作中，代理师拿到的技术交底材料通常存在这样一个问题：申请人为了保护技术秘密，防止泄密，对技术方案的描述很模糊，故意隐藏部分重点技术特征，使技术方案不完整或者不清楚。在实际专利审查中，基于此类技术交底材料撰写的申请通常不满足《专利法》第 26 条第 3 款关于"充分公开"的规定，难以获得专利权。其实，发明人不必有上述顾虑，对于正规的代理机构和代理师，其负有对发明人的技术方案保密的责任，并可以签订保密协议，在代理机构处发生技术泄密的可能性很小；同时，专利代理师作为专业的专利从业者，在权利要求书撰写过程中会对技术方案进行合理概括，在说明书撰写中会对技术方案进行合理扩展，会将发明人的核心技术方案在申请文件中进行合理、充分的体现。

（2）必要的实施方式。

实现发明或者实用新型的优选的具体实施方式是说明书的重要组成部分，其体现申请中解决技术问题所采用的技术方案，具体实施方式记载的技术方案比说明书中记载的内容更加详尽、完整。它对于充分公开、理解和实现发明或者实用新型，以及支持和解释权利要求都是极为重要的。因此，说明书应当详细描述申请人认为实现发明或者实用新型的优选的具体实施方式。尤其是化学领域的案件，实施方式中给出的实训数据对产品结构的确认、技术效果的认定都十分重要。对于不同类型的发明来说，具体实施方式的撰写要求也有所不同。对于产品的发明或者实用新型，实施方式应当清楚地描述产品的机械构成、电路构成或者化学成分，说明组成产品的各部分之间的相互关系，必要时需给出相应的产品数据或实训数据。对于可动作的产品，只描述其构成不能使所属技术领域的技术人员理解和实现发明或者实用新型时，还应当说明其动作过程或者操作步骤。对于方法的发明，应当写明其步骤，包括可以用不同的参数或者参数范围表示的工艺条件。

（3）可选的附图。

附图的作用在于用图形补充说明书文字部分的描述，使人能够直观地、形象地理解发明和实用新型的每个技术特征和整体技术方案。对于发明中涉及产品结构、连接关系的技术来说是需要有附图的，而实用新型本身就是对产品的形状、构造或者其结合所提出的适用于实用的新的技术方案，实用新型必须具有附图。因此，附图是说明书的一个重要组成部分，但附图并非一个必要组成部分，发明人应根据实际方案说明的需要选择是否在技术交底材料中给出附图。

（4）技术效果部分。

技术效果是技术方案产生的实际结果，有益的技术效果是申请人判断技术方案对现有技术的贡献所在。发明人应结合现有技术和发明点对有益的技术效果进行说明，必要时借助实施例和对比例进行说明。当存在多方面有益效果时，建议都记载在技术交底书中，便于代理师参考。同时，有益的技术效果也是专利审查过程中创造性评判的一个重要考量因素。

综上，概述了技术交底材料撰写中需要注意的几个核心内容，但技术交底材料的撰写也会因具体技术领域和技术方案的不同而有差异。技术交底材料仅作为技术交流的初步材料，在技术交底材料的基础上，发明人和代理师之间需要更加充分地进行技术交流，逐步完善申请材料，才能得到高质量的专利申请。

（三）专利技术交底书案例示范

以下列举几个常见的专利技术交底书作为示范。

【案例1】

专利技术交底书

一、发明创造名称		一种轮胎花纹			
二、专利申请人（授权后的专利权持有人）：					
发明人	1. 田某	2. 黄某	3. 张某	4. 苗某	5. 李某某
技术联系人及电话	田某	1807872＊＊＊＊（请务必指定一名联系人以便沟通技术问题）			
三、技术领域					
请列举本发明创造已知的技术领域		本发明属于轮胎花纹结构领域，尤其涉及一种非对称式轮胎花纹。			
四、背景技术					
1. 描述据申请人所知的与本发明创造最接近的已有技术的技术特征 （要列出现有专利、期刊文献、教材等）		随着全球汽车行业技术的不断发展，人们的汽车理念也在不断变化，这对提供承载力、传递驱动力的轮胎提出了越来越高的要求，特别是欧盟标签法规实施后，轮胎的噪声、乘驾舒适性、干湿地安全性越来越受到关注。			
2. 已有技术存在的缺陷或问题 （亦即本发明创造所要解决的技术问题）		轮胎在高速运转过程中，由于横穿在花纹沟槽内的气流较大，因此产生的轮胎噪音较大，影响了汽车行驶的舒适性。 在轮胎安装时需要注意安装方向，而且对于平衡轮胎干/湿地操控性能和乘坐舒适性能的能力较低；如何提高轮胎干/湿地操控性能，又能最大程度地保证轮胎的乘坐舒适性能，达到二者之间性能的平衡，一直以来都是轮胎胎面花纹设计者需要重点考虑的问题。			
五、本发明创造的技术内容 本发明针对现有技术不能有效地同时提高轮胎在干/湿地路面的操控性能和轮胎乘坐舒适性能的技术问题，提出一种使轮胎噪音小、抓地能力强、排水性能好的轮胎花纹。					

续表

1. 技术方案 应清楚、完整地描述本发明创造为解决前述技术问题所采用的技术方案：机械产品，应描述机械结构组成及连接/组装关系、工作原理及工作方式	一种轮胎花纹，包括中央花纹块区、第一花纹块区和第二花纹块区。其中，中央花纹块区为长条状，第一花纹块区位于中央花纹块区左侧，第一花纹块区包括沿轮胎周向均匀排布的多个 V 形沟槽，V 形沟槽的两端开口；第一花纹块区与第二花纹块区相对于中央花纹块区的一中心点中心对称。 作为优选，在第一花纹块区和中央花纹块区之间设置有第一纵向沟槽。作为优选，V 形沟槽由两条弧形沟槽构成，两条弧形沟槽连接部分圆滑过渡。
2. 有益效果 （与已有技术进行对比，本发明创造具有的优点及积极效果，应着重描述由本发明创造的不同于已有技术的技术特征所直接产生的有益效果）	1. 本发明采用中心对称的花纹结构形式，并配合 V 形沟槽，可以切断气流，从而有效减小了轮胎在高速行驶过程中产生的噪音，使驾乘者有更舒适、安静的驾乘体验；两端开口的 V 形沟槽，既可以克服传统的横向花纹排水性能差、噪音大的缺点，又可以克服传统的纵向花纹抓地能力差的缺陷。2. 第一纵向沟槽和第二纵向沟槽，可以进一步提高轮胎的排水能力，以及进一步降低轮胎的噪音。3. 第三花纹块区和第四花纹块区设置有沿轮胎周向分布的开放式第二横向沟槽，有效地增强了轮胎湿地排水性能，有效防止轮胎的侧向水滑。
3. 说明书附图 ① 机械产品请提供立体组装图、爆炸图，必要时提供剖视图、核心部分的局部放大图； ② 对于电子产品，请提供功能模块图、电路原理图、电路图等； ③ 对于方法，请提供工艺流程图	1. 第一花纹块区； 2. 第一纵向沟槽； 3. 第二花纹块区； 4. 中央花纹块区； 5. 第三花纹块区； 6. 第四花纹块区； 7. V 形沟槽； 8. 第一横向沟槽； 9. 钢片； 10. 第二横向沟槽； 11. 第二纵向沟槽。 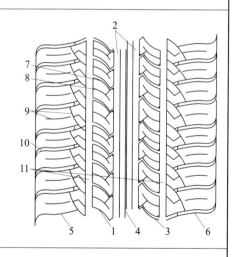
六、实施例（请在适用时填写以下栏位）	
举例详细说明具体实施方式，说明专利具有实用性	略

【案例2】

专利技术交底书

一、发明创造名称	一种信号切换电路	
二、专利申请人（授权后的专利权持有人）：刘＊＊		
发明人	刘＊＊；吴＊＊；杨＊＊	
技术联系人及电话	刘＊＊	18290022577
三、技术领域		
请列举本发明创造已知和潜在的技术/产品应用领域及其应用方式	本发明涉及一种高频放大器，具体地说，涉及一种用于无线通信系统的高频晶体管放大器。	
四、背景技术		
1. 描述据申请人所知的与本发明创造最接近的已有技术的技术特征 （从具体的技术角度描述，而不是简单地进行功能说明）	现有技术中，显示设备中的 DSB 及 BNC 信号的切换电路是由显示设备的微处理器所输出的 DBBNC 信号来控制其切换的。当 DBBNC 信号为 0V 时，BNC 信号源输入的视频信号经信号线输出至下一级的视频电路；当 DBBNC 信号为 5V 时，DSB 信号源输入的视频信号经信号线输出至下一级的视频电路。	
2. 已有技术存在的缺陷或问题 （亦即本发明创造所要解决的技术问题）	当两个通道都有高频视频信号时，就会产生相互干扰。例如当显示通道为 DSB 信号时，显示设备会产生受 BNC 信号干扰的画面。反之，当显示通道为 BNC 信号时，显示设备会产生受 DSB 信号干扰的画面。	
五、本发明创造的技术内容 本发明所要解决的技术问题是提供一种信号源不相互干扰的信号切换电路。		
1. 技术方案 应清楚、完整地描述本发明创造为解决前述技术问题所采用的技术方案： 机械产品，应描述机械结构组成及连接/组装关系、工作原理及工作方式	信号切换电路包含：第一模拟开关晶体管，其具有基极、集电极和发射极，所述基极通过一电阻，以交流耦合方式连接到第一信号源，所述集电极与电源连接，所述发射极经电阻接地；第一切换晶体管，其具有基极、发射极和集电极，所述集电极通过所述电阻与第一模拟开关晶体管的基极连接，所述基极经一电阻接收切换信号，所述发射极接地；一晶体管，其具有基极、发射极和集电极，所述基极经一电阻接收所述切换信号，所述集电极经一电阻与电源连接，所述发射极接地；第二模拟开关晶体管，其具有基极、发射极和集电极，所述基极通过一电阻，以交流耦合方式连接第二信源，所述集电极连接所述电源；第二切换晶体管，其具有基极、发射极和集电极，所述集电极通过所述电阻与第二模拟开关晶体管的基极连接，所述基极通过一电阻与所述晶体管的集电极连接，所述发射极接地；其中，第一模拟开关晶体管及第二模拟开关晶体管的发射极互相连接形成输出端，信号切换电路响应切换信号，通过输出端输出第一信号源或第二信号源的信号。当 DBC 切换信号为 0V 时，晶体管 Q193、Q101 断路，晶体管 Q100 和 Q108 导通，使晶体管 Q102 的基极电压等于 0.2V。于是晶体管 Q102 断路，Q102 基极上的视频信号衰减至 0.2V。由此可有效地将 DSB 通道 43 上的视频信号由 0.7V 衰减至 0.2V。从而使由于第二信号源 43 对信道 BNC 的第一信号源 41 的干扰降至最低可能。 另一方面，DBBNC 切换信号 45 为 5V，DSB 信号源 43 输出时，本发明可有效地将 BNC 通道 41 上的视频信号由 0.7V 衰减至 0.2V。由此使由于第一信号源 41 对 DSB 信号源 43 的干扰降至最低可能。

2. 有益效果（与已有技术进行对比，本发明创造具有的优点及积极效果，应着重描述由本发明创造的不同于已有技术的技术特征所直接产生的有益效果）	已有技术当显示通道为 DSB 信号时，显示设备会产生受 BNC 信号干扰的画面。反之，当显示通道为 BNC 信号时，显示设备会产生受 DSB 信号干扰的画面。而用该信号切换电路信号进行电路切换能使两个信号通道所传输的信号的相互干扰降至极低，从而减小信号间的干扰。
3. 说明书附图①机械产品请提供立体组装图、爆炸图，必要时提供剖视图、核心部分的局部放大图等；② 对于电子产品，请提供功能模块图、电路原理图、电路图等；③ 对于方法，请提供工艺流程图	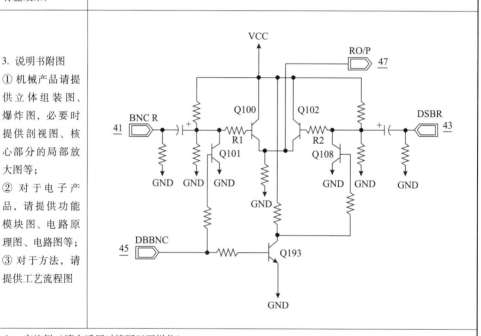
六、实施例（请在适用时填写以下栏位）	
举例详细说明具体实施方式，说明专利具有实用性	略

【案例3】

专利技术交底书

一、发明创造名称	一种硅胶柱层析分离单一聚合度纤维寡糖的方法			
二、专利申请人（授权后的专利权持有人）：				
发明人	1. 刘某某	2. 石某 3. 姚某某 4. 梁某 5. 李某某		

技术联系人及电话	刘某某	1380731＊＊＊＊（请务必指定一名联系人以便沟通技术问题）

三、技术领域

请列举本发明创造已知和潜在的技术/产品应用领域及其应用方式	本发明属于分离纯化技术领域，尤其是涉及一种层析分离技术。

四、背景技术

1. 描述据申请人所知的与本发明创造最接近的已有技术的技术特征（从具体的技术角度描述，而不是简单地进行功能说明）	已有技术分离效果差，洗脱峰重叠严重。存在填料昂贵、不易重复利用、操作复杂、设备要求高和耗时长等诸多限制条件。
2. 已有技术存在的缺陷或问题（亦即本发明创造所要解决的技术问题）	已有的分离技术存在填料昂贵、不易重复利用、操作复杂、设备要求高和耗时长等诸多限制条件，本发明综合了以上技术加以创新。探索实训室低成本、规模化制备单一聚合度纤维寡糖的方法，并得到聚合度分别为 2 - 5 纯度较高的单一组分纤维寡糖。

五、本发明创造的技术内容

本发明提供硅胶柱层析分离单一聚合度纤维寡糖，以解决现有技术中制备成本高、不能进行规模化制备的技术问题。

1. 技术方案 应清楚、完整地描述本发明创造为解决前述技术问题所采用的技术方案	称量脱脂棉加入装有浓盐酸的三角瓶，完全浸湿，少量多次加入浓硫酸，在室温下搅拌。将其倾倒于装有丙酮的烧杯中搅拌至出现大量白色絮状沉淀，置于 - 20℃冰箱中静置后抽滤放入蒸馏水中搅拌成乳白色悬浊液，以 4000r/min 的转速离心沉降。上清液于 50℃下真空浓缩以除去残留的丙酮。将强碱性树脂填于玻璃柱中，用蒸馏水冲洗压实树脂交换层。随后将除去丙酮的上清液注入该树脂柱，并用蒸馏水洗脱直至流出液中无糖检出。收集洗脱液，经检测若呈中性、无 SO_4^{2-} 和 Cl^- 存在表明树脂柱没有过载，否则表明树脂柱过载，需二次过柱。将洗脱液于 50℃下真空浓缩，冷冻干燥后称重，得到纤维寡糖。纯化：干法装柱。取纤维寡糖溶于蒸馏水中，加入硅胶，搅匀、风干，干法上样。以正丁醇 - 乙酸 - 水（2:1:1，v/v/v）作为流动相，0.3mL·min⁻¹ 的流速进行等度洗脱。采用部分收集器收集洗脱液，每 5mL 收集一管至洗脱液中无糖检出（1.3.1），共收集 500 管。将收集液每隔一管取同等体积（30μL）样品进行 TLC 检测，按照 TLC 检测结果合并相同组分，将合并后的组分分别浓缩至约 10mL，冷冻干燥后分别称重、备用。用苯酚 - 硫酸法分析、TLC 分析、荧光辅助糖电泳法分析、电喷雾飞行时间质谱法进行分析。

续表

2. 有益效果（与已有技术进行对比，本发明创造具有的优点及积极效果，应着重描述由本发明创造的不同于已有技术的技术特征所直接产生的有益效果）	采用制备型常压硅胶柱层析，选择干法填柱、干法上样，用 TLC 对分离过程进行监测，FACE 对分离后的各单一组分进行定性检测，并用 ESI – TOF – MS 对各组分进行分子质量的确认。该方法能够较好地将聚合度较低的纤维寡糖分离开来，获得纯度较高的单一聚合度纤维寡糖，聚合度在 2 – 5 的单一聚合度纤维寡糖。具有操作简单、填料廉价易得、分离量大、快速简便等优点。
3. 说明书附图 ① 机械产品请提供立体组装图、爆炸图，必要时提供剖视图、核心部分的局部放大图等； ② 对于电子产品，请提供功能模块图、电路原理图、电路图等； ③ 对于方法，请提供工艺流程图	图 1　纤维寡糖的 TLC 检测谱图 图 2　纤维寡糖（DP 值在 2 – 6）的 ESI – TOF – MS 结果，正离子模式下的加钠离子峰的谱图 图 3　硅胶柱层析分离纤维寡糖各组分的 TLC 检测谱图 图 4　不同组分纤维寡糖的 FACE 检测结果 图 5　组分 B、C、D、E 的 ESI – TOF – MS 结果（正离子模式下的加钠离子峰的谱图）
六、实施例（请在适用时填写以下栏位）	
尽量多举实施例若本发明创造的某些技术特征涉及保护范围，请多举例具体说明	称量脱脂棉加入装有浓盐酸的三角瓶，完全浸湿，少量多次加入浓硫酸，在室温下搅拌。将其倾倒于装有丙酮的烧杯中搅拌至出现大量白色絮状沉淀，置于 – 20℃ 冰箱中静置后抽滤放入蒸馏水中搅拌成乳白色悬浊液，以 4000r/min 的转速离心沉降。上清液于 50℃ 下真空浓缩以除去残留的丙酮。将强碱性树脂装填于玻璃柱中，用蒸馏水冲洗压实树脂交换层。随后将除去丙酮的上清液注入该树脂柱，并用蒸馏水洗脱直至流出液中无糖检出。收集洗脱液，经检测若呈中性、无 SO_4^{2-} 和 Cl^- 存在表明树脂柱没有过载，否则表明树脂柱过载，需二次过柱。将洗脱液于 50℃ 下真空浓缩，冷冻干燥后称重，得到纤维寡糖。纯化：干法装柱。取纤维寡糖溶于蒸馏水中，加入硅胶，搅匀、风干、干法上样。以正丁醇 – 乙酸 – 水（2：1：1，v/v/v）作为流动相，0.3mL·min^{-1} 的流速进行等度洗脱。采用部分收集器收集洗脱液，每 5mL 收集一管至洗脱液中无糖检出（1.3.1），共收集 500 管。将收集液每隔一管取同等体积（30μL）样品进行 TLC 检测，按照 TLC 检测结果合并相同组分，将合并后的组分分别浓缩至约 10mL，冷冻干燥后分别称重、备用。用苯酚 – 硫酸法分析、TLC 分析、荧光辅助糖电泳法分析、电喷雾飞行时间质谱法进行分析。

【案例4】

专利技术交底书

一、发明创造名称	一种便携式茶多酚检测仪器及检测方法			
二、专利申请人（授权后的专利权持有人）：				
发明人 1. 周＊＊	2.	3.	4.	5.
技术联系人及电话	周＊＊		1355753＊＊＊＊（请务必指定一名联系人以便沟通技术问题）	

三、技术领域

请列举本发明创造已知和潜在的技术/产品应用领域及其应用方式	本发明属于生物检测技术领域，具体涉及一种用仪器检测茶多酚的方法。

四、背景技术

1. 描述据申请人所知的与本发明创造最接近的已有技术的技术特征（从具体的技术角度描述，而不是简单地进行功能说明）	为了选育出适合制备黑茶的茶树优良品种，在田间鉴定时，需要知道茶树嫩叶中茶多酚的含量。茶多酚总量检测方法主要包括分光光度法、近红外光谱法、电化学分析法等。GB/T 8313《茶叶中茶多酚和儿茶素类含量的检测方法》为福林酚比色法。
2. 已有技术存在的缺陷或问题（亦即本发明创造所要解决的技术问题）	已有方法都是在实验室中进行的。需要一种便携式检测仪器，能够现场快速检测新鲜茶叶中茶多酚的含量，帮助茶树品种快速筛选，实现茶树品种快速选育。

五、本发明创造的技术内容
本发明所要解决的技术问题是提供一种便携式茶多酚的快速检测仪器，以及用该仪器快速检测茶多酚的方法。

1. 技术方案 应清楚、完整地描述本发明创造为解决前述技术问题所采用的技术方案	为了解决该技术问题，本发明设计了一种便携式快速检测茶多酚含量的仪器，检测方法的原理采用紫外分光光度法，和GB/T 8313相比，不需添加福林酚试剂，不需要空白样对比，利用不同浓度的茶多酚对特定波长的紫外光吸光度的差异，实现对茶多酚浓度的快速检测。 整个仪器由光源模块、样品池、光电检测模块、微控制器、显示模块等部分组成。 所述光源模块包括紫外光光源模块和可见光光源模块；所述紫外光光源模块产生特定290nm波长的紫外光，用来检测茶多酚的吸光度；所述可见光光源模块为LD比照可见光模块，产生650nm可见光，用来取代GB/T 8313方法中空白样，消除背景干扰； 所述样品池放置待测试的茶叶浆液上清液。 利用该便携式仪器，检测茶叶中茶多酚的步骤如下： 步骤1：茶叶样品预处理。茶叶清洗；通过打浆机将茶叶制成浆液，静置； 步骤2：仪器开启。接通电源，本仪器采用蓄电池作为电源，开启290nm的紫外光光源和650nm的可见光光源，将仪器调零； 步骤3：待测样品的检测。取茶叶浆液的上清液放入样品池中； 将样品池放入仪器中；对茶叶浆液上清液进行测试；显示茶叶中茶多酚测试结果。

2. 有益效果 （与已有技术进行对比，本发明创造具有的优点及积极效果，应着重描述由本发明创造的不同于已有技术的技术特征所直接产生的有益效果）	和国家标准相比，本发明不需要添加福林酚试剂，改变检测波长；利用不同浓度的茶多酚溶液对290nm紫外光的吸光度不同，而对650nm可见光不吸收，通过茶多酚溶液的紫外光的吸光度减去可见光的吸光度，达到消除背景干扰的目的，取代国标法中空白样的作用。国标法测量一个样本大约需要1.5小时，而该方法时间为几分钟，大大缩短了检测时间，可应用在茶树品种快速选育以及茶叶产品生产过程中的茶多酚含量的快速测定。本专利实现茶多酚快速便携检测，仪器可工业化生产。
3. 说明书附图 对于电子产品，请提供功能模块图、电路原理图、电路图等； 对于方法，请提供工艺流程图	图1仪器组成示意图（略） 图2茶多酚、没食子酸、红茶、绿茶1号、绿茶3号、绿茶6号样品全波段扫描图（略）
六、实施例（请在适用时填写以下栏位）	

| 1. 简化性或替换性的实施例
若本发明创造的某些技术特征可进一步简化省略或可替换为其他一些技术特征的，请具体说明，并说明这样的简化省略或替换带来的功效（如：将原技术特征C简化省略，或替换为技术特征D，从而进一步简化产品结构） | 图1为仪器组成示意图，包括密闭腔和检测模块，所述密闭腔内部依次为：光源（1）、样品池（2）、光电检测模块（3）、控制模块（4）、显示模块（5）。光源（1）包括紫外光源和可见光光源LD；紫外光源产生290nm紫外光，可见光光源LD产生650nm可见光。光电检测模块（3）型号为LSGPD－UV3.2，用来探测紫外光和可见光强度；控制模块（4）型号为STM32ZET6，内置12位逐次逼近型ADC，把光电检测模块的输出的模拟信号转化为数字信号，微控制器对检测信号进行解算和控制光源模块的工作；显示模块（5）型号为0.96'OLED，将检测、解算结果进行显示。
利用该仪器具体检测步骤如下：
步骤1：新鲜茶叶样品处理。茶叶清洗；通过打浆机将茶叶制成浆液，静置；
步骤2：仪器开启。接通电源，同时开启光源（1）中的290nm紫外光源和650nm可见光光源；仪器调零，显示模块（5）为0。
步骤3：待测样品的检测。取茶叶浆液的上清液放入样品池（2）中；将样品池（2）放入仪器中；对茶叶浆液的上清液进行紫外吸收测试；经过光电检测模块（3）探测紫外光和可见光强度；控制模块（4）把光电检测模块（3）的输出的模拟信号转化为数字信号，对检测信号进行解算和控制光源模块（3）的工作；显示模块（5）显示茶多酚测试结果；
将茶多酚、没食子酸配成浓度为0.050mg/mL的水溶液，将红茶、绿茶1号、绿茶3号、绿茶6号样品用国标法GB/T 8313检测以后，分别配成0.100mg/mL、0.500mg/mL、1.000mg/mL、2.00mg/mL的浓度，然后分别用全波段扫描，扫描结果见图2。显示模块（5）的结果见表1。

表格如下 |

样品	样品浓度（mg/mL）	茶多酚浓度（mg/mL）	相对误差
茶多酚	0.050	0.045	10.0%
没食子酸	0.050	0.048	4.0%
红茶	0.100	0.112	12.0%
绿茶1号	0.500	0.482	3.6%
绿茶3号	1.000	1.062	6.2%
绿茶6号	2.000	1.886	5.7%

【案例5】

专利技术交底书

一、发明创造名称	用于肿瘤标志物检测的碳纳米管微悬臂梁生物传感器				
二、专利申请人（授权后的专利权持有人）：					
发明人	1. 梁＊＊	2.	3.	4.	5.
技术联系人及电话	周＊＊	1857730＊＊＊＊（请务必指定一名联系人以便沟通技术问题）			
三、技术领域					
请列举本发明创造已知和潜在的技术/产品应用领域及其应用方式	本发明涉及生物医学工程领域，尤其涉及一种碳纳米管微悬臂梁生物传感器。				
四、背景技术					
1. 描述据申请人所知的与本发明创造最接近的已有技术的技术特征（从具体的技术角度描述，而不是简单地进行功能说明）	微悬臂梁传感器将待测物与微悬臂梁通过某种方式固定在一起，通过微悬臂梁的挠曲位移或谐振频率的变化来实现信号转换。公开号为CN201010241824.X的发明专利申请，将碳纳米管与微悬臂梁结合，实现对特定气体的检测。该方法灵敏度高，重复性好，不足之处是要根据目标气体的化学性质对碳纳米管进行功能化基团修饰，操作较为复杂。				
2. 已有技术存在的缺陷或问题（亦即本发明创造所要解决的技术问题）	开发新的检测技术，提高阳性率和检测精度，实现肿瘤标志物在线检测，已成为亟待解决的技术问题。				

五、本发明创造的技术内容
本发明所要解决的技术问题是提供一种肿瘤标志物检测的碳纳米管微悬臂梁生物传感器，该生物传感器尺寸小、结构简单、操作方便、能实现在线多指标检测。

1. 技术方案 应清楚、完整地描述本发明创造为解决前述技术问题所采用的技术方案	本发明的生物传感器包括支架、基底材料、拾取电路、碳纳米管、碳纳米管上的核酸适配体。所述基底材料固定在支架一侧构成微悬臂梁结构；所述拾取电路部分在基底材料的下面；所述拾取电阻连接成惠斯通电桥形式；所述碳纳米管生长在微悬臂梁的上面构成碳纳米管微悬臂梁传感器；所述核酸适配体是通过疏水作用修饰在碳纳米管上，也可以通过π-π叠加作用修饰在碳纳米管上；核酸适配体与肿瘤标志物通过特异性识别反应形成复合物，利用该复合物在微悬臂梁生物传感器上产生的质量效应来实现检测。 本发明利用微悬臂梁作为肿瘤标志物检测的传感器平台，制作成一种可以实现多种肿瘤标志物检测的碳纳米管微悬臂梁生物传感器。
2. 有益效果 （与已有技术进行对比，本发明创造具有的优点及积极效果，应着重描述由本发明创造的不同于已有技术的技术特征所直接产生的有益效果）	1. 本发明利用碳纳米管微悬臂梁生物传感器来检测肿瘤标志物，用LPCVD法生长碳纳米管质量稳定，不易移位、变形，有利于后面工序修饰作用，形成稳定的检测探针。通过疏水作用或者π-π叠加作用修饰，使得核酸适配体在碳纳米管上不容易流失，和LPCVD法生长碳纳米管一起作用，便于后序步骤中肿瘤标志物与核酸适配体形成的复合物在微悬臂梁上的质量效应稳定，从而引起微悬臂梁谐振频率变化的稳定，为实现肿瘤标志物的检测打下基础。上述技术特征互相支持，共同作用，实现了肿瘤标志物快速准确检测，操作简便。 2. 由于在微悬臂梁上生长有碳纳米管，碳纳米管上修饰核酸适配体，因此该生物传感器尺寸小、结构简单；能实现在线检测。

续表

3. 说明书附图 ① 机械产品请提供立体组装图、爆炸图，必要时提供剖视图、核心部分的局部放大图等； ② 对于电子产品，请提供功能模块图、电路原理图、电路图等； ③ 对于方法，请提供工艺流程图	附图为肿瘤标志物检测碳纳米管微悬臂梁生物传感器阵列结构图 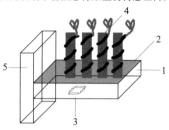

六、实施例（请在适用时填写以下栏位）

1. 简化性或替换性的实施例 若本发明创造的某些技术特征可进一步简化省略或可替换为其他一些技术特征的，请具体说明，并说明这样的简化省略或替换带来的功效（如：将原技术特征 C 简化省略，或替换为技术特征 D，从而进一步简化产品结构）	图 1 是肿瘤标志物检测碳纳米管微悬臂梁生物传感器的示意图，包括支架 1、基底材料 2、碳纳米管 3、拾取电路 4 以及附在碳纳米管 3 上面的核酸适配体 5。其中基底材料 2 固定在支架 1 一侧构成微悬臂梁结构；碳纳米管 3 生长在基底材料 2 的上面；拾取电路 4 在基底材料 2 的下面；在碳纳米管 3 上面通过疏水作用修饰有一层核酸适配体 5。 本发明按照下述常规工艺制备和操作。 1. 微悬臂梁结构的制造 微悬臂梁是将半导体材料硅为基底材料 2，加工成微悬臂梁结构。 2. 拾取电路 4 的制作 拾取电路是在基底材料 2 下表面利用微电子工艺制作硅压敏电阻，将四个压敏电阻连接成惠斯通电桥形式。 3. 悬臂梁生长和涂敷碳纳米管工艺 在前述步骤中的基底材料 2 的上表面进行清洗处理，分别用丙酮、无水乙醇、去离子水进行超声波清洗，然后用低压化学气相沉积法（LPCVD）生长碳纳米管。也可以用热解法、涂覆法或者其他方法在硅基上涂覆碳纳米管。 4. 碳纳米管微悬臂梁上核酸适配体的修饰 将核酸适配体通过疏水作用修饰在碳纳米管上，形成一种能特异性识别肿瘤标志物的检测探针，从而构建完成碳纳米管微悬臂梁生物传感器。 本发明对肿瘤标志物检测的步骤如下： （1）在碳纳米管微悬臂梁上先制作含有肿瘤标志物核酸适配体的检测探针； （2）将检测探针放入待测样本中，样本中肿瘤标志物浓度为 $0.5 \sim 10 \mu g/mL$，待测样本中肿瘤标志物通过特异性反应与检测探针上的核酸适配体形成复合物并附着在微悬臂梁上。 （3）所形成的复合物的质量大小与待测样本中肿瘤标志物浓度呈正相关。 （4）所述复合物在微悬臂上产生的质量变化引起微悬臂梁挠曲位移或谐振频率的变化，从而实现对肿瘤标志物的检测。

【案例6】

专利技术交底书

一、发明创造名称	一种基于电化学探针检测还原型谷胱甘肽的方法			
二、专利申请人（授权后的专利权持有人）：				

发明人	1. 韩＊＊	2.	3.	4.	5.
技术联系人及电话	周＊＊	1857730＊＊＊＊（请务必指定一名联系人以便沟通技术问题）			

三、技术领域

请列举本发明创造已知和潜在的技术/产品应用领域	本发明属于电化学传感器技术领域，具体涉及一种还原型谷胱甘肽的检测方法。

四、背景技术

1. 描述据申请人所知的与本发明创造最接近的已有技术的技术特征（从具体的技术角度描述，而不是简单地进行功能说明）	已报道的分析检测巯基化合物的方法有光学探针法、高效液相色谱法、电化学法、质谱法、毛细管电泳法等。在诸多检测方法中，由于电化学法具有可操作性和灵敏性而更具有优越性。公开号为CN102914570B的发明专利，公开了一种基于纳米金和硫堇信号放大技术和电化学检测还原型谷胱甘肽的方法。公开号为CN103364464B的发明专利，公开了一种用于还原型谷胱甘肽检测的光电化学传感器的检测方法，通过构建氧化亚铜/氧化锌异质结基光阳极，产生的光电流比氧化锌光阳极的提高77.3%。
2. 已有技术存在的缺陷或问题（亦即本发明创造所要解决的技术问题）	开发新的检测技术，提高检测灵敏度。

五、本发明创造的技术内容
本发明所要解决的技术问题是提供一种基于电化学探针高灵敏度检测还原型谷胱甘肽的方法，检测限为0.05nmol/L；利用稀土铈（IV）作为电化学探针，基于Ce（IV）和GSH进行氧化还原反应，Ce（IV）转化为Ce（III）时有电化学信号的变化，建立一种电化学传感器技术检测还原型谷胱甘肽的方法。

1. 技术方案 应清楚、完整地描述本发明创造为解决前述技术问题所采用的技术方案	本发明所需要的稀土铈（IV）电化学探针为硫酸铈 $CeSO_4 \cdot 4H_2O$，涉及的主要反应方程式为 Ce（IV）+2GSH Ce（III） $\rightleftharpoons$ （GSSG）+2H$^+$。 本发明电化学测试实验在 CHI660D 电化学工作站完成。工作电极为金电极，对电极为铂电极，参比电极为银/氯化银电极。 本发明电化学测试为差示脉冲伏安法（DPV），实验条件是支持电解质为 1.0mol/L 的 Na_2SO_4，溶液 pH 值为6（用 H_2SO_4 和 NaOH 调节），测试温度为25℃。 本发明控制 Ce（IV）离子的浓度为 10.0nmol/L，GSH 的浓度分别为 0.15、0.4、0.5、0.75、1.5、3.0、5.0nmol/L，使用 DPV 法分别测定其电流值的变化。电流值与所加 GSH 浓度呈线性关系，通过计算得出 GSH 的检测浓度。 本发明的电化学探针所用原料易得，反应条件容易控制，对还原型谷胱甘肽的检测灵敏度高，检测限为 0.05nmol·L^{-1}。选择性好，GSH 与 Ce（IV）反应后，电位由 $U_1 = 0.680V$ 变为 $U_2 = 0.908V$，而半胱氨酸、高半胱氨酸和氧化型谷胱甘肽与 Ce（IV）反应后电位变化不明显。 所述的检测巯基化合物的荧光探针可应用于化学体系中含巯基化合物的检测，并可发展应用于生物活细胞和活组织内的还原型谷胱甘肽的分析检测。

续表

2. 有益效果 （与已有技术进行对比，本发明创造具有的优点及积极效果，应着重描述由本发明创造的不同于已有技术的技术特征所直接产生的有益效果）	（1）利用稀土铈（IV）作为电化学探针，基于 Ce（IV）和 GSH 进行氧化还原反应，Ce（IV）转化为 Ce（III）时有电化学信号的变化，建立一种电化学传感器技术检测还原型谷胱甘肽的方法。该方法电压响应值较大，具有良好的选择性，与其他含有巯基和二硫键分子无作用，具有较高的巯基检测灵敏度。 （2）探针分子容易购买，稳定性好，能够长期保存使用，可应用于生物体系的检测。
3. 说明书附图 对于方法，请提供工艺流程图。	附图中图1是采用 DPV 法测得的 10.0nmol/L 的 Ce（IV）探针溶液，分别与不同浓度的还原性谷胱甘肽（0.15～5.0nmol/L）反应前后电流－电压曲线，插图是在 0.908V 处，电流值与还原性谷胱甘肽的浓度的线性图。 图2是采用 DPV 法测得的 10.0nmol/L 的 Ce（IV）探针溶液，分别与 5.0nmol/L 半胱氨酸、高半胱氨酸和谷胱甘肽（GSH, GSSG）反应前后电流－电压曲线。

六、实施例（请在适用时填写以下栏位）

1. 简化性或替换性的实施例 若本发明创造的某些技术特征可进一步简化省略或可替换为其他一些技术特征的，请具体说明，并说明这样的简化省略或替换带来的功效（如：将原技术特征 C 简化省略，或替换为技术特征 D，从而进一步简化产品结构）	步骤一，探针储备溶液的配制。准确称量 0.0202g 的 $CeSO_4 \cdot 4H_2O$ 置于 50mL 的烧杯中，加入 30mL 蒸馏水超声溶解，然后转入 50mL 容量瓶中定容后，室温下配制成 1.0nmol/L 的 Ce（IV）探针储备溶液。 步骤二，测定探针离子对还原型谷胱甘肽的选择性。将探针储备溶液用蒸馏水稀释，使最终探针离子的浓度为 10.0nmol/L。而待测样品半胱氨酸（Cysteine, Cys）、高半胱氨酸（Hcy）和谷胱甘肽（GSH, GSSG）的浓度为 5.0nmol/L，将探针与待测溶液反应 0.5 小时后，在电化学工作站（CHI660D）上采用示差脉冲伏安法（DPV）进行测定电流－电压曲线，见图2；最大电流值和对应的电压值如表1所示。由表1知，GSH 与 Ce（IV）反应后，电位由 $U_1 = 0.680V$ 变为 $U_2 = 0.908V$，$\Delta U = 0.228V$，电流由 $25.15\mu A$ 变为 $44.55\mu A$，$\Delta I = 19.40\mu A$，而半胱氨酸、高半胱氨酸和氧化型谷胱甘肽与 Ce（IV）反应后电压和电流没有明显变化，说明 Ce（IV）对 GSH 的选择性好。表1 Ce（IV）与巯基化合物反应前后电压电流及其变化值 步骤三，测定探针离子对还原型谷胱甘肽的电流－浓度曲线。 将探针储备溶液用蒸馏水稀释，使最终 Ce（IV）探针离子的浓度为 10.0nmol/L，谷胱甘肽（GSH）的浓度为 0.15、0.4、0.5、0.75、1.5、3.0、5.0nmol/L，将探针与待测溶液反应 0.5 小时后，在电化学工作站（CHI660D）上运用 DPV 法进行测定，进而得到电流值对浓度变化的曲线，见图1；最大电流值如表2所示。电流值与所加 GSH 浓度的线性方程为 I（电流值）$= 28.5246 + 3.2432c_{GSH}$，其中线性相关系数 R 是 0.9994，标准偏差是 0.2177，检测限为 0.05nmol/L。 步骤四，已知浓度和实际生物样品中还原型谷胱甘肽的检测。 通过 DPV 法进行测定 1.0nmol/L 的还原型谷胱甘肽（GSH）6次，其结果如表3所示，计算平均值为 1.05nmol/L，偏差为 5.0%，相对标准偏差为 1.65%。通过 DPV 法进行测定市售猪肝中还原型谷胱甘肽（GSH）6次，其计算结果依次为 4.61、4.63、4.74、4.66、4.69、4.75$\mu g/g$，平均值为 4.68$\mu g/g$，相对标准偏差为 3.17%。

【案例7】

专利技术交底书

一、专利事项（名称应当简短、准确地表明专利申请要求保护的主题和类型）

申请人	＊＊＊公司	专利类型	发明
发明人	覃＊＊，章＊＊，李＊＊	联系人及联系方式	钱＊＊，1387730＊＊＊＊
专利名称	一种含重金属离子浮选选矿废水的处理方法		

二、技术领域（指申请技术所属或直接应用的技术领域）

本发明属于环境保护中的废水处理领域，涉及一种含重金属离子浮选选矿废水的处理。

三、背景技术（背景技术是指与该申请技术最接近的现有技术；可以是现有专利、文献或者产品，并客观地指出现有技术或产品存在的主要缺陷）

　　浮选是硫化矿资源利用中一种重要的高效目标矿物与其他矿物分离的方法，为了有效地进行浮选和分离，需要在不同的分离作业工序中加入大量的浮选药剂，包括黄药类捕收剂，硫酸锌、硫酸铜等抑制、活化剂，二号油等起泡剂，以及硫酸、碳酸钠、石灰等矿浆调节剂，这些药剂在选矿厂排出的废水中均有所保留；同时，由于矿石中常常存在可溶性金属矿物，如硫酸镉、硫酸铅等，在选矿过程中溶解于水中，因此，选矿废水中含有大量的重金属离子及选矿药剂。选矿废水直接排放将带来环境污染风险，而直接回用则因废水中存在的重金属离子造成矿物分选困难，严重影响选矿指标。铅锌矿选矿废水需进行处理达标后方可外排或回用。

　　目前，对于选矿废水的处理，化学沉淀－高级氧化、膜技术等方法药剂消耗量大、成本较高、产生大量的污泥，而单独的生化处理则存在废水可生化性低、废水处理效果不佳的问题。因此，亟须开发一种高效同步去除浮选废水中残留浮选药剂和重金属的方法。

四、发明目的（针对现有技术的缺点，本专利要解决的技术问题）

　　针对现有技术存在的不足，本发明提供一种含重金属离子浮选选矿废水的处理方法，通过催化氧化废水中的有机选矿药剂如黄药等，析出硫离子，与重金属反应、沉淀去除。本方法具有去除率高、无污泥，且工艺简单、易于操作、运行成本低等特点。

五、技术方案（对应发明目的阐述所采取的技术措施的集合，应当清楚、完整地说明产品的构造特征，并说明技术方案是如何解决技术问题的；对于方法发明，应当清楚、完整地描述该方法或者流程所包括的步骤以及各步骤的详细情况）

　　一种含重金属离子浮选选矿废水的处理方法，是采用紫外线对含有重金属离子的浮选选矿废水进行辐照，促使黄药等残余选矿药剂裂解，析出硫离子，硫离子与废水中的重金属反应后，静置沉淀，上清液即为处理好的废水，所述的含重金属离子的浮选选矿废水是指采用浮选工艺产生的尾矿浆、精矿进行澄清或经压滤后得到的含有选矿药剂和重金属离子的废水。

上述方法中所述的紫外功率为 10～1000W，调整废水 pH 为不小于 5，搅拌反应时间为 10～200min，沉淀时间为至少 12 小时。上述方法处理好的废水能回用于选矿各工序。

本发明所述的处理方法中，采用紫外辐照，选矿废水黄药等残余捕收剂，裂解，析出硫离子，其中 CS_2 释放出 S^{2-} 离子比较缓慢，通过紫外线进行催化加速。

六、有益效果（应清楚地写明本申请与现有技术相比所具有的优点）

所述的处理方法无须外加处理药剂、污泥量极小、无二次污染；可同时去除选矿药剂黄药和重金属污染物；工艺简单，操作方便，运行成本低，处理效果好。

七、实施例（发明如果涉及产品，应当对照附图对产品的构造、动作过程或者操作步骤进行说明；发明如果涉及方法，说明其动作过程或者操作步骤）

实施例一　某铅锌硫化矿，铅锌混合浮选，混浮精矿分离得到铅精矿和锌精矿，混浮后经扫选，产生中矿和尾矿，中矿返回混合浮选，尾矿水和精矿产生选矿废水，经分析检测，废水水质如下：pH7.3、丁基黄药 11mg/L、铅 0.44mg/L、镉 0.27mg/L、锌 2.53mg/L。取选矿废水 1000mL 于圆柱形玻璃反应器中，并置于磁力搅拌器上搅拌，同时采用 16W 紫外灯进行辐照 20min，静置沉淀 24h，上清液即为处理好的废水。

实施例二　某铅锌锑砷多金属硫化矿，废水水质如下：pH7.6、丁基黄药 25mg/L、铅 0.65mg/L、镉 0.80mg/L、锌 2.33mg/L、砷 0.31mg/L。取选矿废水 1000mL 于圆柱形玻璃反应器中，并置于磁力搅拌器上搅拌，同时采用 40W 紫外灯进行辐照 20min，静置沉淀 24h，上清液即为处理好的废水，结果如下。

八、附图 [机械产品请给出机械结构图，电路产品请给出电路图或原理框图。附图需标注零部件名称，最好提供 CAD（＊.dwg）格式电子档，以便代理人编辑]

略

九、是否有其他方案能实现同样的发明目的

略

十、简要说明本发明技术要点/保护点

略

【案例8】

<h2 style="text-align:center">专利技术交底书</h2>

一、专利事项（名称应当简短、准确地表明专利申请要求保护的主题和类型）

申请人	＊＊＊大学	专利类型	发明
发明人	周＊＊，李＊＊	联系人及联系方式	周＊＊，1867730＊＊＊＊
专利名称	一种治疗骨质增生及椎间盘突出的外敷药及其制备方法		

二、技术领域（指申请技术所属或直接应用的技术领域）

本发明涉及中药领域，尤其是涉及一种骨质增生及椎间盘突出的外敷药及其制备方法。

三、背景技术（背景技术是指与该申请技术最接近的现有技术；可以是现有专利、文献或者产品，并客观地指出现有技术或产品存在的主要缺陷）

脊柱退行性疾病是骨科的常见病、多发病，目前临床以手术治疗作为主要的治疗方法。公开号为CN101249179，名称为治疗骨质增生及椎间盘突出的外敷药及其制备方法的发明专利，公开了一种外敷药，包括穿山甲10～20g，白花蛇10～20g，藏红花5～15g，三七10～20g，川牛膝5～15g，葛根15～30g，伸筋草10～20g，乳香10～15g，狗骨20～30g，杜仲10～20g，独活5～10g，麝香0.2～0.5g。公开号为CN102008674A，专利名称为一种治疗椎间盘突出、骨质增生和类风湿的膏药及其制备方法，该药由A组、B组、C组三组药物组合配制而成。公开号为CN101579459专利名称，为一种治疗骨质增生和椎间盘突出的药物及制备方法，包括常春藤、川芎、当归、乌药、独活、细辛各20～40g，杜仲、牛膝各25～35g，红花、海桐皮、续断、伸筋草、透骨草、田三七、乳香、没药、血竭各10～20g，土鳖虫5～8只，蜈蚣2～5条，还有冰片2～4g，分别干燥、粉碎、混匀，用45%的乙醇调成糊状。①

四、发明目的（针对现有技术的缺点，本专利要解决的技术问题）

本发明所要解决的技术问题是提供一种见效快且副作用小的治疗骨质增生及椎间盘突出的外敷药及其制备方法。

五、技术方案（对应发明目的阐述所采取的技术措施的集合，应当清楚、完整地说明产品的构造特征，并说明技术方案是如何解决技术问题的；对于方法发明，应当清楚、完整地描述该方法或者流程所包括的步骤以及各步骤的详细情况）

本专利在公开号为CN101249179发明专利的技术基础上，进一步进行改进，当白花蛇、三七、独活、藏红花这4种原料质量用量比例为1∶1∶1∶0.5时，总质量用量百分比为45～54，其余为川牛膝5～10g，葛根10～15g，伸筋草5～8g，没药5～10g，乳香2～5g，狗骨5～10g，杜仲5～10g，冰片5～10g，麝香0.2～0.5g。这个外敷药使用效果比改进前好很多，配合专用医疗器械使用，治疗见效时间比改进前平均缩短一个星期，且副作用小。当白花蛇、三七、独活、藏红花这4种原料质量用量比例为1∶1∶1∶0.5时，优选总质量用量百分比为45，其余为川牛膝5g，葛根10g，伸筋草5g，没药9.5g，乳香5g，狗骨10g，杜仲5g，冰片10g，麝香0.5g。按此配方制备的外敷药质量稳定，成本低，效果更好，治疗见效时间比改进前平均缩短10天。

---

① 2020年，穿山甲由国家二级保护野生动物提升至一级，穿山甲从药典中除名，以后不再入药，故下文涉穿山甲入药均统一删除。

　　本发明所述外敷药的制备方法是：将原料药混合磨成粉加米醋调成糊状，隔水蒸 10～15 分钟，再淋米醋入药，继续蒸 10～20 分钟；或者将原料研磨成粉末，混合均匀炒熟，与醋或水调制成膏药贴用。

　　优选将白花蛇、三七、独活、藏红花先混在一起，用超微粉碎机进行粉碎，得到超细粉，将超细粉炒熟。

　　然后依次称取川牛膝、葛根、伸筋草、没药、乳香、狗骨、杜仲、冰片、麝香，混在一起研磨成粉末，再加入炒熟的超细粉中，混合均匀，继续炒熟；也可以先炒熟，再加入炒熟的超细粉中，混合均匀。

　　再用醋或者水调成膏药，供贴剂使用，或者配合专用医疗器械使用，使用效果更佳。这个外敷药的改进配方按此制备方法，比改进前配方效果好更多，副作用小；本专利外敷药的治疗见效时间比改进前平均缩短 7 天，治愈率提高 15%。

六、有益效果（应清楚地写明本申请与现有技术相比所具有的优点）

　　应用本药为患者外敷，疗效好，疗程短；不易复发；无毒副作用，治疗费用低。与专用医疗器械配合使用，效果更佳。

七、实施例（发明如果涉及产品，应当对照附图对产品的构造、动作过程或者操作步骤进行说明；发明如果涉及方法，说明其动作过程或者操作步骤）

　　实施例 1：按照药典质量要求，将合格的白花蛇、三七、独活、藏红花、川牛膝、葛根、伸筋草、没药、乳香、狗骨、杜仲、冰片、麝香准备好。依次称取白花蛇 100g、三七 100g、独活 100g、藏红花 50g，混在一起，用超微粉碎机粉碎，将粉碎后的超细粉炒熟得到粉一；然后依次称取川牛膝 50g、葛根 100g、伸筋草 50g、没药 95g、乳香 50g、狗骨 100g、杜仲 5g、冰片 10g、麝香 5g，先混在一起研磨成粉末，然后炒熟得到粉二。将粉一和粉二再混在一起，继续炒 5～10 分钟，用醋调成膏药，使用时贴用。该外敷药与公开号为 CN101249179 发明专利的技术相比，配合专用医疗器械使用，经临床实验数据表明，该外敷药治疗见效时间对比药见效时间平均缩短 10 天，治愈率提高 20%，效果比以前好很多，副作用小。

八、附图 [机械产品请给出机械结构图，电路产品请给出电路图或原理框图。附图需标注零部件名称，最好提供 CAD（*.dwg）格式电子档，以便代理人编辑]

　　略

九、是否有其他方案能实现同样的发明目的

> 以公开号为 CN101249179 发明专利为基础。

十、简要说明本发明技术要点/保护点

> 白花蛇、三七、独活、藏红花这4种原料质量用量比例为1:1:1:0.5时，总质量用量百分比为45~54。

四、实训操作步骤

（一）专利技术交底书撰写要求

（1）技术名称。名称应简明、准确地表明本专利请求保护的主题。名称中不应含有非技术性词语，不得使用商标、型号、人名、地名或商品名称等。名称应与请求书中的名称完全一致，不得超过 25 个字，应写在说明书首页正文部分的上方居中位置。

（2）技术领域。应指出本技术方案所属或直接应用的技术领域。

（3）背景技术。指对本技术方案的理解、检索、审查有用的技术，可以引证反映这些背景技术的文件。背景技术是对最接近的现有技术的说明，它是作出本技术方案的基础。此外，还要客观地指出背景技术中存在的问题和缺点，引证文献、资料的，应写明其出处。

（4）发明内容。应包括所要解决的技术问题、解决其技术问题所采用的技术方案及其有益效果。

（5）有益效果。本技术方案和现有技术相比所具有的优点及积极效果，它是由技术特征直接带来的，或者是由技术特征产生的必然的技术效果。

（6）附图说明。应写明各附图的图名和图号，对各幅附图作简略说明，必要时可将附图中标号所示零部件名称列出。

（二）专利技术交底书撰写思路

详细的技术交底书不但应该包括申请文件说明书中各个组成部分，还应该包含对设计思路的描述，有助于充分了解发明人的技术思路，并且包含大量实施例，以利于充分概括保护范围。具体来说应该注意以下几个问题。

1. 充分描述技术背景

目前普遍的现象是发明人对技术背景不清楚，分为两个极端，或者认为本领域没有接近的现有技术，或者认为自己的技术方案完全就是现有技术。技术背景的描述应是客观的，建立在适当检索基础上的，并且关于专利的目的或要解决技术问题的表述是要与保护的技术方案相对应的。

2. 准确界定创新点

在指出现有技术缺陷的基础上准确界定为了改进现有技术的缺陷所作出的创造性改进。

3. 充分公开技术方案，描述设计思路

在提交技术交底书的时候可以充分描述技术方案，不必担心过度公开，因为交给代理师的方案还需要经过双方确认后才最终确定需要公开的部分，未写入申请文件中的部分是不会公开的，代理师也要遵守与客户的保密协议。另外，在描述技术方案时还要尽量描述设计该方案时的思路，有利于代理师快速理解技术方案，降低沟通成本，提高撰写质量。

4. 详细描述技术效果

技术效果的描述对于专利确权和维权是至关重要的，很多无效和诉讼在确认专利创造性的时候都纠结在是否能取得良好技术效果上，因此技术效果务必不遗余力地描述一番，并且最好有相应的数据作支撑。

5. 足够多的实施例用于支撑保护范围

有足够数量的实施例，才能尽量扩大保护范围。

6. 用词准确防止歧义

为了防止代理师理解产生歧义，交底书里的术语应该是专业的、确定的，指代同一个部件的名词应该是前后一致的，对于自己创制的非专业术语应该专门给出解释。

7. 绘制附图补充描述技术方案

文字说不清楚时就需要看图了，很多时候一张图胜过千言万语。机械类的专利申请必须有构造图，方法类的专利申请必须有流程图，电学类的"×××系统"这样的申请必须有系统组成图。

五、思考题

（一）专利技术交底书的作用

专利技术交底书不属于法律文件，专利申请文件属于法律文件。在专利代理过程中，专利代理师接受发明人的委托代理申请专利事务，发明人需向专利代理师提供专利技术交底书。专利技术交底书是记载发明创造的原始资料和实际载体，是专利代理师撰写专利申请文件的基础，对专利申请质量影响重大。一份合格的专利技术交底书能够使专利代理师深刻理解发明人的发明构思，快速确定发明点，完成专利申请文件，使发明人的发明创造早日受到保护。

专利代理师有可能从技术交底书中得到启发，帮发明人进一步挖掘、扩大专利保护范围。技术交底书完整清楚，也省去了发明人与专利代理师额外的沟通时间。发明人也可以通过技术交底书的撰写梳理出技术方案的内在逻辑，很多时候还能给其研发工作带来帮助。

按照世界知识产权组织对专利的分类，国际专利申请基本分为 8 个"部"：A. 人类生活必需；B. 作业；运输；C. 化学；冶金；D. 纺织；造纸；E. 固定建筑物；F. 机械工程；照明；加热；武器；爆破；G. 物理；H. 电学等领域。由于不同发明的原理、设计、方法、特点、功能、用途等不同，不同领域的专利技术交底书的内容、形式、要求也不相同。发明人往往不了解专利法律、专利代理实务、专利技术交底书与专利申请文件之间的关系、区别、作用等。专利代理师在从事专利代理时，接触到从事的专利技术交底书，大体上可以分为以下四种情况。

第一种情况是发明人没有专利技术交底书。发明人只提供一个名称，或者是口述的设想，简单设计绘图。这类发明人申请专利大多数是为了应付绩效考核。这种情况下就需要专利代理师利用行业经验、专业知识等进行设计和创作，最终提交专利申请文件。这类专利文件质量比较差，即使最终获得专利授权，也可能成为垃圾专利。

第二种情况是发明人确实提出了一种可行方案或者生产了一种具体产品，但发明人不知道可行方案、具体产品中哪些是发明点、创新点，是否具备专利申请条件。其原因往往是以下几种。一是发明人对专利申请缺少相关知识。例如，发明人不了解对产品提前采取专利布局的重要性。在产品即将投放市场，甚至已经投放市场后，才准备申请专利。二是发明人缺乏沟通意识，认为委托代理机构就可以了，不需要后期沟通。三是发明人等待专利获得授权。发明人提供产品说明书、方案、参数、流程等作为专利技术交底书。这种情况下，发明人只能相信专利代理师，把全套设计资料交给专利代理师，进行专利挖掘，最终由专利代理师分析和确定专利的质量和数量。但专利代理师技术开发经验有限，导致这类专利申请质量较低，专利数量有限。

第三种情况是发明人提供与申请文件格式接近的专利技术交底书。专利代理师将专利技术交底书模板交给发明人，发明人按专利技术交底书模板填写完成后交给专利代理师。发明人提供的专利技术交底书相对比较清楚、准确、完整，表明发明人比较重视专利申请，并且对专利申请有一定的认识。但这种专利技术交底书也会存在一些问题。例如，对于背景技术交代不够详细，缺少行业背景描述；实施例数量极少；只有对技术概念的描述，缺少对技术方案的阐述。虽然发明人提供的专利技术交底书与专利申请所需要的资料类似，但是专利代理师难以直接用专利技术交底书作为专利申请文件，需要作出比较大的修改和补充后，才能提交较高质量的专利申请文件。这类专利申请授权后，专利数量合理，专利质量较高。

第四种情况是发明人对专利申请有深刻认识，发明设计和创作时，已经对专利申请做好了各种前期准备。专利发明人清楚了解专利技术交底书的各个组成部分，包括：（1）充分描述背景技术；（2）准确界定发明点、创新点；（3）充分公开技术方案，描述设计思路；（4）详细描述技术效果；（5）提供足够多的实施例用于支撑技术方案保护范围；（6）技术方案用词准确，没有歧义；（7）绘制附图以补充描述技术方案；（8）提供发明可能的实施方式和实施案例。发明人将专利技术交底书模板各个部分认真填写完成交给专利代理师。因为发明人理解、注意、重视专利技术交底书各个部分的作用，对专利申请有充分的认识。专利代理师因此能够撰写高质量的专利申请文件，发明人在获得专利的专利质量、专利数量、专利分类、专利布局等方面也能相对理想。

（二）专利技术交底书的主要内容

1. 确定专利名称

发明或实用新型申请的名称应该采用本领域通用的技术术语，清晰简短并全面反映要求保护的主题和类型；一般不要超过25个字。

2. 技术领域

写明发明或实用新型所属或者直接应用的具体技术领域；在技术交底书中，要列举出本发明或实用新型已知和潜在的技术或产品的应用领域及其应用方式。

3. 背景技术

发明人应在该部分给出发明人目前所知的、与本发明构思最接近的现有背景技术；背景技术部分要注明背景技术出处，简要说明该背景技术的技术现状，最好能够提供现有技术的相关文件作为参考，并对该背景技术客观地进行评价，指出所存在的主要优缺点等。

4. 专利内容与实施方式、技术方案的关键信息

产品类发明。需要描述包括哪些部件、各部件之间的位置关系、连接关系、作用原理、部件的原料、规格、参数等。

工艺方法类发明。需要描述包括哪些步骤、每个步骤的操作工序如何、各步骤的作用是什么、原料组成和配方、工艺参数、产品标准、检测方法和实验结果等。

具体实施方式公开的程度以同领域的人能够同步实现为准。如果发明人担心关键技术被泄露，可以与专利代理公司先签订保密协议，再进行专利申请。另外，如果有替代方案也应进行详细描述，专利代理师可以通过多个实施例对技术要点进行提炼与上位概括，进而扩大专利的保护范围。

5. 发明效果

发明效果与发明目的、手段相对应，将发明所能达到的效果，具体地实事求是地加以描述。技术效果的描述对专利确权和维权是至关重要的，很多无效和诉讼在确认专利创造性的时候都聚焦在是否具有有益效果的问题上，因此对各技术要点的发明效果及总发明效果的描述务必详细。

6. 绘制附图补充描述技术方案

对于实用新型必须提供说明书附图。附图是对技术方案的形象的描述。尽量提供 CAD、Visio 等可编辑格式的附图，方便代理师做微调；照片一般不能作为专利申请文件的附图，仅能起到帮助理解方案的作用；对于由几个模块构成的框图，需要展示清楚各个模块的名称和连接关系；对于机械结构附图，需要尽可能用标号表明各个结构，并且标号需要和文字部分的标号一一对应，不重不漏。

拓展知识

从 2013 年起，国家知识产权局专利局加强了对《专利法》第 26 条第 3 款应用方面的管理，在 2014 年国家知识产权局专利局审查业务管理部颁布的工作重点中，有一项就是要求审查员要正确理解该项条款，控制好其适用水平，对于有授权前景的专利，要从专利保护的角度予以处理。

"说明书应当对发明或者实用新型作出清楚、完整的说明"，这是对发明和实用新型专利说明书最为重要的要求。《专利审查指南》对上述要求作了详细而全面的诠释。说明书的记载要达到何种程度，才算满足"清楚""完整"和能够实现的要求？这一点与阅读者的水平有关。对于一个本领域的专家来说，或许只要看看附图，不需要作什么文字说明，就能够理解该发明或者实用新型并予以实施；对于一个外行人来说，或许还必须补充很多基础知识，才能理解发明或者实用新型的内容并予以实施。为了使规定的要求有一个统一的标准，《专利法》第 26 条第 3 款规定"以所属技术领域的技术人员能够实现为准"，其含义是这样的：技术人员在阅读说明书的内容之后，不需要再付出创造性的劳动，就能够理解并实施该发明或者实用新型，解决发明或者实用新型要解决的技术问题，产生其预期的有益效果。这里所说的"所属领域的技术人员"，其概念与创造性评述过程中的"所属领域的技术人员"相同，都是指"一种假设的人，假定他知晓申请日或者优先权日之前发明所属技术领域所有的普通技术知识，能够获知该领域中所有的现有技术，并且具有应用该日期之前常规实验手段的能力，但他不具有创造能力。

如果所要解决的技术问题能够促使本领域的技术人员在其他技术领域寻找技术手段，他也应具有从该其他技术领域中获知该申请日或优先权日之前的相关现有技术、普通技术知识和常规实验手段的能力"。因此，在涉及《专利法》第26条第3款有关"说明书充分公开"的专利审查中，"所属领域的技术人员"是一个"参照系"，必须将其限定在一个合理的高度。如果将其水准定得很高，那么有可能造成一些说明书缺乏详细描述、没有充分公开其技术方案的专利申请获得授权。《专利法》的立法宗旨和基本保障在于，申请人获得专利权，其发明创造获得了法律保护，同时，公众获得了新的技术信息，既能够在其基础上作出进一步改进，又能促进发明创造的实施，有利于专利技术的推广应用，即申请人和公众都有收获，是一种"双赢"的结果。如果发明或实用新型的说明书不能够为公众提供足够的技术信息，就违背了"公开才能获得保护"的宗旨，破坏上述利益平衡，使得在专利独占权保护期限过后，公众仍不能自由实施或改进该专利技术，损害公众的利益，同时也造成申请人获得的专利权不稳定，在侵权诉讼中可以被轻易地无效掉。同理，如果将"所属领域的技术人员"的水准定得过低，那么就会造成要求说明书事无巨细、面面俱到，审查员如果犯了此类错误，就会造成有授权前景的专利申请因为说明书没有提及一些所属领域的基础知识、公知常识，而被认定为说明书没有充分公开，从而失去获得专利权的机会，这无疑会使申请人的利益受到极大损害。

技术交底书是发明人和专利代理师之间用于技术交流的文件，其主要作用是将发明人的发明创造告知专利代理师，使专利代理师知晓哪些技术内容需要利用专利进行保护，必要时还要用附图加以说明，从而使专利代理师能够理解技术方案，这样专利代理师才能够准确把握技术内容中的创新点，由此专利代理师才能够撰写出专利申请文件。专利申请文件是向专利局递交并且公开的法律文件，具有法律效力，是确定专利权保护范围的法律文件。该文件不仅提供相应的技术内容，更重要的是明确该申请所要保护技术的权利范围。专利申请文件中最重要的是权利要求书和说明书，权利要求书的作用是限定专利保护的范围，说明书的作用是公开专利的内容。专利代理师所撰写的权利要求书必须以说明书中公开的内容为依据，而说明书公开的内容又是由专利技术交底书提供的。由此可见，专利技术交底书是专利申请文件撰写的基础素材，专利技术交底书所提供的内容直接影响专利代理师撰写的申请文件的内容。因此，一篇好的专利技术交底书是申请人获得高质量专利文件的条件之一。

实训三
专利申请文件撰写

一、实训目的

（一）了解发明专利、实用新型专利、外观设计专利申请文件要求

（二）了解发明专利、实用新型专利、外观设计专利申请文件的结构组成

（三）掌握不同类型专利申请文件的相关法律规定

（四）掌握不同类型专利的申请文件撰写的格式要求及注意事项

二、基本原理与法条

相关内容参见《专利法》第 26～27 条，《专利法实施细则》第 19～26 条、第 31 条，《专利审查指南 2023》第一部分第一章（3.1）。

说明书应当对发明或者实用新型作出清楚、完整的说明，以所属技术领域的技术人员能够实现为准。由此可知对清楚完整的标准的判断依据是是否能够实现，所以需要明确"能够实现"是对"清楚""完整"的外在的程度化的要求，这三者之间不是并列的关系。也就是说，说明书对请求保护的发明作出了清楚、完整的说明，是以所属技术领域的技术人员能够实现该发明为判断标准。从《专利法》立法本义来讲，这三个方面是一个整体的要求，即能够实现是最根本的要求。那么当说明书中使用引证文件来说明发明的相关内容时，如何考虑其充分公开的问题呢？此时应当从说明书的整体上考虑其是否符合《专利法》第 26 条第 3 款的规定。

（一）引证文件时间要求

所引证的非专利文件和外国专利文件的公开日应当在本申请的申请日之前；所引证的中国专利文件的公开日不能晚于本申请的公开日。

（二）有引证文件时对充分公开的判断

（1）如果引证内容是实现发明必不可少的部分，则应当将说明书和引证内容相结合作为整体看待。

（2）如果引证内容难以与说明书记载的内容相结合以解决技术问题，获得预期效果，则应当认为说明书没有充分公开发明。

权利要求书应当以说明书为依据，清楚、简要地限定要求专利保护的范围。《专利法》第26条第4款的宗旨实际上是保证申请人与公众之间的利益平衡。然而在实践中，如何做到使权利要求得到说明书的支持，则很难掌握。在专利申请的实质审查以及专利的无效过程中，对于权利要求书得不到说明书的支持的质疑，大部分集中在权利要求书中的功能性限定的技术特征是否被允许。关于功能性限定，《专利审查指南2023》第二部分第二章第3.2.1节规定："通常，对产品权利要求来说，应当尽量避免使用功能或者效果特征来限定发明。只有在某一技术特征无法用结构特征来限定，或者技术特征用结构特征限定不如用功能或者效果特征来限定更为恰当，而且该功能或者效果能通过说明书中规定的实验或者操作或者所属技术领域的惯用手段直接和肯定地验证的情况下，使用功能或者效果特征来限定发明才可能是允许的。"

依赖遗传资源完成的发明创造，申请人应当在专利申请文件中说明该遗传资源的直接来源和原始来源；申请人无法说明原始来源的，应当陈述理由。

三、基本要求与案例

（一）了解不同专利的说明书、权利要求书、附图、说明书摘要的作用和意义

1. 对于发明、实用新型专利

说明书及附图主要用于清楚、完整地描述发明或者实用新型，使所属技术领域的技术人员能够理解和实施该发明或者实用新型，也可以用于解释权利要求的内容。附图的作用在于用图形补充说明书文字部分的描述，使人能够直观地、形象化地理解发明或者实用新型的每个技术特征和整体技术方案。对于机械和电学领域中的专利申请，附图对于了解说明书所描述的发明创造的内容来说是不可缺少的，因此说明书附图应当清楚地反映发明或者实用新型的内容。

权利要求书应当以说明书为依据，清楚、简要地限定要求专利保护的范围。

每项权利要求所确定的保护范围应当清楚。如果由权利要求中所用词语、标点以及语句构成的表述会导致一项权利要求的保护范围的边界不清或不确定的话，则该权利要求不清楚。

说明书摘要是说明书记载内容的概述，其作用在于使公众通过阅读摘要中简单的文字概括即可快速地了解发明或者实用新型所涉及的内容。

2. 对于外观设计专利

简要说明可以用于解释图片或者照片所表示的该产品的外观设计。

该外观设计专利的图片或者照片显示要求专利保护的产品的外观设计。

（二）熟悉发明专利、实用新型专利、外观设计专利的说明书、权利要求书、附图、说明书摘要的撰写要求，查看多种案例

1. **发明或者实用新型**

权利要求书应满足以下要求：

（1）以说明书为依据，清楚、简要地限定要求专利保护的范围。

（2）记载发明或者实用新型的技术特征。

（3）撰写权利要求书的注意事项。

在撰写权利要求书时，除满足上述撰写要求之外，还应当注意以下事项。

第一，尽量撰写出一个保护范围较宽的独立权利要求，撰写时不要局限于发明或实用新型的具体实施方式，应当尽可能采用概括性语言来描述技术特征。

第二，为了增加专利申请获得授权的可能性以及在授权后更有力地维护专利权，在说明书中最好撰写多个实施例，并将实施例撰写成从属权利要求，层层设防。

第三，根据《最高人民法院关于审理侵犯专利权纠纷案件应用法律若干问题的解释（二）》（法释〔2016〕1号）第5条的规定，法院在侵权诉讼中确定专利权的保护范围时，独立权利要求的前序部分、特征部分以及从属权利要求的引用部分、限定部分记载的技术特征均有限定作用。撰写独立权利要求和从属权利要求时，必须反复推敲、措辞准确，清楚地确定请求保护的范围。否则，一字一句写得不好都会给申请人带来损失。

（4）撰写权利要求书的用词应规范。

权利要求中的用词应当含义清楚、确定，而"含义"应当理解为所属技术领域通常具有的含义。

①"厚""薄""宽""强"等。这类词语是相对于某个基准或比较对象而言的，通常没有确定含义，一般不应在权利要求中单独出现这类用语。

如果这类词语在所属技术领域具有公认的或者通常可接受的含义，则认为用其限定的权利要求的保护范围是清楚的。

不属于上述情况但说明书中对此类词语进行了清楚定义的，应当要求申请人将定义表述在权利要求中。

②"等""约""左右""接近于"等。这类词语表达出一种不精确的状态。这类词语是否导致权利要求不清楚，取决于申请所属的技术领域以及该技术领域的现有技术状况。一般情况下，不允许在权利要求中出现这类词语，但是，如果这类词语表示在某一容许偏差内可以得到某一效果或某一结果，并且所属技术领

域的技术人员知道如何确定该容许偏差，则应当允许。

③"优选""例如""最好是""可以""必要时"等。当这类词语与其后的技术特征在一项权利要求中限定出两个或两个以上不同的保护范围时，一般会导致该权利要求不清楚；否则不会由此导致权利要求不清楚。

2. 说明书应满足的要求

（1）总体要求。

说明书应当充分公开发明创造；说明书应当支持权利要求；说明书应当用词规范、语句清楚。

（2）各部分撰写要求。

① 发明或实用新型的名称应当清楚、简要、全面地反映发明或实用新型要求保护的技术方案的主题名称以及发明的类型，使发明名称所描述的主题与技术方案相对应。发明名称也应尽可能提供表明发明所属技术领域的一般信息，并尽量避免使用难以理解的或含义太广泛的词。

② 发明或者实用新型的技术领域应体现发明或者实用新型要求保护的技术方案的主题名称以及发明的类型。常用格式为"本发明（或本实用新型）涉及一种……"或"本发明（或本实用新型）属于……"

③ 发明或实用新型的技术背景应当写明对发明或者实用新型的理解、检索、审查有用的背景技术，并尽可能引证反映这些背景技术的文件。尤其要引证与发明或实用新型专利申请最接近的现有技术文件。在引用背景技术时，需要注意该背景技术是否已被公开。

④ 发明或者实用新型的内容分为三部分。第一是要解决的技术问题，这一部分应当采用正面的、尽可能简洁的语言客观而有根据地反映发明或者实用新型要解决的技术问题，不要仅仅是笼统地描述。第二是技术方案，撰写这一部分时，应当注意层次结构，一般情况下，先写明独立权利要求的技术方案，其用语应当与独立权利要求的用语相应或者相同，以发明或者实用新型必要技术特征总和的形式阐明其实质。后另起段对该发明或者实用新型的附加技术特征进行描述，反映对其作进一步改进的重要从属权利要求的技术方案。第三是有益效果，以与现有技术进行比较分析的方式说明有益效果。考虑到利于后续修改和对保护的发明的解释，在撰写这部分内容时，除了对独立权利要求的技术方案的技术效果进行分析，还应对重要从属权利要求的技术方案的有益效果加以分析。

⑤ 发明或者实用新型的具体实施方式部分，至少应当对一个优选的具体实施方式给予足够详细的描述，使所属技术领域的技术人员根据说明书中对该实施方

式具体描述的内容就能够实现该发明或实用新型，而不必再做创造性活动或过多的实验。

3. 说明书摘要应满足的要求

（1）摘要应当写明发明或者实用新型的名称和所属技术领域，并清楚地反映所要解决的技术问题、解决该问题的技术方案的要点以及主要用途，其中以技术方案为主；可以包含最能说明发明的化学式。

（2）有附图的专利申请，应当提供或者由审查员制定一幅最能反映该发明或者实用新型技术方案的主要技术特征的附图作为摘要附图，该摘要附图应当是说明书附图中的一幅；

（3）摘要附图的大小及清晰度应当保证在该图缩小到 4cm×6cm 时，仍能清楚地分辨出图中的一幅。

（4）摘要文字部分（包括标点符号）不得超过 300 个字，并且不得使用商业性宣传用语。

（5）此外，摘要文字部分出现的附图标记应当加括号。

4. 说明书附图要求

对于发明专利申请来说，用文字足以清楚、完整地描述其技术方案的，可以没有附图。

实用新型专利申请的说明书必须有附图。

一件专利申请有多幅附图时，在用于表示同一实施方式的各幅图中，表示同一组成部分（同一技术特征或者同一对象）的附图标记应当一致。说明书中与附图中使用的相同的附图标记应当表示同一组成部分。说明书文字部分中未提及的附图标记不得在附图中出现，附图中未出现的附图标记也不得在说明书文字部分中提及。

附图中除了必需的词语外，不应当含有其他的注释；但流程图、框图一类的附图，应当在其框内给出必要的文字或符号。

外观设计的简要说明要求：根据《专利法实施细则》第 31 条的规定，简要说明应当包括下列内容。

（1）外观设计产品的名称。简要说明中的产品名称应当与请求书中的产品名称一致。

（2）外观设计产品的用途。简要说明中应当写明有助于确定产品类别的用途。对于具有多种用途的产品，简要说明应当写明所述产品的多种用途。

（3）外观设计的设计要点。设计要点是指与现有设计相区别的产品的形状、图案及其结合，或者色彩与形状、图案的结合，或者部位。对设计要点的描述应当简明扼要。

（4）指定一幅最能表明设计要点的图片或者照片。指定的图片或者照片用于出版专利公报。

（5）此外，下列情形应当在简要说明中写明。

① 请求保护色彩或者省略视图的情况。如果外观设计专利申请请求保护色彩，应当在简要说明中声明。如果外观设计专利申请省略了视图，申请人通常应当写明省略视图的具体原因，例如因对称或者相同而省略；如果难以写明的，也可仅写明省略某视图，例如大型设备缺少仰视图，可以写为"省略仰视图"。

② 对同一产品的多项相似外观设计提出一件外观设计专利申请的，应当在简要说明中指定其中一项作为基本设计。

③ 对于花布、壁纸等平面产品，必要时应当描述平面产品中的单元图案两方连续或者四方连续等无限定边界的情况。

④ 对于细长物品，必要时应当写明细长物品的长度采用省略画法。

⑤ 如果产品的外观设计由透明材料或者具有特殊视觉效果的新材料制成，必要时应当在简要说明中写明。

⑥ 如果外观设计产品属于成套产品，必要时应当写明各套件所对应的产品名称。简要说明不得使用商业宣传用语，也不能用来说明产品的性能和内部结构。

（三）书写格式以及注意事项

（1）申请发明专利或者实用新型专利应当提交说明书，一式一份。

（2）说明书应当打字或者印刷，字迹应当整齐清晰，呈黑色，符合制版要求，不得涂改，字高在 3.5~4.5mm，行距在 2.5~3.5mm。说明书首页用该页，续页可使用同样大小和质量相当的白纸。纸张应当纵向使用，只限使用正面，四周应当留有页边距：左侧和顶部各 25mm，右侧和底部各 15mm。

（3）说明书第一页第一行应当写明发明创造名称，该名称应当与请求书中的名称一致，并左右居中。发明创造名称与说明书正文之间应当空一行。说明书格式上应当包括下列五个部分：技术领域、背景技术、发明内容、附图说明、具体实施方式，并且在每一部分前面写明标题。

（4）说明书无附图的，说明书文字部分不包括附图说明及其相应的标题。说明书文字部分可以有化学式、数学式或者表格，但不得有插图。

（5）涉及核苷酸或氨基酸的申请，应当将该序列表作为说明书的一个单独部分，并单独编写页码。申请人应当在申请的同时提交与该序列表相一致的光盘或软盘，该光盘或软盘应符合国家知识产权局的有关规定。

（6）说明书应当在每页下框线居中位置顺序编写页码。

（四）专利申请文件案例示范

以下列举几个专利申请文件作为示范。

【案例1】

一种基于电化学探针检测还原型谷胱甘肽的方法

技术领域

本发明属于电化学传感器技术领域，具体涉及一种还原型谷胱甘肽的检测方法。

背景技术

低分子量的巯基化合物（RSH），如半胱氨酸（Cysteine，Cys）和谷胱甘肽（Glutathione，GSH）具有还原性，在生物体内抗氧化防御系统以及蛋白质各种功能控制中起着非常重要的作用。半胱氨酸是一种重要的含硫氨基酸，具有很多药用价值，可以缓解药物中毒，对放射线损伤也有防治效果；还原型谷胱甘肽本身易受某些物质氧化，所以它在体内能够保护许多蛋白质和酶等分子中的巯基不被如自由基等有害物质氧化，从而让蛋白质和酶等分子发挥其生理功能。生物体内巯基化合物的定量检测十分重要。

已报道的分析检测巯基化合物的方法有光学探针法、高效液相色谱法、电化学法、质谱法、毛细管电泳法等。在诸多检测方法中，由于电化学法具有可操作性和灵敏性而更具有优越性。公开号为CN102914570B的发明专利，公开了一种基于纳米金和硫堇信号放大技术和电化学检测还原型谷胱甘肽的方法。公开号为CN103364464B的发明专利，公开了一种用于还原型谷胱甘肽检测的光电化学传感器的检测方法，通过构建氧化亚铜/氧化锌异质结基光阳极，产生的光电流比氧化锌光阳极的提高77.3%。但检测灵敏度还需提高。

发明内容

本发明所要解决的技术问题是提供一种基于电化学探针高灵敏度检测还原型谷胱甘肽的方法，检测限为0.05nmol/L；利用稀土铈（IV）作为电化学探针，基于Ce（IV）和GSH进行氧化还原反应，Ce（IV）转化为Ce（III）时有电化学信号的变化，建立一种电化学传感器技术检测还原型谷胱甘肽的方法。

本发明所需要的稀土铈（IV）电化学探针为硫酸铈 $CeSO_4 \cdot 4H_2O$，涉及的主要反应方程式为 $Ce（IV）+2GSH \rightleftharpoons Ce（III）（GSSG）+2H^+$。

本发明电化学测试实验在CHI660D电化学工作站完成。工作电极为金电极，对电极为铂电极，参比电极为银/氯化银电极。

本发明电化学测试为差示脉冲伏安法（DPV），实验条件是支持电解质为

1.0mol/L 的 Na_2SO_4，溶液 pH 值为 6（用 H_2SO_4 和 NaOH 调节），测试温度为 25℃。

本发明控制 Ce（IV）离子的浓度为 10.0nmol/L，GSH 的浓度分别为 0.15、0.4、0.5、0.75、1.5、3.0、5.0nmol/L，使用 DPV 法分别测定其电流值的变化。电流值与所加 GSH 浓度呈线性关系，通过计算得出 GSH 的检测浓度。

本发明的电化学探针所用原料易得，反应条件容易控制，对还原型谷胱甘肽的检测灵敏度高，检测限为 0.05nmol/L。选择性好，GSH 与 Ce（IV）反应后，电位由 $U_1 = 0.680V$ 变为 $U_2 = 0.908V$，而半胱氨酸、高半胱氨酸和氧化型谷胱甘肽与 Ce（IV）反应后电位变化不明显。

所述的检测巯基化合物的荧光探针可应用于化学体系中含巯基化合物的检测，并可发展应用于生物活细胞和活组织内的还原型谷胱甘肽的分析检测。

本发明检测还原型谷胱甘肽的具体步骤如下。

步骤一，探针储备溶液的配制。

准确称量 $CeSO_4·4H_2O$，加入蒸馏水超声溶解，然后转入容量瓶中定容后，室温下配制成 1.0nmol/L 的 Ce（IV）探针储备溶液。

步骤二，测定探针离子对还原型谷胱甘肽的选择性。

将探针储备溶液用蒸馏水稀释，使最终探针离子的浓度为 10.0nmol/L。而待测样品半胱氨酸（Cysteine，Cys）、高半胱氨酸（Hcy）和谷胱甘肽（GSH，GSSG）的浓度为 5.0nmol/L，将探针与待测溶液反应 0.5 小时后，在电化学工作站（CHI660D）上，采用差示脉冲伏安法（DPV）进行测定电流 – 电压曲线。由实验数据可知，GSH 与 Ce（IV）反应后，电位变化加大，电流变化较大，而半胱氨酸、高半胱氨酸和氧化型谷胱甘肽与 Ce（IV）反应后电压和电流没有明显变化，说明 Ce（IV）对 GSH 的选择性好。

步骤三，测定探针离子对还原型谷胱甘肽的电流 – 浓度曲线。

将探针储备溶液用蒸馏水稀释。使最终探针离子的浓度为 10.0nmol/L，谷胱甘肽（GSH）的浓度为 0.15、0.4、0.5、0.75、1.5、3.0、5.0nmol/L，将探针与待测溶液反应 0.5 小时后，在电化学工作站（CHI660D）上运用 DPV 法进行测定，进而得到电流值对浓度变化的曲线，电流值与所加 GSH 浓度呈线性关系，线性方程为 I（电流值）$= 28.5246 + 3.2432 c_{GSH}$，其中线性相关系数 R 是 0.9994，标准偏差是 0.2177，检测限为 0.05nmol/L。

步骤四，已知浓度样品和实际生物样品中还原型谷胱甘肽的检测。

通过 DPV 法测定已知浓度的还原型谷胱甘肽样品和市售猪肝中的还原型谷胱甘肽（GSH），根据电流值和线性方程可计算出还原型谷胱甘肽的浓度，实现还原型谷胱甘肽的分析检测。

本发明的优点和有益效果

（1）利用稀土铈（Ⅳ）作为电化学探针，基于 Ce（Ⅳ）和 GSH 进行氧化还原反应，Ce（Ⅳ）转化为 Ce（Ⅲ）时有电化学信号的变化，建立一种电化学传感器技术检测还原型谷胱甘肽的方法。该方法电压响应值较大，具有良好的选择性，与其他含有巯基和二硫键分子无作用，具有较高的巯基检测灵敏度。

（2）探针分子容易购买，稳定性好，能够长期保存使用，可应用于生物体系的检测。

附图说明

图 3 – 1 是采用 DPV 法测得的 10.0nmol/L 的 Ce（Ⅳ）探针溶液，分别与不同浓度的还原性谷胱甘肽（0.15 ~ 5.0nmol/L）反应前后电流 – 电压曲线，插图是在 0.908V 处，电流值与还原性谷胱甘肽的浓度的线性图。

图 3 – 2 是采用 DPV 法测得的 10.0nmol/L 的 Ce（Ⅳ）探针溶液，分别与 5.0nmol/L 半胱氨酸、高半胱氨酸和谷胱甘肽（GSH，GSSG）反应前后电流 – 电压曲线。

具体实施方式

下面结合附图和表格，对本发明作进一步说明，但本发明并不局限于此。

下述实施例中所述实验方法，如无特殊说明，均为常规方法所述试剂和材料；如无特殊说明，均可从商业途径获得。

本发明在 CHI660D 电化学工作站完成，工作电极为金电极，对电极为铂电极，参比电极为银/氯化银电极。电化学测试为示差脉冲伏安法（DPV），实验条件是支持电解质为 1.0mol/L 的 Na_2SO_4，用 H_2SO_4 和 NaOH 调节溶液 pH 值为 6.0，测试温度为 25℃。一种基于电化学探针高灵敏度检测还原型谷胱甘肽的方法，具体包括以下步骤。

步骤一，探针储备溶液的配置。

准确称量 0.0202g 的 $CeSO_4 \cdot 4H_2O$ 置于 50mL 的烧杯中，加入 30mL 蒸馏水超声溶解，然后转入 50mL 容量瓶中定容后，室温下配制成 1.0mmol/L 的 Ce（Ⅳ）探针储备溶液。

步骤二，测定探针离子对还原型谷胱甘肽的选择性。

将探针储备溶液用蒸馏水稀释。使最终探针离子的浓度为 10.0nmol/L。而待测样品半胱氨酸（Cysteine，Cys）、高半胱氨酸（Hcy）和谷胱甘肽（GSH，GSSG）的浓度为 5.0nmol/L，将探针与待测溶液反应 0.5 小时后，在电化学工作站（CHI660D）上采用差示脉冲伏安法（DPV）进行测定电流 – 电压曲线，见

图 3 - 2；最大电流值和对应的电压值如表 3 - 1 所示。由表 3 - 1 知，GSH 与 Ce（IV）反应后，电位由 $U_1 = 0.680V$ 变为 $U_2 = 0.908V$，$\Delta U = 0.228V$，电流由 25.15 μA 变为 44.55 μA，$\Delta I = 19.40 \mu A$，而半胱氨酸、高半胱氨酸和氧化型谷胱甘肽与 Ce（IV）反应后电压和电流没有明显变化，说明 Ce（IV）对 GSH 的选择性好。

表 3 - 1 Ce（IV）与巯基化合物反应前后电压电流及其变化值

	Ce（IV）	Ce（IV）and Cys	Ce（IV）and Hcy	Ce（IV）and GSH	Ce（IV）and GSSG
U（V）	0.680	0.696	0.672	0.908	0.656
ΔU（V）	—	0.016	- 0.08	0.228	- 0.024
I（μA）	25.15	31.89	23.34	44.55	11.90
ΔI（μA）	—	6.74	- 1.81	19.40	- 13.25

步骤三，测定探针离子对还原型谷胱甘肽的电流 - 浓度曲线。

将探针储备溶液用蒸馏水稀释。使最终 Ce（IV）探针离子的浓度为 10.0nmol/L，谷胱甘肽（GSH）的浓度为 0.15、0.4、0.5、0.75、1.5、3.0、5.0nmol/L，将探针与待测溶液反应 0.5 小时后，在电化学工作站（CHI660D）上运用 DPV 法进行测定，进而得到电流值对浓度变化的曲线，见图 3 - 1；最大电流值如表 3 - 2 所示。电流值与所加 GSH 浓度的线性方程为 I（电流值）= 28.5246 + 3.2432c_{GSH}，其中线性相关系数 R 是 0.9994，标准偏差是 0.2177，检测限为 0.05nmol/L。

表 3 - 2 10.0nmol/L 的 Ce（IV）与不同浓度的 GSH 反应后的电流值

GSH 浓度（nmol/L）	0.15	0.4	0.5	0.75	1.5	3.0	5.0
电流（μA）	28.96	29.57	30.05	31.17	33.51	38.51	44.55

步骤四，已知浓度和实际生物样品中还原型谷胱甘肽的检测。

通过 DPV 法进行测定 1.0nmol/L 的还原型谷胱甘肽（GSH）6 次，其结果如表 3 - 3 所示，计算平均值为 1.05nmol/L，偏差为 5.0%，相对标准偏差为 1.65%。

通过 DPV 法进行测定市售猪肝中还原型谷胱甘肽（GSH）6 次，其计算结果依次为 4.61、4.63、4.74、4.66、4.69、4.75 $\mu mol/g$，平均值为 4.68 $\mu mol/g$，相对标准偏差为 3.17%。

表 3 – 3   10.0nmol/L 的 Ce（IV）与 1.0nmol/L 的 GSH 反应后的电流值及计算结果

电流（μA）	31.82	31.85	31.68	31.75	31.88	31.72
GSH 浓度（nmol/L）	1.06	1.07	1.02	1.04	1.08	1.03

权利要求书

1. 一种基于电化学探针检测还原型谷胱甘肽的方法，包括如下步骤。

步骤一，探针储备溶液的配置。

准确称量 $CeSO_4 \cdot 4H_2O$，加入蒸馏水超声溶解，然后转入容量瓶中定容，配制成 1.0mmol/L 的 Ce（IV）探针储备溶液。

步骤二，测定探针离子对还原型谷胱甘肽的选择性。

将探针储备溶液用蒸馏水稀释，使最终探针离子的浓度为 10.0nmol/L；将待测样品半胱氨酸、高半胱氨酸和谷胱甘肽的浓度配制为 5.0nmol/L，将探针与待测溶液反应 0.5 小时后，在 CHI660D 电化学工作站上应用 DPV 法进行测定电流 – 电压曲线。

步骤三，测定探针离子对还原型谷胱甘肽的电流 – 浓度曲线。

将探针储备溶液用蒸馏水稀释，使最终探针离子的浓度为 10.0nmol/L，谷胱甘肽的浓度为 0.15、0.4、0.5、0.75、1.5、3.0、5.0nmol/L，将探针与待测溶液反应 0.5 小时后，在 CHI660D 电化学工作站上应用 DPV 法进行测定，进而得到电流值对浓度变化的曲线，通过计算得出谷胱甘肽的检测限。

步骤四，还原型谷胱甘肽的检测。

通过 DPV 法，将待测样品进行还原型谷胱甘肽测定，根据电流值和线性方程可计算出还原型谷胱甘肽的浓度，实现还原型谷胱甘肽的分析检测。

2. 根据权利要求 1 所述的方法，其特征在于：所述还原型谷胱甘肽的检测限为 0.05nmol/L。

3. 按照权利要求 1 所述的方法所得到的电化学探针为 1.0mmol/L 的 Ce（IV）。

说明书摘要

一种基于电化学探针高灵敏度检测还原型谷胱甘肽的方法，利用稀土铈（IV）作为电化学探针，基于 Ce（IV）和 GSH 进行氧化还原反应，Ce（IV）转化为 Ce（III）时有电化学信号的变化，建立一种电化学传感器技术检测还原型谷胱甘肽的方法。本方法在 CHI660D 电化学工作站完成，工作电极为金电极，对电极为铂电极，参比电极为银/氯化银电极，电化学测试为示差脉冲法，实验条件是支持电解质为 1.0mol/L 的 Na_2SO_4，溶液 pH 值为 6，测试温度为 25℃；使用 DPV 法分别测定其电流值的变化。电流值与所加 GSH 浓度呈线性关系，通过计算得出 GSH 的检测浓度，检测限为 0.05nmol/L。

附图

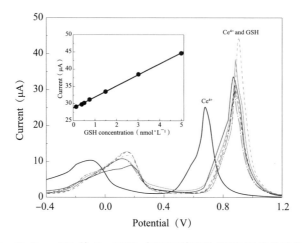

图 3 – 1　10.0nmol/L 的 Ce（Ⅳ）与不同浓度的 GSH 反应的浓度线性图

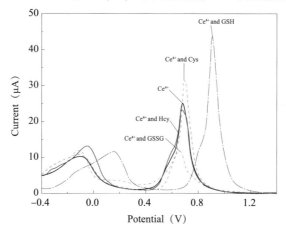

图 3 – 2　10.0nmol/L 的 Ce（Ⅳ）与 5.0nmol/L 半胱氨酸、高半胱氨酸和
谷胱甘肽反应的前后电流 – 电压曲线

【案例 2】

一种治疗骨质增生及椎间盘突出的外敷药及其制备方法

技术领域

本发明涉及中药领域，尤其是涉及一种骨质增生及椎间盘突出的外敷药及其

制备方法。

背景技术

脊柱退行性疾病是骨科的常见病、多发病,目前临床以手术治疗作为主要的治疗方法。公开号为 CN101249179,专利名称为治疗骨质增生及椎间盘突出的外敷药及其制备方法的发明专利,公开了一种外敷药,包括白花蛇 10～20g,藏红花 5～15g,三七 10～20g,川牛膝 5～15g,葛根 15～30g,伸筋草 10～20g,乳香 10～15g,狗骨 20～30g,杜仲 10～20g,独活 5～10g,麝香 0.2～0.5g。公开号为 CN102008674A,专利名称为一种治疗椎间盘突出、骨质增生和类风湿的膏药及其制备方法,该药由 A 组、B 组、C 组三组药物组合配制而成,三组药分别由以下重量份的原料药组成:A 组:珍珠透骨草 50～100g,川乌 50～100g,草乌 50～100g,八角茴香 30～70g,小茴香 30～70g,良姜 50～70g,肉桂 50～70g,七叶一把伞 30～70g,白芥子 20～30g,白花菜子 20～30g,紫金龙 10～30g,马钱子 30～50g,寻骨风 30～50g,追地风 30～50g,络石藤 10～30g,青风藤 10～30g,海风藤 10～30g,宽筋藤 10～30g;B 组:乳香 10～30g,没药 10～30g;C 组:麝香 0.5～1g,藤黄 10～20g,血竭 10～20g,樟脑 5～10g,冰片 5～10g。制备方法:取 A 组药加入 3～5 倍药物重量的水,文火煎熬 1 个小时后捞渣;再加入 B 组药溶化后加入章丹制成膏状;再加入 C 组药搅拌均匀,去火毒后摊青布成膏药。公开号为 CN101954055A,名称为骨质增生腰椎间盘突出外用药及其制备方法,是按川乌、草乌各 8～12 份,大风子 12～20 份,川芎 16～24 份,当归 16～22 份,全虫 8～12 份,海龙 10～16 份,海马 7～14 份,干姜 30～36 份,地龙 10～14 份,马钱子 6～8 份,藏红花 2～4 份,三七 16～20 份,经粉磨、混合、装袋、密封制备而成。公开号为 CN101579459,专利名称为一种治疗骨质增生和椎间盘突出的药物及制备方法,包括常春藤、川芎、当归、乌药、独活、细辛各 20～40g,杜仲、牛膝各 25～35g,红花、海桐皮、续断、伸筋草、透骨草、田三七、乳香、没药、血竭各 10～20g,土鳖虫 5～8 只,蜈蚣 2～5 条,还有冰片 2～4g,分别干燥、粉碎、混匀,用 45% 的乙醇调成糊状。

发明内容

本发明所要解决的技术问题是提供一种见效快且副作用小的治疗骨质增生及椎间盘突出的外敷药及其制备方法。为了解决该技术问题,本专利在公开号为 CN101249179 发明专利的技术基础上,进一步改进。

作为改进,当白花蛇、三七、独活、藏红花这 4 种原料质量用量比例为 1:1:1:0.5 时,总质量用量百分比为 45～54,其余为川牛膝 5～10g,葛根 10～15g,伸筋草 5～8g,没药 5～10g,乳香 2～5g,狗骨 5～10g,杜仲 5～10g,冰片 5～10g,

麝香 0.2～0.5g。

这个外敷药使用效果比改进前好很多，配合专用医疗器械使用，治疗见效时间比改进前平均缩短一个星期，且副作用小。

当白花蛇、三七、独活、藏红花这5种原料质量用量比例为1：1：1：0.5，优选总质量用量百分比为45，其余为川牛膝5g，葛根10g，伸筋草5g，没药9.5g，乳香5g，狗骨10g，杜仲5g，冰片10g，麝香0.5g。

按此配方制备的外敷药质量稳定，成本低，效果更好，治疗见效时间比改进前平均缩短10天。

本发明所述外敷药的制备方法是：

将原料药混合磨成粉加米醋调成糊状，隔水蒸10～15分钟，再淋米醋入药，继续蒸10～20分钟；或者将原料研磨成粉末，混合均匀炒熟，与醋或水调制成膏药贴用。

优选将白花蛇、三七、独活、藏红花先混在一起，用超微粉碎机进行粉碎，得到超细粉，将超细粉炒熟。

然后依次称取川牛膝、葛根、伸筋草、没药、乳香、狗骨、杜仲、冰片、麝香，混在一起研磨成粉末，再加入炒熟的超细粉中，混合均匀，继续炒熟；也可以先炒熟，再加入到炒熟的超细粉中，混合均匀。

再用醋或者水调成膏药，供贴剂使用，或者配合专用医疗器械使用，使用效果更佳。

这个外敷药的改进配方按此制备方法，比改进前配方效果好更多，副作用小；本专利外敷药的治疗见效时间比改进前平均缩短7天，治愈率提高15%。

尤其是采用优选配方，将白花蛇、三七、独活、藏红花先混在一起，用超微粉碎机进行粉碎，超细粉炒熟这一技术手段，由于中药超微粉碎技术能使药材粒度达到细胞破碎级，使药物细胞间和细胞内有效成分直接释放出来，提高药物中有效成分的溶出速度和溶出率，增加药物的吸收率，提高生物利用度。本专利优选配方外敷药的治疗见效时间比改进前平均缩短10天，治愈率提高20%。

本发明的优点在于：应用本药对患者外敷，疗效更好，疗程短；不易复发；无毒副作用，治疗费用低。与专用医疗器械配合使用，效果更佳。

具体实施方式

以下所述实施例详细地说明了本发明。

实施例1

按照药典质量要求，将合格的白花蛇、三七、独活、藏红花、川牛膝、葛根、伸筋草、没药、乳香、狗骨、杜仲、冰片、麝香准备好。依次称取白花蛇100g、三七 100g、独活 100g、藏红花 50g，混在一起，用超微粉碎机粉碎，将粉碎后的超细粉炒熟得到粉一；然后依次称取川牛膝 50g，葛根 100g，伸筋草 50g，没药 95g，乳香 50g，狗骨 100g，杜仲 5g，冰片 10g，麝香 5g，先混在一起研磨成粉末，然后炒熟得到粉二。将粉一和粉二再混在一起，继续炒 5～10 分钟，用醋调成膏药，使用时贴用。该外敷药与公开号为 CN101249179 发明专利的技术相比，配合专用医疗器械使用，经临床实验数据表明，该外敷药治疗见效时间比对比药见效时间平均缩短 10 天，治愈率提高 20%，效果比以前好很多，副作用小。

实施例 2

按照药典质量要求，将合格的白花蛇、三七、独活、藏红花、川牛膝、葛根、伸筋草、没药、乳香、狗骨、杜仲、冰片、麝香准备好。

依次称取白花蛇 120g、三七 120g、独活 120g、藏红花 60g，混在一起，用研磨机研成粉末。

然后依次称取川牛膝 50g，葛根 100g，伸筋草 50g，没药 58g，乳香 20g，狗骨 80g，杜仲 50g，冰片 50g，麝香 2g。用研磨机研成粉末。

将研磨好的粉末混合，加米醋调成糊状，隔水蒸 10～15 分钟，再淋米醋入药，继续蒸 10～20 分钟；调成膏药，贴用。该外敷药与公开号为 CN101249179 发明专利的技术相比，与专用医疗器械配合使用，经临床实验数据表明，该外敷药治疗见效时间比对比药见效时间平均缩短一个星期，治愈率提高 15%，效果比以前更好，副作用小。

权利要求书

1. 一种治疗骨质增生及椎间盘突出的外敷药，配比如下：

白花蛇、三七、独活、藏红花这 4 种原料质量用量比例为 1∶1∶1∶0.5 时，总质量用量百分比为 45～54。

其余为：

川牛膝 5～10g；葛根 10～15g；伸筋草 5～8g；没药 5～10g；乳香 2～5g；狗骨 5～10g；杜仲 5～10g；冰片 5～10g；麝香 0.2～0.5g。

2. 按照权利要求 1 所述的治疗骨质增生及椎间盘突出的外敷药的制备方法，其特征在于：将原料药混合磨成粉加米醋调成糊状，隔水蒸 10～15 分钟，再淋米醋入药，继续蒸 10～20 分钟，调制成膏药贴用。

3. 按照权利要求 1 所述的治疗骨质增生及椎间盘突出的外敷药的制备方法，其特征在于：将原料研磨成粉末，混合均匀炒熟，与醋或水调制成膏药贴用。

4. 按照权利要求 2 所述的治疗骨质增生及椎间盘突出的外敷药的制备方法，

其特征在于：称取白花蛇 100g、三七 100g、独活 100g、藏红花 50g，混在一起，用超微粉碎机粉碎，将粉碎后得到的超细粉炒熟得到粉一；然后依次称取川牛膝 50g，葛根 100g，伸筋草 50g，没药 95g，乳香 50g，狗骨 100g，杜仲 5g，冰片 10g，麝香 5g，先混在一起研磨成粉末，然后炒熟得到粉二；

将粉一和粉二再混在一起，继续炒 5～10 分钟，用醋调成膏药。

说明书摘要

一种治疗骨质增生及椎间盘突出的外敷药及其制备方法，白花蛇、三七、独活、藏红花这 4 种原料质量用量比例为 1∶1∶1∶0.5 时，总质量用量百分比为 45～54；其余为川牛膝 5～10g，葛根 10～15g，伸筋草 5～8g，没药 5～10g，乳香 2～5g，狗骨 5～10g，杜仲 5～10g，冰片 5～10g，麝香 0.2～0.5g。将原料药混合磨成粉加米醋调成糊状，隔水蒸 10～15 分钟，再淋米醋入药，继续蒸 10～20 分钟，调制成膏药贴用。或者将原料研磨成粉末，混合均匀炒熟，与醋或水调制成膏药贴用。本药与专用医疗器械配合使用，疗效好，见效快，疗程短；不易复发；无毒副作用，治疗费用低。

【案例 3】

用于浓度为 0.5～10μg/mL 的肿瘤标志物检测的碳纳米管微悬臂梁生物传感器

说明书摘要

用于浓度为 0.5～10μg/mL 的肿瘤标志物检测的碳纳米管微悬臂梁生物传感器，包括支架 1、基底材料 2、碳纳米管 3、拾取电路 4；基底材料 2 固定在支架 1 一侧构成微悬臂梁结构，碳纳米管 3 生长在基底材料 2 的上面，拾取电路 4 在基底材料 2 的下面；还包括附在碳纳米管 3 上面的核酸适配体 5。本发明利用修饰在碳纳米管上的核酸适配体检测肿瘤标志物。以微悬臂梁作为肿瘤标志物检测的传感器平台，易于实现检测的高通量、微型化、阵列化要求，实现肿瘤标志物多种指标联合检测的目的。微悬臂梁通过 MEMS 加工工艺制成，可进行批量生产，从而降低器件的成本。

权利要求书

1. 用于浓度为 0.5～10μg/mL 的肿瘤标志物检测的碳纳米管微悬臂梁生物传感器，包括支架（1）、基底材料（2）、碳纳米管（3）、拾取电路（4）；所述基底材料（2）固定在支架（1）一侧构成微悬臂梁结构，碳纳米管（3）生长在基底材料（2）

的上面，拾取电路（4）在基底材料（2）的下面；其特征在于：还包括在碳纳米管（3）上面通过疏水作用或者π－π叠加作用修饰有一层核酸适配体（5）。

2. 根据权利要求 1 所述生物传感器，其特征在于：所述基底材料（2）选用硅。

3. 根据权利要求 1 所述生物传感器，其特征在于：所述碳纳米管（3）生长在基底材料（2）的上面是采用先在基底材料（2）的上表面进行清洗处理，分别用丙酮、无水乙醇、去离子水进行超声波清洗，然后用低压化学气相沉积法（LPCVD）生长碳纳米管（3）。

4. 根据权利要求 1 所述生物传感器，其特征在于：所述碳纳米管（3）生长在基底材料（2）上的方法是热解法或者涂覆法。

5. 根据权利要求 1 所述生物传感器，其特征在于：所述拾取电路（4）是利用硅的压阻效应，将四个压敏电阻连接成惠斯通电桥形式。

说明书

用于浓度为 $0.5 \sim 10\mu g/mL$ 的肿瘤标志物检测的碳纳米管微悬臂梁生物传感器

技术领域

本发明涉及生物医学工程领域，尤其涉及一种碳纳米管微悬臂梁生物传感器。

背景技术

利用传感器检测肿瘤标志物的方法已有报道，有质量与热量免疫传感器、电化学免疫传感器等。这些传感器一般只针对单一肿瘤标志物的检测，假阳性率较高，检测精确度不够，容易耽误或者加重病情。开发新的检测技术，提高阳性率和检测精度，实现在线检测，已成为亟待解决的技术问题。

微悬臂梁传感器将待测物与微悬臂梁通过某种方式固定在一起，通过微悬臂梁的挠曲位移或谐振频率的变化来实现信号转换。名称为利用功能化碳纳米管为敏感材料的微悬臂梁传感器的方法，公开号为 CN201010241824.X 的发明专利申请，将碳纳米管与微悬臂梁结合，实现对特定气体的检测。该方法灵敏度高，重复性好；不足之处是要根据目标气体的化学性质对碳纳米管进行功能化基团修饰，操作较为复杂。当肿瘤标志物浓度为 $0.5 \sim 10\mu g/mL$ 时，以微悬臂梁作为肿瘤标志物检测的传感器平台，利用核酸适配体与肿瘤标志物之间的特异性反应形成复合物，该复合物在碳纳米管微悬臂梁生物传感器上产生质量效应，利用该质量效应来实现肿瘤标志物检测的技术还未见报道。

发明内容

本发明所要解决的技术问题是提供一种用于浓度为 $0.5 \sim 10\mu g/mL$ 的肿瘤标志物检测的碳纳米管微悬臂梁生物传感器，该生物传感器尺寸小、结构简单、操作方便、能实现在线多指标检测。

为了解决该技术问题，本发明通过在碳纳米管上修饰核酸适配体来实现对肿瘤标志物的检测。

本发明的生物传感器包括支架、基底材料、拾取电路、碳纳米管、碳纳米管上的核酸适配体。所述基底材料固定在支架一侧构成微悬臂梁结构；所述拾取电路部分在基底材料的下面；所述拾取电路部分将四个压敏电阻连接成惠斯通电桥形式；所述碳纳米管生长在微悬臂梁的上面构成碳纳米管微悬臂梁传感器；所述核酸适配体是通过疏水作用修饰在碳纳米管上，也可以通过 π-π 叠加作用修饰在碳纳米管上；核酸适配体与肿瘤标志物通过特异性识别反应形成复合物，利用该复合物在微悬臂梁生物传感器上产生的质量效应来实现检测。

本发明利用微悬臂梁作为肿瘤标志物检测的传感器平台，制作成一种可以实现多种肿瘤标志物检测的碳纳米管微悬臂梁生物传感器。

附图说明

图 3-3 是肿瘤标志物检测用的碳纳米管微悬臂梁生物传感器的示意图。

本发明的优点和特点

（1）本发明利用碳纳米管微悬臂梁生物传感器来检测肿瘤标志物，用 LPCVD 法生长碳纳米管质量稳定，不易移位、变形，有利于后面工序修饰作用，形成稳定的检测探针。通过疏水作用或者 π-π 叠加作用修饰，使得核酸适配体在碳纳米管上不容易流失，和 LPCVD 法生长碳纳米管一起作用，便于后续步骤中肿瘤标志物与核酸适配体形成的复合物在微悬臂梁上的质量效应稳定，从而引起微悬臂梁谐振频率变化的稳定，为实现肿瘤标志物的检测浓度范围为 $0.5 \sim 10 \mu g/mL$ 打下基础。上述技术特征是互相支持、共同作用的，实现了当肿瘤标志物浓度为 $0.5 \sim 10 \mu g/mL$ 时，快速准确检测，操作简便。

（2）由于在微悬臂梁上生长有碳纳米管，碳纳米管上修饰核酸适配体，因此该生物传感器尺寸小、结构简单；能实现在线检测。

具体实施方式

下面结合附图和实施例对本发明作进一步详细说明，但并不限于该实施例。

实施例

参见图 3-3，图 3-3 是肿瘤标志物检测碳纳米管微悬臂梁生物传感器的示意图，包括支架 1、基底材料 2、碳纳米管 3、拾取电路 4 以及附在碳纳米管 3 上面的核酸适配体 5。其中基底材料 2 固定在支架 1 一侧构成微悬臂梁结构；碳纳米管 3 生长在基底材料 2 的上面；拾取电路 4 在基底材料 2 的下面；在碳纳米管 3 上面通过疏水作用修饰有一层核酸适配体 5。

本发明按照下述常规工艺制备和操作

1. 微悬臂梁结构的制造

微悬臂梁是将半导体材料硅为基底材料2，加工成微悬臂梁结构。

2. 拾取电路4的制作

拾取电路是在基底材料2下表面利用微电子工艺制作硅压敏电阻，将四个压敏电阻连接成惠斯通电桥形式。

3. 悬臂梁生长和涂敷碳纳米管工艺

对前述步骤中的基底材料2的上表面进行清洗处理，分别用丙酮、无水乙醇、去离子水进行超声波清洗，然后用低压化学气相沉积法（LPCVD）生长碳纳米管。也可以用热解法、涂覆法或者其他方法在硅基上涂覆碳纳米管。

4. 碳纳米管微悬臂梁上核酸适配体的修饰

将核酸适配体通过疏水作用修饰在碳纳米管上，形成一种能特异性识别肿瘤标志物的检测探针，从而构建完成碳纳米管微悬臂梁生物传感器。

本发明对肿瘤标志物检测的步骤如下：

（1）在碳纳米管微悬臂梁上先制作含有肿瘤标志物核酸适配体的检测探针；

（2）将检测探针放入待测样本中，样本中肿瘤标志物浓度为 0.5~10μg/mL，待测样本中肿瘤标志物通过特异性反应与检测探针上的核酸适配体形成复合物并附着在微悬臂梁上。

（3）所形成的复合物的质量大小与待测样本中肿瘤标志物浓度呈正相关。

（4）所述复合物在微悬臂梁上产生的质量变化引起微悬臂梁挠曲位移或谐振频率的变化，从而实现对肿瘤标志物的检测。

附图

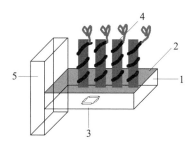

图 3-3 肿瘤标志物检测用的
碳纳米管微悬臂梁生物传感器示意图

【案例4】

一种测量物质在不同温度释放气体流速和流量的装置

说明书摘要

一种测量物质在不同温度释放气体流速和流量的装置，由反应罐、压力传感器、质量流量仪、流量控制阀、阀门、真空压力表、真空抽气泵、管路系统和控温系统构成，其中质量流量仪可以快速准确地读取气体释放速率和释放量的数值，真空抽气泵可以保证装置测试开始时管路内不含干扰气体，控温系统可以灵活地控制反应罐的温度。本装置可以快速测量不同物质在不同温度下释放气体的速率和释放量，并且本装置还可以用作气体制备收集以及储氢材料活化装置。本实用新型安全可靠，工作范围宽，省时省力，数据准确，效率高，可配合不同需求使用。

权利要求书

1. 一种测量物质在不同温度释放气体流速和流量的装置，其特征在于：包括反应罐（1）、第一阀门（2）、第二阀门（3）、第三阀门（5）、第四阀门（8）和第五阀门（10），通过第一阀门（2）和反应罐（1）连接的压力传感器（4），第一流量控制阀（6）和第二流量控制阀（9），与第一流量控制阀（6）连接的质量流量仪（7），通过第五阀门（10）和管路系统（13）连接的真空压力表（11），与真空压力表（11）连接的真空抽气泵（12），管路系统（13），位于反应罐（1）下侧的控温系统（14），位于反应罐上端带有阀门的加料口（15），其特征在于：所述的质量流量仪（7）通过第一阀门（2）、第二阀门（3）、压力传感器（4）以及第一流量控制阀（6）与反应罐（1）连接。

2. 根据权利要求1所述的装置，其特征在于：所述管路系统（13）中装有压力传感器。

3. 根据权利要求1所述的装置，其特征在于：所述反应罐（1）结构可为密封的圆柱筒形式，带有阀门的加料口（15）焊接在反应罐（1）的上端。

4. 根据权利要求1所述的装置，其特征在于：所述的控温系统（14）包括一台可控加热仪和一个可承受低温的保温容器，并配有温度传感器，该系统合理布置于反应罐下侧。

5. 根据权利要求1所述的装置，其特征在于：所述真空抽气泵（12）为真空抽气油泵。

6. 根据权利要求1所述的装置，其特征在于：所述真空抽气泵（12）为真空抽气机械泵。

7. 根据权利要求 1 所述的装置，其特征在于：所述反应罐（1）、第一阀门（2）、第二阀门（3）、第三阀门（5）、第四阀门（8）和第五阀门（10）、管路系统（13）的材质为高强度不锈钢材料。

说明书

一种测量物质在不同温度释放气体流速和流量的装置

技术领域

本实用新型涉及一种测量气体流速和流量的装置。

背景技术

目前在很多领域都要测量物质释放气体的流速和流量，例如测量某种储氢合金粉的放氢速率和放氢量，测量某种物质的水解释放气体的速率和释放量；这些测量一般采用的都是简单的气体产生－排水法收集气体的装置，通过记录不同时间的气体产量，以此来计算此种物质的气体释放速率和释放量。该种方法费时费力，在时间记录、气体产量读取方面都存在着较大的人为误差，导致数据不准确；由于无法精确地控制物质的反应温度，导致测量也存在着很大的局限性。用来测量不同物质在不同温度之下释放气体的速率和释放量的装置还未见报道。

发明内容

本实用新型所要解决的技术问题是提供一种用来测量不同物质在不同温度之下释放气体的速率和释放量的装置。

为了解决上述技术问题，本实用新型采取的技术方案是：一种用来测量不同物质在不同温度下释放气体的速率和释放量的装置，由反应罐、压力传感器、质量流量仪、流量控制阀、阀门、真空压力表、真空抽气泵、管路系统和控温系统组成。

所述反应罐和管路系统之间设置有单向阀门。

所述反应罐上端焊接有带有阀门的加料口。

所述管路系统中装有压力传感器，最大量程不得小于10MPa。

所述的控温系统由一台加热仪和一个可承受低温的保温容器组成，并配有温度传感器。

所述真空抽气泵可以采用真空抽气油泵或者真空抽气机械泵，并且真空抽气泵和管路系统之间连接有真空压力表。

所述质量流量仪和管路系统之间连接有流量控制阀。

所述反应罐、阀门、管路系统的材质选用高强度不锈钢材料。

本实用新型测量不同物质在不同温度之下释放气体速率和释放量的原理：

通过调节反应罐的温度来调整气体的释放条件，并且通过压力传感器监控管路里面的压力，使用质量流量仪测量释放气体的速率和释放量。

具体操作步骤：

先将要测试的物质放入反应罐中，接入管路系统，然后打开真空抽气泵将管路抽真空，如果要做室温条件下物质释放气体速率和释放量的测量，则可直接打开相应阀门，从质量流量仪上面读出数据；如果要做高温条件下物质吸放气体速率和释放量的测量，则用控温系统给反应罐加热，打开相应阀门，从质量流量仪上读出数据；如果要做低温条件下物质吸放气体速率和释放量的测量，则在控温系统的低温保温容器中加入制冷源，然后将反应罐置于其中，打开相应阀门，从质量流量仪上面读出数据；如果要测量物质水解释放气体的速率和释放量，则先将反应物放入反应罐中，然后将系统抽排干净，用注射器吸取适量水通过加料口注入反应罐中，快速关闭加料口阀门，接通管路，打开相应阀门，从质量流量仪上面读出数据；如果要对储氢材料进行活化，则先将储氢材料放入反应罐中，然后将系统抽排干净，调节控温系统的温度，即可对储氢材料进行相应温度下的活化。

本实用新型结构简单，组装方便，功能丰富，具有以下几个优点。

（1）通过连接控温系统可以调节反应罐内部温度，通过质量流量仪来准确地测定不同物质在不同温度下的气体释放率以及释放量；同时本装置的测试温度范围广，可达 $-50 \sim 300$℃。

（2）通过在反应罐中加入水解物质，同时通过在加料口注水，也可实现测量水解物质的气体释放率以及释放量的功能。

（3）为本装置同时装配两个反应罐以后，可通过调节阀门以及流量调节阀实现大批量气体的制备功能。

（4）将储氢材料放入反应罐中，关闭相关阀门，通过连接控温系统可以实现储氢材料的活化功能，活化的温度范围从室温至300℃。

（5）本装置响应时间短，气路密封性强，安全可靠，操作简单，特别是在降低成本的同时又极大地提高了测量的准确度。

附图说明

图3-4为本实用新型实施例的结构示意图

图3-5为本实用新型实施例的反应罐以及带有阀门的加料口的结构示意图

图3-6为本实用新型实施例的双反应罐结构示意图

具体实施方式

下面结合附图，对实施方案做进一步说明。

实施例1

图3-4是本实用新型实施例的结构示意图，包括反应罐1、第一阀门2、第

二阀门3、第三阀门5、第四阀门8和第五阀门10、压力传感器4、第一流量控制阀6和第二流量控制阀9、质量流量仪7、真空压力表11和真空抽气泵12以及管路系统13、控温系统14、带有阀门的加料口15；本实施例设计了一个可以测量温度为80℃条件下，氢化之后的$LaNi_5$粉末释放H_2的速率和释放量的装置，其中反应罐1内为氢化之后的$LaNi_5$粉末，质量流量仪7选用了测量H_2专用、最大耐压3MPa的规格，压力传感器4选用了最大量程3MPa的规格，加热仪器采用可控温加热仪。首先将氢化之后的$LaNi_5$粉末装入反应罐1中，并且关闭加料口阀门，然后打开第一阀门2、第二阀门3、第三阀门5、第四阀门8，关闭第一流量控制阀6和第二流量控制阀9，并使用真空抽气泵12将整个管路内的气体抽排至真空，然后关闭真空抽气泵12，接着将加热套包裹在反应罐1的外部，并且设定仪器温度为80℃，当要测量氢化之后的$LaNi_5$粉末释放H_2的速率及释放量时，图3-4中各个阀门开关如下：打开第一阀门2和第二阀门3，将第一流量控制阀6开至最大，其余均关闭。此时即可从质量流量仪上读取到实时的流量值以及累计流量值，测试的气体通过管口a排出；如果只要收集此温度下氢化之后的$LaNi_5$粉末所释放的全部H_2可打开第一阀门2、第三阀门5和第二流量控制阀9，开至合适大小，其余均关闭，此时在管口b接上气袋即可收集所产生的H_2。

实施例2

本实施例总体连接和实施例1相同，不同之处在于该装置多增加一个反应罐，可以用作较大量气体制备收集装置，如图3-6所示。

实施例3

本实施例总体连接和实施例1相同，不同之处在于使用在低温保温容器中加入制冷源，测量低温条件下的某种储氢合金粉释放H_2的速率和释放量。

附图

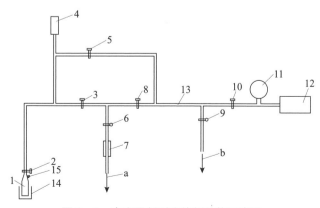

图3-4 本实用新型实施例结构示意图

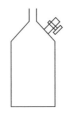

图 3 − 5　反应罐以及带有阀门的加料口结构示意图

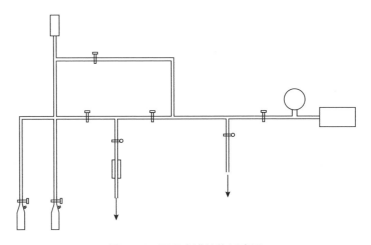

图 3 − 6　双反应罐结构示意图

不符合《专利法》条款的案例
【案例 5】

本申请要求保护一种铬酸电解除金属杂质的设备及其方法，其主要采用了一种特制的陶瓷缸来做隔膜，以解决现有技术中的隔膜抗氧化性不足和透水太大等问题，说明书中给出了所述的特制陶瓷缸，可参见中国台湾专利第 8110672 号（以下简称 "D1"）。由于 D1 是实现发明必不可少的部分，因此应当将说明书和引证内容相结合作为整体看待，从整体考虑其是否公开充分的问题。经过检索给出的专利号，我们发现并不能获得所述的 D1 文件，从而导致本领域技术人员根据说明书的记载，无法得知所述的特定陶瓷缸到底结构如何，是如何实现隔膜作用的，从而也就无法得知本申请的技术方案到底是如何实施的，如何解决其技术问题的。也就是说，说明书中给出的技术手段是含糊不清的，所属技术领域的技术人员根据说明书中的记载无法实施该发明，该申请不符合《专利法》第 26 条第 3 款的规定。

【案例6】

该申请请求保护一种多池式静电准液膜分离装置，该申请的公开日为 1992 年 2 月 5 日。根据说明书的记载，发明的分离装置采用了申请人向国家专利局提交的申请号为 89220196.7 的实用新型专利的静电式准液膜分离装置中的组合式挡板 – 电极组件（以下简称 "D2"）。该实用新型专利的公告日为 1991 年 9 月 25 日。该申请引证了另一中国专利文件，说明书对引证文件的指引非常明确，根据其申请号可以获得该引证文件，并且该引证文件的公开时间在本申请的公开日之前。因为所属技术领域的技术人员根据说明书的记载和公知常识很容易将引证文件中的 "静电式准液膜分离装置中的组合式挡板 – 电极组件" 应用到本发明的 "多池式静电准液膜分离装置" 中，因此，本申请符合《专利法》第 26 条第 3 款的规定。

案例分析

由案例 5 可以得出，如果说明书中对所引证的文件给出的明确指引错误造成该文件不能被获得时，就应当视为说明书未引证该文件。当发明内容和其确实存在密切关联时，就将造成申请文件公开不充分。如果我们能够获得 D1，那对于案例 5 我们依然要考虑以下问题：

第一需判断该申请的公开日期是否在该申请的申请日之前。由于该文件是一个中国台湾地区的申请，所以要求其公开日必须在本申请的申请日（含申请日）之前，也就是说该文件相对于本申请而言必须是现有技术，才算引证了该文件，否则依旧视为未引证。需要注意的一点是，由于其中国同族专利文件的申请号或者公开号并未在原始说明书中被提及，即便其满足所引证的外国专利文件存在中国同族专利文件，也满足此中国同族专利文件早于或同于该申请的公开日，说明书亦是无效引证该外国专利文件。

由于 D2 是中国专利文件，且其公开日早于案例 6 申请的公开日，所以其引证了该文件。

由以上两个案例可以看出，《专利法》第 26 条第 3 款中对于引证文件的考虑是分情况的：

（1）只有引证文件与发明的技术方案息息相关时，才考虑其与说明书公开充分的关系，如果其仅在背景技术部分出现，则不需要考虑该问题；

（2）对于非专利文件或外国专利文件，当其公开日在该申请的申请日（含申请日）之后，则视为未引证；对于中国专利申请，当其公开日晚于该申请的公开日或者没有公开时，则视为未引证。

（五）通过案例学习提升专利申请文献撰写能力

一份高质量的专利申请文件可大大节约专利审批时间，直接影响专利申请能否授权，影响申请人的产品或方法能否得到全面保护。专利申请文件撰写过程中需要考虑的因素如下。

1. 充分理解技术方案

拿到技术交底书后，首先要仔细阅读，初步确定要解决的技术问题，解决该技术问题所采用的技术方案，能够取得的技术效果。然后，再选择关键字，进行案前专利检索，根据检索结果确定技术方案是否被现有技术公开，经过查新检索，重新确认解决的技术问题、解决该技术问题的技术方案及能够取得的技术效果。

主题名称与专利申请文件的保护范围息息相关，在专利申请、专利权无效、专利侵权等程序中都发挥着重要作用。

主题名称中尽量不要使用功能性限定，以免缩小范围。合理的名称要做到虚实结合。"实"是指能够让审查员在脑海中建立起对该技术方案的基础性理解，"虚"是指要留出一定的联想与拓展空间，在"实"的基础上进行概括抽象，防止"实"描述的主题名称仅表达了技术方案的侧面，难以涵盖技术方案的全部内容。

2. 合理布局权利要求

尽可能地为申请人争取最恰当的权利保护范围，但保护范围的争取不是无限度的，保护范围越大，创造性降低的可能性就越大。

（1）明确权利要求。

《专利法实施细则》第 20 条第 2 款规定："独立权利要求应当从整体上反映发明或实用新型的技术方案，记载解决技术问题的必要技术特征。"必要技术特征是解决技术问题的关键特征，可以通过如下方式判断一个技术特征是否为必要技术特征。

初步撰写好独立权利要求后，逐一删除其中的技术特征，看看缺少该技术特征是否还能实现发明目的。如果缺少某个技术特征，仍能实现发明目的，则该技术特征不是必要技术特征。

确定好必要技术特征后，需要对其进行抽象概括，做适应性的扩展。如果是产品，则要分析产品各部件之间的连接机理，扩展其他变形的连接形式，将具有相似功能的部件用上位概念进行概括，当然，也要核查上位概括的名称是否合理；如果是方法，则要分析是否有可替代方法实现，各步骤之间的衔接关系是否可调，步骤是否可以合并等。

在进行扩展时，要注意用词规范，不要使用有歧义的词语。要注意合理概括，如果概括过度，且说明书没有足够实施例支持的话，则很有可能引起权利要求得不到说明书支持的问题。概括过度还有可能涵盖现有技术，导致独立权利要求存在新颖性、创造性方面的问题，即使实审程序未发现这些问题，但到后续侵权程序中也有可能导致专利权被无效。

从属权利要求可以对前面的权利要求中的技术特征进行限定，每一个从属权利要求都是一个独立的技术方案，为了使申请人的技术方案得到充分的保护，代理师在撰写从属权利要求时要进行分层撰写。

（2）从侵权角度出发。

专利侵权包括共同侵权和直接侵权。我国《专利法》中规定的共同侵权是指多个民事主体共同实施的侵犯他人专利权的行为。多个产品交互的方法或系统，很容易出现共同侵权的情况。

共同侵权发生时，需要申请人针对各侵权方进行分别举证，这势必会增加举证难度。因此，这就需要代理师在撰写权利要求时，从便于维权的角度，对权利要求的布局进行全面考虑。

对于方法的权利要求，为了便于举证及避免面对共同侵权诉讼的复杂性，尽可能从单侧撰写方法步骤，避免涉及多个执行主体，最后还要补充一项多个执行主体共同参与的权利要求。

（3）主动进行沟通。

在上述分析过程中应及时记录需要发明人补充的问题。在与发明人沟通时，要向发明人确认解决的技术问题，解决技术问题的必要技术特征理解是否正确，根据发明人的反馈修正独立权利要求的范围；要向发明人确认扩展、概括之处是否合理，询问是否还有其他扩展内容；需向发明人确认一些细节问题，以便撰写具体实施例。

（4）核查权利要求。

第一，逐词逐句地核查权利要求的描述，替换不清楚的词语，精简描述用语，修改引用关系或调整权利要求。第二，要考虑权利要求整体上是否把握了关键创新点，对关键创新点是否逐层展开。如果权利要求过多，需考虑删除对创造性没有贡献的权利要求。

3. 撰写申请文件

在背景技术撰写方面，首先需要对现有技术的内容作客观评价，将发现现有技术的问题和缺点在发明内容中进行说明，强调是发明人发现了这个问题，进而提供了一种解决问题的技术方案。这样的撰写能够体现要求保护的技术方案是不容易想到的，是非显而易见的。

在具体实施方式撰写方面，说明书具体实施方式公开的内容是后续修改的依据。因此，需要详细论述权利要求要求保护的技术方案，特别是上位概括的特征，在说明书中要作进一步限定。说明书中要对解决的技术问题及能够实现的技术效果作相应的说明，为后续答辩做好准备。

在核查专利说明书时，需反复对照权利要求书。对照权利要求书撰写的重点有两个：一是发明内容的技术效果部分，二是具体实施方式部分。前者主要考虑技术方案和技术效果要保持一致，后者主要考虑说明书对权利要求书的支持问题。在核查专利说明书的过程中，可能会遇到权利要求书中的一些问题前后逻辑不一致或者无法充分相互支持等问题，这就需要代理师对权利要求书进行调整。当然，说明书其他部分的撰写也要依据权利要求书，在这个过程中，代理师也有可能发现权利要求书中存在的问题。

四、实训操作步骤

(一) 专利申请文件撰写案例学习

下面以实用新型专利申请流程模拟为例，从国家知识产权局官网下载表格，进行相关内容的学习。

(二) 查看专利说明书每一部分的具体要求，完成一份说明书撰写

通过了解相关法律法规，使用模拟软件进行学习，从国家知识产权局官网下载说明书表格，完成撰写任务。

(三) 按照软件格式要求完成一份专利的说明书、权利要求书、附图、说明书摘要的撰写

以实用新型专利申请流程为例，从国家知识产权局官网下载相关表格，完成撰写任务。

五、思考题

(一) 说明书及说明书附图有哪些常见缺陷

1. 说明书常见缺陷

说明书在撰写时常见的问题是说明书存在对某附图的说明但缺少该附图。这类问题的发生通常有两种情况。一种情况是在提交申请时，少提交了某附图。对于这种情况，除了导致延长审批周期，还会导致申请日变更为补正附图的日期，使专利权开始日期推后，不利于专利保护。因此，在提交申请时应慎重核对，尽量避免这种缺陷。另一种情况是撰写失误，通常是在说明书的具体实施方式部分描述了一幅附图，而实际上并不存在该附图。例如，说明书记载了"参见图3"，而实际上该申请只存在附图1、2。这种情况一般是由于撰写失误造成的，申请人

只能通过认真核对的方式避免上述缺陷。

2. 说明书附图常见缺陷

（1）附图中包括的彩色的线条导致附图不清晰。有些申请的附图中包含彩色的线条，这在电子申请中尤为常见，这样的附图在彩色状态下是清晰的，但是专利文献出版时是采用黑白印刷的，有些颜色的线条转换成黑白印刷时，会变得模糊不清，不易辨识。因此，在提出申请时，采用黑色线条绘制附图会避免上述可能的修改，提高审批效率。

（2）附图中标示的文字太小。附图中通常包括附图标记或其他文字注释，将附图绘制在 A4 尺寸的纸张上时，其标注的文字应当清晰可辨。当需要缩小附图以使其符合 A4 纸张的尺寸要求时，附图中标注的文字也随之缩小，通常会发生文字太小不能辨认的情况。因此，对于需要缩小的附图，不妨在缩小附图后再标注相关文字，以避免上述缺陷。

（二）在实际撰写中如何做到保留一些技术秘密的同时达到专利说明书公开充分的要求

（1）分清楚哪些技术特征是解决技术问题而必须采取的必要技术特征，哪些是使该技术问题解决得更好的附加技术特征。

（2）在撰写前进行查新检索，看在保留了这些附加技术特征后，拟申请的权利要求是否具有新颖性和创造性。也就是说，如果保留了附加技术特征以后，会导致该申请不能获得专利权，那么这些附加技术特征还要写在说明书中。

（3）考虑以怎样的方式保留技术秘密对发明人更有利，例如一件产品和其生产的特殊工艺，将生产的关键性工艺作为技术秘密，而将产品的结构特征写在说明书中比较妥当，因为产品是很容易被仿制的，而特殊的工艺却是发明人的心血所在。

拓展知识

拓展一：知悉申请专利权利撰写书的重点内容

知悉申请专利权利撰写书的重点内容，是作为专利申报管理工作者必须掌握的，是为专利申报成功做更加细致的工作所要求的。

按照国家相关规定，权利要求书是申请发明专利和申请实用新型专利时必须提交的申请文件。它是发明或者实用新型专利要求保护的内容，具有直接的法律效力，是申请专利的核心，也是确定专利保护范围的重要法律文件。

发明和实用新型专利申请文件包括请求书、权利要求书、说明书及其摘要等部分。专利申请书的内容必须突出以下两点，下面借鉴一些专利申请书的范本来加以阐述。

（1）确定核心区别技术特征和关键创新点。第一，根据与现有技术相比较获得的最核心的区别技术特征，并用一句话概括；第二，在优选实施中找出最具创造性的关键创新点。

例如，实用新型专利"一种植生箱式砌块"中的创新点是，"通过本发明的植生箱式砌块，可以构建结构稳定、种植植物的植生挡土墙，满足绿化景观的需要"。在核心区别技术特征确定后，还要确定"关键创新点"。

关键创新点是在技术方案的具体实施方式中，需要特别关注的技术特征；关键创新点很可能不止一个，因为一个技术方案可能存在多个技术点。另外，在一些改进较小的技术方案中，很可能出现关键创新点和核心区别特征高度重合的情况。

例如，实用新型专利"一种植生箱式砌块"的创新点为：①可以构建结构稳定、种植植物的植生挡土墙，满足绿化景观的需求；②植生箱式砌块组装成挡土墙时，由于上一层砌块的凸块嵌入下一层砌块的回填孔中，形成类似齿轮的咬合，达到互嵌效果。同一层间，砌块并排排列。上下层错缝搭接，以增加墙体的整体性和稳定性。这里就有两个创新点和核心区别特征重合。

（2）确定最小技术特征集，构造核心独立权利要求。

根据上述第一步确定的核心区别特征，构成最小技术特征集。根据最小技术特征集组成核心独立权利要求，然后确定以一句话为中心，以此展开完整的技术方案。例如：一个专利证书的发明名称为"植被型散水结构及其施工方法"，以这个名称来说明该发明涉及一种建筑结构及其施工方法。在一般的建筑工程中，设计部门只做散水的厚度、宽度及坡度，对外沿没有提出加强生态绿化的措施。常规做法是按照设计厚度，一次浇筑成型形成硬化路面或者铺设花砖，较难形成景观。而且在雨季到来时，散水的作用仅仅是将雨水从墙基引至远离墙基的地面上，一旦雨势过大，会造成硬质化散水或者花砖铺设的场地大量积水，更有可能造成积水淹没散水，使得墙基遭到浸泡而受到破坏，而使散水失去了本来的作用。因此，有必要研制一种植被型的散水结构，使在下雨时，雨水迅速从地表消失，同时消除雨水对墙基的损害，并且统筹各种景观要素，让绿色植被延伸至建筑外墙，使之与建筑和谐统一。该发明就是为了解决上述问题，将散水结构的核心设计为可快速透水的生态混凝土，当雨水落在生态混凝土上时，雨水迅速渗入下层的种植土，因此有效减少表面雨水径流。在该例中，根据上述最小技术特征集，形成了如下权利要求："一种植被型散水结构，其浇筑在建筑物外墙四周的基层上层，所述植被型散水结构由下往上依次包括：防渗垫层、营养土层、生态混凝土层、植被层。"此处省略具体施工方法和技术参数。

在撰写说明书的过程中，还需要反复对照权利要求书作说明。需要对照权利要求书撰写的重点也有两个：一个是发明内容的技术效果部分，另一个是具体实施方式部分。前者主要考虑技术方案和技术效果要保持一致，后者主要考虑说明书对权利要求书的支持问题。

专利申请文件，直接关系到专利成果能否申请成功。究其重点就在于如何抓住发明创造的新、奇特点，使申请价值最大化。

拓展二：

1. 专利申请文件格式

发明或实用新型专利的申请文件，其主要结构如图 3-7 所示。在撰写过程中，应当遵循规定的格式进行书写，避免审查过程中因为格式的低级错误，造成审查不通过的后果。

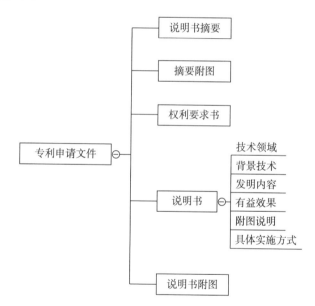

图 3-7 专利申请文件结构示意图

2. 权利要求书的概括式撰写

（1）上位概括或并列选择概括。

说明书中的优选实施例中只公开了一种或几种方式，而通过上位概括可以将所有等同和变形方式涵盖其中。上位概括必须得到说明书的支持，上位概括涵盖的所有方式都能够解决相同的技术问题，并具有相同或相近的技术效果。并列选择相对于上位概括而言是一种退而求其次的选择，这种并列选择的概括只能涵盖几种技术方案，对发明或实用新型专利具有一定的限制作用，避开保护范围。并列选择举例：一种药物组合物，所述组合物的剂型是片剂或胶囊。

（2）功能效果限定的技术特征。

对于方法的权利要求，如果说明书中描述的功能是以一种特定方法完成的，没有说明其他替代方法，而权利要求却概括了完成该功能的其他方法或全部方法，则是不允许的。此外，说明书如果以含糊的方式描述其他方法也可能使用，但所属技术领域的技术人员并不清楚利用何种方法或者怎样应用，则功能性限定也不允许。

产品的权利要求应该尽量避免使用功能或效果限定。只有某一技术特征无法用结构特征来限定，或者技术特征用结构特征限定不如用功能或效果特征来限定更为清楚，而且该功能或效果能通过说明书中规定的实验或操作直接和肯定地验证时，使用功能或效果限定才是允许的。

（3）数值范围概括。

对于某一项指标的数值，使用一个范围进行概括，不仅能够隐藏最优的取值，避免自己的技术秘密被彻底公开，还能获得较大的保护范围，避免竞争对手或其他人员舍弃最优方案，窃取专利成果。

3. 专利撰写步骤

（1）在撰写时，首先要与发明人交流，充分理解发明创造，理解背景技术及现有技术，对背景技术的掌握也很关键，权利要求不仅要罗列部件，各部件的位置关系也要写清楚，从属权利要求的引用要恰当，说明书要有详细具体的描述，对部件的功能也要作相应的描述。

（2）检索是必需的。检索最相关的现有技术，初学者还可借鉴检索出的专利文献的写法，学习其中的一些东西。把检索出来的现有技术与发明创造进行对比，找出必要技术特征和区别技术特征。

（3）撰写权利要求书，首先应该提炼发明的要点，就是一个一个的技术特征，最好列个表，其次考虑哪些是必要的，哪些可以进行上位概括，并进行组合。对比本发明和检索文件，列出本发明的技术特征和对比文件的技术特征，找出区别技术特征（能带来有益效果的特征），确定本发明要解决的技术问题，之后确定必要的技术特征，最后确定独立权利要求和从属权利要求的内容。撰写时应当头脑清楚，思路清晰，层层设防。写出的权利要求书要有层次感。刚开始可以写一个保护范围稍大一些的独立权利要求，之后再一点点地增加技术特征，最终落实到最小的保护范围是一个优选的实施例。另外，要准确取舍所要保护的内容，发明或实用新型专利中的具有创造性的点是必须层层设防保护的对象。

（4）有益效果。

有益效果看起来比较好写，但如果不写好，在诉讼过程中，很容易被找到把柄，导致专利无效。

在专利撰写过程中，各种措辞都有可能对未来的专利诉讼产生影响，限缩请求项范围的字眼应该避免使用。也就是说，用来强调发明或实用新型的重要性等的字眼（价值、重要性、情感强烈的），用以博取眼球和关注度的广告语成分，如果本专利或实用新型不能真实有效地实现，在之后可能的诉讼中，将会使自身处于非常劣势的地位。

具体要求如下：

① 可以用对发明或实用新型结构特点或作用关系进行分析的方式、用理论说明方式或用实验数据证明的方式，也可以多种方式结合来描述，不得断言其有益效果，最好通过与现有技术进行比较而得出；

② 对于机械或电气等领域，可结合结构特征和作用方式进行说明；

③ 引用实验数据说明有益效果时，应给出必要的实验条件和方法；

④ 附图。

在专利撰写过程中，示意图能够帮助发明者表达自己的方法或产品，因此附图很重要。在每个图片中，应该详细标记图中的每个部位，在不同图片中，不同部位的标记代码应该不同；在所有附图中，同一标记代码代表相同的部位或者部件结构。

拓展三：功能性限定的技术特征的相关规定

《专利法》第26条第4款规定："权利要求书应当以说明书为依据，清楚、简要地限定要求专利保护的范围。"其宗旨实际上是保证申请人与公众之间的利益平衡。然而在实践中，如何做到使权利要求得到说明书的支持，则是很难掌握的。在专利申请的实质审查以及专利的无效过程中，对于权利要求书得不到说明书的支持的质疑，大部分的情况是权利要求书中的功能性限定的技术特征是否被允许。关于功能性限定，《专利审查指南2023》第二部分第二章第3.2.1节规定："通常，对产品权利要求来说，应当尽量避免使用功能或者效果特征来限定发明。只有在某一技术特征无法用结构特征来限定，或者技术特征用结构特征限定不如用功能或者效果特征来限定更为恰当，而且该功能或者效果能通过说明书中规定的实验或者操作或者所述技术领域的惯用手段直接和肯定地验证的情况下，使用功能或者效果特征来限定发明才可能是允许的。"上述规定表明，现行专利制度对功能性特征的撰写有一定的限制，但是该限制具有一定的局限性，它仅是倡导性规范，而非强制性规范，因为坚持不恰当的功能性特征的撰写方式并非《专利法实施细则》第 59 条、第 69 条所规定的驳回或者无效的理由之一，也即上述规定仅具有"软约束"的效力。因此在实践中，无论是发明专利申请还是实用新型专利申请，在权利要求书中都存在一定比例的功能性技术特征。关于功能性限定，《专利审查指南 2023》除上述规定外，还规定了："对于权利要求中所包含的功能性限定的技术特征，应当理解为覆盖了所有能够实现所述功能的实施方式。对于含有功能性限定的特征的权利要求，应当审查该功能性限定是否得到说明书的支持。如果权利要求中限定的功能是以说明书实施例中记载的特定方式完成的，并且所属技术领域的技术人员不能明了此功能还可以采用说明书中未提到的其他替代方式来完成，或者所属技术领域的技术人员有理由怀疑该功能性限定所包含的一种或几种方式不能解决发明或者实用新型所要解决的技术问题，并达到相同的技术效果，则权利要求中不得采用覆盖了上述其他替代方式或者不能解决发明或实用新型技术问题的方式的功能性限定。"基于《专利审查指南 2023》的上述规定，专利申请或者授权专利的权利要求书中如果存在功能性技术特征，那么该功能性技术特征"应当理解为覆盖了所有能够实现所述功能的实施方式"。因此如果该功能性限定包含了说明书中未提到的其他替代方式，或者包含了不能解决发明创造技术问题的实施方式，而说明书中未提到的其他替代方式为现有技术，那么该专利申请或授权专利可能会因为得不到说明书的支持或者不具备新颖性或创造性而被驳回或者被宣告无效。然而，发明专利申请或者实用新型专利申请虽然经过了实质审查或者初步审查，由于审查员的个体差异或者对审查尺度的把握不同，仍然会有很多授权专利的权利要求书中存在功能性技术特征，而有些功能性限定实际上并不能与申请人的贡献相匹配，即这些功能性限定形成了过宽的保护范围。也就是说，对于权利要求概括过宽的缺陷，实际上未必都能在专利审查过程中被发现，现实中仍然有很多授权专利的保护范围的概括超出了说明书所充分公开的范围。在专利侵权诉讼中，由于此类权利要求带来了更大范围的专有权保护，并不能与其发明创造的实际贡献相一致，在某种程度上会使得公众利益受到侵害。为了解决这一问题，相关司法解释给出了不同的处理方案。《最高人民法院关于审理侵犯专利权纠纷案件应用法律若干问题的解释》（法释〔2009〕21 号）第 4 条规定："对于权利要求中以功能或者效果表述的技术特征，人民法院应当结合说明书和附图描述的该功能或者效果的具体实施方式及其等同的实施方式，确定该技术特征的内容。"换言之，对于功能性限定可能带来的专利权的扩大保护，在专利侵权对比中，应当以实施例所揭示的具体实施方式或者等同实施方式来确定权利要求的保护范围，对于实施例未能揭示的不构成等同的实施方式，则排除在专利权的保护范围之外。这一规则的确立，有助于克服权利要求使用功能性限定所导致的保护范围扩大的问题。由此可以看出，在对于权利要求书中的功能性限定中，在专利申请的审查阶段、专利的确权阶段和专利权侵权认定阶段，处理方式是不同的。因此在撰写专利申请文件时，最好同时考虑各方面的相关规定。

拓展四：专利文件撰写的思路

（1）专利代理师应首先找到发明人的研发动机，即发明人所要达到的真正目标。

（2）与发明人一同寻找实现该目标所基于的自然规律是什么，即找出相应的原理，并对现有技术进行分析，从原理层面找出实现该目标所需要的技术条件，这些技术条件应该是现有技术中已经实现的条件，如果某种技术条件以功能性限定的概念出现时，这种功能也应该是现有技术中已经实现了的功能；当发明人无法找到并确知相应的原理的时候，则应该尽量结合实验过程和实验结果，找出实现该目标所需要的真正的基本的技术条件。

（3）结合发明人提供的各种材料，进一步发现，这些技术条件是如何以现有技术中进一步具体化的细节特征及其组合的形式出现，并相互作用实现相应的目标的。

（4）在上述第（3）步中，也许会有不同的技术方案，应该尽量比较不同技术方案所获得效果的差异，结合具体的技术方案，尽量分析出为什么会有相应的差异。从上述第（2）步，能够获得相应的独立权利要求，而通过第（3）步和第（4）步，我们能够进一步获得相应的从属权利要求。

拓展五：实用新型专利申请文件撰写过程中需注意的几个问题

（1）关于权利要求书的撰写，刚从事代理工作的人在撰写实用新型专利申请的权利要求时常犯的错误是罗列部件名称，却不描述部件之间的位置和连接关系，以为描述产品只写包括这些部件就足够了，比如"笔帽包括笔帽体和笔夹"，这样撰写导致的后果是保护范围不清楚，这可以是驳回申请的理由，也可以是无效宣告的理由。正确的写法是实用新型专利申请文件永远都要把位置和连接关系作为技术特征来描述，比如"笔帽包括笔帽体，以及固定连接于所述笔帽体一端的笔夹"。当然，也容易犯另外一种错误，即描述太细，将很多不需要的细节也写得太多，导致保护范围太小。比如，"笔帽包括圆柱形的笔帽体，以及固定连接于所述笔帽体一端的长条形的笔夹"，把笔帽体和笔夹的形状都写出来了，使得保护范围更具体，自然也更小。当然，具体应该写到怎样的详细程度要看发明点在哪里。

（2）关于背景技术的撰写，要根据对现有技术的检索得出的相关文献，由远至近地对现有技术进行描述。这样撰写出来的背景技术就成了本发明创造的简要历史。应最后书写与本发明创造最接近的现有技术的情况，较详细地描述其技术方案，公正地指出该技术方案中的优点，并找出其不足之处，这样就能非常自然地得出本发明创造的发明目的，从而给下一步书写发明的技术效果埋下了一个伏笔。

（3）关于技术方案的书写，一般分为三个层次。第一层次是对应于独立权利要求的技术方案的描述。第二个层次是根据从属权利要求的次序分别描述对应于各从属权利要求的技术方案，在这个层次里对独立权利要求的技术特征展开描述，又对附加技术特征进行描述。这样书写既使权利要求书得到说明书形式上的支持，又给审查员的审查带来了方便。第三个层次就是书写具体的实施方式。这关系到权利要求书能否得到说明书的实质支持。一般来说，在撰写具体实施方式的时候，应尽量多写一些实施例，若实施例比较多，在需要修改权利要求时可以有较大的自由度。

（4）在书写专利申请文件的技术效果时，应避免空洞无物，要有说服力。机械类实用新型的有益效果，在某些情况下，可以结合实用新型的结构特征和作用方式进行说明。另外，在与现有技术作对比时，应找出正确的对比对象，找错了对比的对象就不具有说服力。例如，一辆21世纪的汽车专利申请中的汽车与慈禧太后时代坐的汽车相比一定有新颖性、创造性，但是没有说服力，应与该专利申请最接近的专利中的汽车进行对比才有说服力。其与最接近的现有技术中的汽车对比，如有显著的技术效果，则该专利申请具有创造性。

实训四
专利申报流程模拟

一、实训目的

（一）了解发明、实用新型以及外观设计专利的审批程序

（二）了解申请人应当知解的事宜

（三）了解发明、实用新型、外观设计专利申请文件的要求

（四）了解对申请文件提出修改的相关规定

（五）了解答复专利局的各种通知书

二、基本原理与法条

相关内容参见《专利法》第27条、第35条、第37~40条，《专利法实施细则》第44条、第50条、第57条、第60条，《专利审查指南2023》第一部分第一章（4.1.1、4.1.2、4.1.3.1、4.1.3.2、4.1.6）。

三、基本要求与案例

（一）了解不同专利的申报流程和注意事项，熟悉不同专利的申报流程案例

发明专利、实用新型专利、外观设计专利的申报流程如图 4-1 所示。

（二）熟悉发明专利、实用新型专利、外观设计专利的申报流程

1. 专利申请的提交形式

申请人应当以电子形式或者书面形式提交专利申请。

申请人以电子文件形式申请专利的，应当事先办理电子申请用户注册手续，通过专利局专利电子申请系统向专利局提交申请文件及其他文件。

目前专利局在北京、沈阳、济南、长沙、成都、南京、上海、广州、西安、武汉、郑州、天津、石家庄、哈尔滨、长春、昆明、贵阳、杭州、重庆、深圳、福州、南宁、乌鲁木齐、南昌、银川、合肥、苏州、海口、兰州、太原等城市设立代办处。

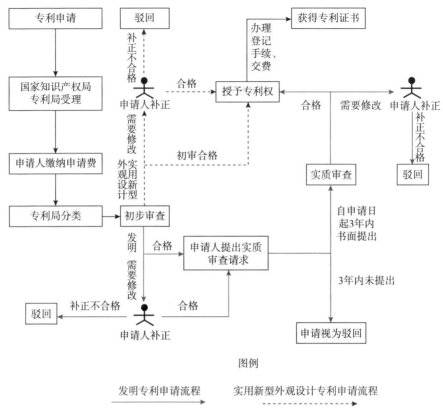

图例

发明专利申请流程 ———— 实用新型外观设计专利申请流程 - - - - - -

图 4-1 专利申报流程

国防知识产权局专门受理国防专利申请。

2. **申请专利应当提交的文件**

（1）申请发明专利的，申请文件应当包括：发明专利请求书、说明书摘要（必要时应当提交摘要附图）、权利要求书、说明书（必要时应当提交说明书附图）。

涉及氨基酸或者核苷酸序列的发明专利申请，说明书中应当包括该序列表，把该序列表作为说明书的一个单独部分提交，并单独编写页码，同时还应提交符合国家知识产权局专利局（以下简称"专利局"）规定的记载有该序列表的光盘或软盘。

依赖遗传资源完成的发明创造申请专利的，申请人应当在请求书中对遗传资源的来源予以说明，并填写遗传资源来源披露登记表，写明该遗传资源的直接来源和原始来源。申请人无法说明原始来源的，应当陈述理由。

（2）申请实用新型专利的，申请文件应当包括：实用新型专利请求书、说明书摘要及其摘要附图、权利要求书、说明书、说明书附图。

（3）申请外观设计专利的，申请文件应当包括：外观设计专利请求书、图片或者照片（要求保护色彩的，应当提交彩色图片或者照片）以及对该外观设计的简要说明。

3. 申请文件使用统一制定的表格

申请文件应当使用专利局统一制定的表格。这些表格可以从国家知识产权局官网下载，或者在专利局受理大厅的咨询处索取或以信函方式索取（信函寄至：国家知识产权局专利局初审及流程管理部发文处），也可以向各地的国家知识产权局专利局代办处（以下简称"专利局代办处"）索取。一张表格只能用于一件专利申请。

申请文件的纸张质量应当相当于复印机用纸的质量。纸面不得有无用的文字、记号、框、线等。各种文件一律采用 A4 尺寸（210 毫米×297 毫米）的纸张。申请文件的纸张应当单面、纵向使用。文字应当自左向右排列，纸张左边和上边应当各留 25 毫米空白，右边和下边应当各留 15 毫米空白。

4. 提交申请时如何排列申请文件

发明或者实用新型专利申请文件应当按照下列顺序排列：请求书、说明书摘要、摘要附图、权利要求书、说明书（含氨基酸或核苷酸序列表）、说明书附图。

外观设计专利申请文件应当按照下列顺序排列：请求书、图片或照片、简要说明。申请文件各部分都应当分别用阿拉伯数字顺序编写页码。

5. 申请文件的文字和书写要求

申请文件各部分一律使用中文。外国人名、地名和科技术语如没有统一中文译文，应当在中文译文后的括号内注明原文。申请文件都应当用宋体、仿宋体或楷体打字或印刷，字迹呈黑色，字高应当在 3.5～4.5 毫米，行距应当在2.5～3.5毫米。申请文件中有附图的，线条应当均匀清晰，不得涂改。不得使用工程蓝图作为附图。

6. 证明文件

办理专利申请相关手续要附具证明文件的，各种证明文件应当由有关主管部门出具或者由当事人签署。各种证明文件应当是原件；证明文件是复印件的，应当经公证或者由出具证明文件的主管部门加盖公章予以确认，原件在专利局备案确认的除外。申请人提供的证明文件是外文的，应当附有中文题录译文。

7. 签字或者盖章

向专利局提交的专利申请文件或者其他文件，应当按照规定签字或者盖章。

其中未委托专利代理机构的申请，应当由申请人、其他利害关系人或者其代表人签字或者盖章，办理直接涉及共有权利的手续，应当由全体权利人签字或者盖章；委托了专利代理机构的，应当由专利代理机构盖章，必要时还应当由申请人、其他利害关系人或者其代表人签字或者盖章。

8. 同日申请说明

同一申请人同日对同样的发明创造既申请实用新型专利又申请发明专利的，应当在申请时分别说明。

9. 专利申请内容的单一性要求

一件发明或者实用新型专利申请应当限于一项发明或者实用新型。属于一个总的发明构思的两项以上的发明或者实用新型，可以作为一件申请提出。一件外观设计专利申请应当限于一项外观设计。同一产品的两项以上的相似外观设计，或者用于同一类别并且成套出售或者使用的产品的两项以上的外观设计，可以作为一件申请提出。

10. 委托专利代理机构

中国内地的单位或者个人可以委托依法设立的专利代理机构办理专利申请手续，也可以自行办理相关手续。

在中国内地没有经常居所或者营业所的外国人、外国企业或者外国其他组织在中国申请专利，或者作为第一署名申请人与中国内地的申请人共同申请专利的，应当委托依法设立的专利代理机构办理。

在中国内地没有经常居所或者营业所的香港、澳门或者台湾地区的申请人向专利局提出专利申请，或者作为第一署名申请人与中国内地的申请人共同申请专利的，应当委托依法设立的专利代理机构办理。

依法设立的专利代理机构是依照专利代理条例的规定经国家知识产权局批准成立的，具体名录及专利代理机构的相关信息可从网上查阅。

11. 专利申请的受理

专利局受理处或专利局代办处收到专利申请后，对符合受理条件的申请，将确定申请日，给予申请号，发出受理通知书。不符合受理条件的，将发出文件不受理通知书。

申请人收到受理通知书和缴费通知书后，应当认真核对通知书上的信息，对通知书信息有异议的，应当及时向专利局提出。

向专利局受理处寄交申请文件的，一般一个月左右的时间可以收到专利局的受理通知书，超过一个月尚未收到专利局通知的，申请人应当及时向专利局受理处查询。

申请人或专利权人的地址有变动的，应当及时向专利局提出著录项目变更；如果申请人与专利代理机构解除代理关系，应当向专利局办理变更手续。

12. 申请日的确定

采用电子文件形式向专利局提交的专利申请及各种文件，以专利局专利电子申请系统收到电子文件之日为递交日。

向专利局受理处或者代办处窗口直接递交的专利申请，以收到日为申请日；通过邮局邮寄递交到专利局受理处或者代办处的专利申请，以信封上的寄出邮戳日为申请日；寄出的邮戳不清晰无法辨认的，以专利局受理处或者代办处收到日为申请日。通过速递公司递交到专利局受理处或者代办处的专利申请，以收到日为申请日；邮寄或者递交到专利局非受理部门或者个人的专利申请，其邮寄日或者递交日不具有确定申请日的效力，以受理处或者代办处实际收到日为申请日。

13. 申请日的更正

申请人收到专利申请受理通知书之后认为该通知书上记载的申请日与邮寄该申请文件日期不一致的，可以在递交专利申请文件之日起两个月内或者申请人收到专利申请受理通知书一个月内提出申请日更正请求，并附收寄专利申请文件的邮局出具的寄出日期的有效证明，该证明中注明的寄出挂号号码应与请求书中记录的挂号号码一致。挂号信的存根可以作为上述有效证明。

14. 申请费的缴纳时间

申请人应当自申请日起两个月内或在收到受理通知书之日起15日内缴纳申请费。缴纳申请费需写明相应的申请号及必要的缴费信息。

15. 如何缴纳费用

（1）电子申请用户可以登录电子申请网，使用网上缴费方式缴纳专利费用。

（2）直接向专利局或专利局代办处缴纳专利费用。

（3）通过银行或邮局汇付专利费用。通过银行或邮局汇付专利费用时，应当在汇款单附言栏中写明正确的申请号（或专利号）及费用名称（或简称）。

16. 进入国家阶段的国际申请的初步审查和事务处理中的注意事项

申请人在办理进入国家阶段手续时提出撤回优先权要求的，办理该手续的期限仍按照原最早优先权日起算。因中国对专利合作条约及其实施细则的有关规定作出保留，而使国际申请的优先权在国家阶段不成立的，办理进入国家阶段手续的期限仍按照原最早优先权日起算。

申请人未在《专利法实施细则》第120条规定的期限内办理进入国家阶段手续，或者虽然办理进入国家阶段手续，但是不符合《专利法实施细则》第121条第1款第1~3项的规定，根据《专利法实施细则》第122条第1款第2~3项的规定，该国际申请在中国的效力终止，审查员应当发出国际申请不能进入中国国家阶段通知书，通知申请人该国际申请进入国家阶段的手续不予接受。

申请人在《专利法实施细则》第 120 条规定期限内办理的进入国家阶段手续不符合规定的，审查员应当通知申请人进入国家阶段的手续存在缺陷而不予接受。申请人在规定期限届满之前再次办理进入国家阶段手续，并且克服了上述缺陷的，该国际申请在中国仍然具有效力。

由于耽误了《专利法实施细则》第 120 条规定的期限造成国际申请在中国的效力终止，申请人按照《专利法实施细则》第 6 条第 2 款提出恢复权利请求的，审查员应当通知申请人，根据《专利法实施细则》第 122 条第 2 款的规定，该请求不予接受。如果申请人提出耽误上述期限是由于不可抗拒的事由造成的，审查员应当参照《专利法实施细则》第 6 条第 1 款的规定处理。

国际申请日是在国际阶段由受理局确定的。在国际阶段国际申请日由于某种原因被更改的，以更改后的日期为准。进入国家阶段的书面声明（以下简称"进入声明"）中填写的国际申请日应当与国际公布文本扉页上的记载相同。

《专利法》第 9 条第 1 款规定：同样的发明创造只能授予一项专利权。国际申请指定中国的，办理进入国家阶段手续时，应当选择要求获得的是"发明专利"或者"实用新型专利"，两者择其一，不允许同时要求获得"发明专利"和"实用新型专利"。

除在国际阶段由国际局记录过变更的情况外，进入声明中填写的发明人应当是国际申请请求书中写明的发明人。专利合作条约规定，国际申请有多个发明人的，可以针对不同的指定国有不同的发明人。在这种情况下，进入声明中要求填写的是针对中国的发明人。国际公布使用外文的，应当准确地将发明人的姓名译成中文。

17. 向外国申请专利前的保密审查

任何单位或者个人将在中国完成的发明或者实用新型向外国申请专利或者向有关国外机构提交专利国际申请前，应当向专利局提出向外国申请专利保密审查请求。经保密审查确定涉及国家安全或者重大利益需要保密的，任何单位或者个人不得就该发明或者实用新型的内容向外国申请专利。

提出向外国申请专利前的保密审查请求有下列三种方式。

（1）以技术方案形式单独提出保密审查请求。以该种方式提出请求的，申请人应当提交向外国申请专利保密审查请求书和技术方案说明书，并采用书面形式将文件当面交到专利局的受理窗口或寄交至"国家知识产权局专利局受理处"。

（2）申请中国专利的同时或之后提出保密审查请求。以该种方式提出请求的，申请人应当提交向外国申请专利保密审查请求书。

（3）向专利局提交专利国际申请的，视为同时提出了保密审查请求，不需要单独提交向外国申请专利保密审查请求书。

18. 提交申请文件的注意事项

（1）向专利局提交的各种文件申请人都应当留存底稿，以保证申请审批过程中文件填写的一致性，并可以此作为答复审查意见时的参照。

（2）申请文件是邮寄的，应当用挂号信函。无法用挂号信邮寄的，可以用特快专递邮寄，不得用包裹邮寄申请文件。挂号信函上除写明专利局或者专利局代办处的详细地址（包括邮政编码）外，还应当标有"申请文件"及"国家知识产权局专利局受理处收"或"国家知识产权局专利局××代办处收"的字样。申请文件通过快递公司递交的，以专利局受理处以及各专利局代办处实际收到日为申请日。一封挂号信内应当只装同一件申请的文件。邮寄后，申请人应当妥善保管好挂号收据存根。

（3）专利局在受理专利申请时不接收样品、样本或模型。在审查程序中，申请人应审查员要求提交样品或模型时，若在专利局受理窗口当面提交的，应当出示审查意见通知书；邮寄的应当在邮件上写明"应审查员×××（姓名）要求提交模型"的字样。

（三）了解发明专利、实用新型专利、外观设计专利的注意事项

1. 专利审批程序

发明专利申请的审批程序主要包括受理、初步审查、公布、实质审查以及授权五个阶段。实用新型或者外观设计专利申请的审批程序主要包括受理、初步审查和授权三个阶段。

2. 申请人应当了解的内容

（1）发明专利。

申请人应当了解在初步审查程序中，审查员应当遵循保密原则、书面审查原则、听证原则、程序节约原则四大审查原则。在专利局收到发明专利申请后，认为符合《专利法》要求的，自申请日起满十八个月，即行公布。申请人也可以提出早日公布申请。

当审查员在作出视为未提出、视为撤回、驳回等处分决定的同时，审查员会告知申请人可以启动的后续程序。申请人在收到补正通知书或者审查意见通知书后，应当在指定的期限内补正或者陈述意见。申请人对专利申请进行补正的，应当提交补正书和相应修改文件替换页。申请文件的修改替换页应当一式两份，其他文件只需提交一份。对申请文件的修改，应当针对通知书指出的缺陷进行。修改的内容不得超出申请日提交的说明书和权利要求书记载的范围。申请人对驳回决定不服的，可以在规定的期限内向专利复审委员会提出复审请求。对复审请求的前置审查及复审后的处理，参照《专利审查指南2023》第二部分第八章第8节的规定。

申请人期满未答复的，审查员应当根据情况发出视为撤回通知书或者其他通知书。申请人因正当理由难以在指定的期限内作出答复的，可以提出延长期限请求。有关延长期限请求的处理，适用《专利审查指南2023》第五部分第七章第4节的规定。

对于因不可抗拒事由或者因其他正当理由耽误期限而导致专利申请被视为撤回的，申请人可以在规定的期限内向专利局提出恢复权利的请求。有关恢复权利请求的处理，适用《专利审查指南2023》第五部分第七章第6节的规定。

在确认申请人是在中国没有经常居所或者营业所的外国人、外国企业或者外国其他组织后，应当审查请求书中填写的申请人国籍、注册地是否符合下列三个条件之一：第一，申请人所属国同我国签订有相互给予对方国民以专利保护的协议；第二，申请人所属国是《保护工业产权巴黎公约》（以下简称《巴黎公约》）成员或者世界贸易组织成员；第三，申请人所属国依互惠原则给外国人以专利保护。

对于来自某《巴黎公约》成员方领地或者属地的申请人，应当审查该国是否声明《巴黎公约》适用于该地区。申请人是个人的，其中文译名中可以使用外文缩写字母，姓和名之间用圆点分开，圆点置于右下方位置，例如 M. 琼斯。姓名中不应当含有学位、职务等称号，如××博士、××教授等。申请人是企业或者其他组织的，其名称应当使用中文正式译文的全称。对于申请人所属国法律规定具有独立法人地位的某些称谓允许使用。

（2）实用新型。

申请人在收到补正通知书或者审查意见通知书后，应当在指定的期限内补正或者陈述意见。申请人对专利申请进行补正的，应当提交补正书和相应修改文件替换页。申请文件的修改替换页应当一式两份，其他文件只需提交一份。对申请文件的修改，应当针对通知书指出的缺陷进行修改。修改的内容不得超出申请日提交的说明书和权利要求书记载的范围。申请人期满未答复的，审查员应当根据情况发出视为撤回通知书或者其他通知书。申请人因正当理由难以在指定的期限内作出答复的，可以提出延长期限请求。有关延长期限请求的处理，适用《专利审查指南2023》第五部分第七章第4节的规定。对于因不可抗拒事由或者因其他正当理由耽误期限而导致专利申请被视为撤回的，申请人可以在规定的期限内向专利局提出恢复权利的请求。有关恢复权利请求的处理，适用《专利审查指南2023》第五部分第七章第6节的规定。

因不符合《专利法》及其实施细则的规定，专利申请被驳回，申请人对驳回决定不服的，可以在规定的期限内向专利复审委员会提出复审请求。对复审请求的前置审查及复审后的处理，参照《专利审查指南2023》第二部分第八章第8节的规定。

根据《专利法实施细则》第131条的规定，在专利局作好公告实用新型专利权的准备工作之前，申请人发现提交的说明书、权利要求书或者附图的文字的中文译文存在错误的，可以提出改正请求。申请人改正译文错误的，应当提出书面请求并缴纳规定的译文改正费。

（3）外观设计。

外观设计专利申请，经初步审查没有发现驳回理由的，作出授予外观设计专利权的决定，发给相应的专利证书，同时予以登记和公告。因此，外观设计专利申请的初步审查是受理外观设计专利申请之后、授予专利权之前的一个必要程序。

申请人在收到补正通知书或者审查意见通知书后，应当在指定的期限内补正或者陈述意见。申请人对专利申请进行补正的，应当提交补正书和相应修改文件替换页。申请文件的修改替换页应当一式两份，其他文件只需提交一份。对申请文件的修改，应当针对通知书指出的缺陷进行。修改的内容不得超出申请日提交的图片或者照片表示的范围。申请人期满未答复的，审查员应当根据情况发出视为撤回通知书或者其他通知书。申请人因正当理由难以在指定的期限内作出答复的，可以提出延长期限请求。有关延长期限请求的处理，适用《专利审查指南2023》第五部分第七章第4节的规定。对于因不可抗拒事由或者因其他正当理由耽误期限而导致专利申请被视为撤回的，申请人可以在规定的期限内向专利局提出恢复权利的请求。有关恢复权利请求的处理，适用《专利审查指南2023》第五部分第七章第6节的规定。

因不符合《专利法》及其实施细则的规定，专利申请被驳回，申请人对驳回决定不服的，可以在规定的期限内向专利复审委员会提出复审请求。对复审请求的前置审查及复审后的处理，参照《专利审查指南2023》第二部分第八章第8节的规定。

（四）申请文件的要求

1. 发明专利申请文件的要求

（1）请求书。包括发明专利的名称、发明人或设计人的姓名、申请人的姓名和名称、地址等。对于涉及生物材料的申请，申请人除应当使申请符合《专利法》

及其实施细则的有关规定外，还应当办理相关手续。对于依赖遗传资源完成的发明创造申请专利，申请人应当在请求书中对遗传资源的来源予以说明，并填写遗传资源来源披露登记表，写明该遗传资源的直接来源和原始来源。

（2）说明书。说明书的格式应当包括以下各部分，并在每一部分前面写明标题：发明专利的名称、所属技术领域、背景技术、发明内容、附图说明、具体实施方式，说明书无附图的，说明书文字部分不包括附图说明及其相应的标题。

（3）权利要求书。说明发明的技术特征，清楚、简要地表述请求保护的内容。权利要求书有几项权利要求的，应当用阿拉伯数字顺序编号，编号前不得冠以"权利要求"或者"权项"等词。权利要求中可以有化学式或者数学式，必要时也可以有表格，但不得有插图。权利要求书应当用阿拉伯数字顺序编写页码。

（4）说明书附图。发明专利常有附图，如果仅用文字就足以清楚、完整地描述技术方案，可以没有附图。对于附图的线条、涂改、附图标记、纸张等都有很多相关规定，说明书附图必须严格按照附图的相关规定进行附图。

（5）说明书摘要。申请发明专利的，应当提交说明书摘要，摘要文字部分应当写明发明的名称和所属的技术领域，清楚反映所要解决的技术问题、解决该问题的技术方案的要点以及主要用途。摘要文字部分不得使用标题，文字部分（包括标点符号）不得超过 300 个字。

2. 实用新型专利申请文件的要求

（1）请求书。包括实用新型专利的名称、发明人或设计人的姓名、申请人的姓名和名称、地址等。适用《专利审查指南 2023》第一部分第一章第 4.1 节的规定。

（2）说明书。包括实用新型专利的名称、所属技术领域、背景技术、发明内容、附图说明和具体实施方式。说明书内容的撰写应当详尽，所述的技术内容应以所属技术领域的普通技术人员阅读后能予以实现为准。申请人补交附图的，以向专利局提交或者邮寄补交附图之日为申请日，申请人取消相应附图说明的，保留原申请日。

（3）权利要求书。应当以说明书为依据，说明实用新型的技术特征，清楚、简要地表述请求保护的内容，做到符合《专利法》第 26 条第 4 款以及《专利法实施细则》第 22～25 条的规定。

（4）说明书附图。实用新型专利一定要有附图说明。附图是说明书的一个组成部分。附图的作用在于用图形补充说明书文字部分的描述，使人能够直观地、形象地理解实用新型的每个技术特征和整体技术方案。因此，说明书附图应该清楚地反映实用新型的内容。

（5）说明书摘要。摘要应当写明实用新型的名称和所属的技术领域，清楚反映所要解决的技术问题、解决该问题的技术方案的要点以及主要用途，尤其应当写明反映该实用新型相对于背景技术在形状和构造上作出改进的技术特征，不得写成广告或者单纯功能性的产品介绍。

3. 外观设计专利申请文件的要求

（1）请求书。包括外观专利的名称、设计人的姓名、申请人的姓名和名称、地址等。产品名称一般应当符合国际外观设计分类表中小类列举的名称。产品名称一般不得超过 20 个字。产品名称通常还应当避免下列情形：第一，含有人名、地名、国名、单位名称、商标、代号、型号或以历史时代命名的产品名称；第二，概括不当、过于抽象的名称，例如"文具""炊具""乐器""建筑用物品"等；第三，描述技术效果、内部构造的名称；第四，附有产品规格、大小、规模、数量单位的名称；第五，以外国文字或无确定的中文意义的文字命名的名称。

（2）外观设计图片或照片。至少提供两套图片或照片（前视图、后视图、俯视图、仰视图、左视图、右视图，如果必要还应提供立体图），《专利法》第64条第2款规定，外观设计专利权的保护范围以表示在图片或者照片中的该产品的外观设计为准，简要说明可以用于解释图片或者照片所表示的该产品的外观设计。《专利法》第27条第2款规定，申请人提交的有关图片或者照片应当清楚地显示要求专利保护的产品的外观设计。

就立体产品的外观设计而言，产品设计要点涉及六个面的，应当提交六面正投影视图；产品设计要点仅涉及一个或几个面的，应当至少提交所涉及面的正投影视图和立体图，并应当在简要说明中写明省略视图的原因。

就平面产品的外观设计而言，产品设计要点涉及一个面的，可以仅提交该面正投影视图；产品设计要点涉及两个面的，应当提交两面正投影视图。必要时，申请人还应当提交该外观设计产品的展开图、剖视图、剖面图、放大图以及变化状态图。

此外，申请人可以提交参考图，参考图通常用于表明使用外观设计的产品的用途、使用方法或者使用场所等。色彩包括黑白灰系列和彩色系列。对于简要说明中声明请求保护色彩的外观设计专利申请，图片的颜色应当着色牢固、不易褪色。

（3）外观设计简要说明。必要时应提交外观设计简要说明。

（五）对申请文件主动提出修改

发明专利申请人在提出实质审查请求时以及在收到专利局发出的发明专利申请进入实质审查阶段通知书之日起三个月内，可以对发明专利申请主动提出修改。

实用新型或者外观设计专利申请人自申请日起两个月内，可以对实用新型或者外观设计专利申请主动提出修改。

（六）答复专利局的各种通知书

（1）当事人应当在规定的期限内，针对审查意见通知书指出的问题，分类逐条答复。答复可以表示同意审查员的意见，按照审查意见办理补正或者对申请进行修改；不同意审查员意见的，应陈述意见及理由。答复时应注明申请号、发文序列号、所答复的通知书名称、发文日等。

（2）属于格式或者手续方面的缺陷，一般可以通过补正消除缺陷；明显实质性缺陷一般难以通过补正或者修改消除，多数情况下只能就是否存在或属于明显实质性缺陷进行申辩和陈述意见。

（3）对发明或者实用新型专利申请的补正或者修改均不得超出原说明书和权利要求书记载的范围，对外观设计专利申请的修改不得超出原图片或者照片表示的范围。修改文件应当按照规定格式提交替换页。

（4）答复应当按照规定的格式提交文件。一般补正形式或手续方面的问题使用补正书，修改申请的实质内容使用意见陈述书，申请人不同意审查员意见的，进行申辩时使用意见陈述书。

（5）答复法律手续类通知书时，除了消除通知书中指出的缺陷外，还应当重新提交相应的法律手续文件。例如，答复著录项目变更视为未提出通知书时，除了按照视为未提出通知书的要求提交相应的文件，还应重新提交著录项目变更申报书，未缴纳或缴足变更费的，缴纳变更费的同时应当重新提交著录项目变更申报书；答复办理恢复手续补正通知书时，应当消除权利丧失的原因，并重新提交恢复权利请求书。

（七）案例

以下列举 1 个案例说明专利申报流程。

【案例】

发明创造："用于肿瘤标志物检测的碳纳米管微悬臂梁生物传感器"，实用新型专利申请号 201320374839.2，发明专利申请号 201310262125.7，申请日为 2013 年 6 月 27 日，在后专利申请号为 201410270033.8。

案情事实经过

申请人于 2013 年 6 月 8 日就同一技术方案同时申请了实用新型专利和发明专利，名称为"用于肿瘤标志物检测的碳纳米管微悬臂梁生物传感器"，实用新型申请号为：201320374839.2，发明申请号为：201310262125.7，申请日为：2013 年 6 月 27 日。

实用新型专利受理通知书

专利号为：201320374839.2，申请日为：2013 年 6 月 27 日，申请人为：桂林电子科技大学，发明创造名称：用于肿瘤标志检测的碳纳米管微悬臂梁生物传感器。

同时申请的在先发明专利受理通知书

针对实用新型，国知局专利审查员于 2013 年 10 月 10 日发出第一次补正通知书，指出权利要求 3 不符合《专利法》(2008) 第 2 条的规定；权利要求 2 和 3 不符合《专利法》第 26 条第 4 款的要求；说明书摘要中实用新型专利名称与该专利申请的名称明显不一致，不符合《专利法实施细则》(2010) 第 23 条第 1 款的规定。

实用新型补正通知书

本通知书是对申请日提交的申请文件的审查意见。根据《专利法实施细则》第 44 条的规定，审查员对上述实用新型专利申请进行了初步审查。经审查，该专利申请存在下列缺陷。

1. 权利要求 3 中包括"碳纳米管（3）生长在基底材料（2）的上面是采用先在基底材料（2）的上表面进行清洗处理，分别用丙酮、无水乙醇、去离子水进行超声波清洗，然后用低压化学气相沉积法（LPCW）生长碳纳米管（3）"，其不是用于限定保护范围的形状、构造技术特征，而是对设计原理等非结构特征的描述，致使该权利要求不简要，因而不符合《专利法》第 20 条第 4 款的规定。应当删除上述内容。

2. 权利要求 2 中所概括的技术方案，如"基底材料（2）选用硅"，其在说明书中没有相同或相应的记载，不是以说明书为依据，得不到说明书的支持，不符合《专利法》第 26 条第 4 款规定。应当对其进行修改，或者将上述内容补入说明书的相应部分。

涉及权利要求技术内容的修改，应对说明书相应部分进行修改，以符合《专利法》第 26 条第 4 款的规定。建议申请人将修改好的所有权利要求的技术方案均抄入说明书中的"发明内容"部分，置于该部分中本申请解决的技术问题之后，达到的有益效果之前，并删除该部分与其重复的内容，以避免权利要求书不是以说明书为依据，得不到说明书的支持或者与说明书记载的技术方案不一致。但是注意不要有类似"如权利要求××"的引用权利要求的语句。

3. 说明书摘要中实用新型名称与该专利申请的实用新型名称明显不一致，不符合《专利法实施细则》第 23 条第 1 款的规定。

根据《专利法》第 33 条的规定，申请人对申请文件的修改不得超出原说明（包括附图）和权利要求书记载的范围。补正文件应当包括具有签字或者盖章的补正书一份，以及经修改后的申请文件替换文件一份。

根据《专利法实施细则》第 51 条第 3 款的规定，申请人应当针对通知书中指出的缺陷进行修改。根据《专利法实施细则》第 44 条第 2 款的规定，申请人应自收到本通知之日起两个月内对上述缺陷陈述意见或补正，申请人期满未答复的，该专利申请将被视为撤回。

申请人根据《专利法实施细则》第 51 条的规定，对上述申请文件进行修改，并提供补正书。补正书合格以后，该实用新型专利于 2014 年 2 月 2 日获得了授权。

针对发明专利，审查员提出第一次审查意见，认为该专利不符合《专利法》第 22 条第 3 款的要求，没有创造性，不能获得授权。申请人于是将申请文件进行修改和补充，重新提交发明专利申请，专利申请号为：201410270033.8，申请日为：2014 年 6 月 18 日，发明名称为"用于浓度为 0.5 ~ 10μg/mL 的肿瘤标志物检测的碳纳米管微悬臂梁生物传感器"，并提出要求享受申请号为："201310262125.7"的优先权。

要求优先权的在后发明申请受理通知书

申请号为：201410270033.8，申请日为：2014 年 6 月 18 日，申请人为：桂林电子科技大学，发明创造名称为：用于浓度为 0.5 ~ 10μg/mL 的肿瘤标志物检测的碳纳米管微悬臂梁生物传感器。审查员于 2015 年 7 月 3 日发出第一次审查意见，认为在后申请与在先申请主题不一致，不能享受优先权，在先申请即为已知技术；因而在后申请不具有创造性，不能授权。

在先专利申请权利要求书

1. 一种多种肿瘤标志物检测碳纳米管微悬臂梁生物传感器阵列，包括支架（5）和基底材料（1），其特征在于：支架（5）和基底材料（1）构成微悬臂梁；在基底材料（1）的上表面生长有碳纳米管薄膜（4），在基底材料（1）的下表面刻有拾取电路（3）；

2. 根据权利要求 1 所述碳纳米管，其特征在于：所述基底材料（1）选用硅。

3. 根据权利要求 1 所述碳纳米管，其特征在于：所述碳纳米管薄膜（4）通过利用 LPCVD 法、热解法、涂覆法形成碳纳米管微悬臂梁。

4. 根据权利要求 1 所述多种肿瘤标志物检测碳纳米管微悬臂梁生物传感器阵列，其特征在于：所述拾取电路（3）是利用硅的压阻效应，将四个压敏电阻连接成惠斯通电桥形式。

5. 根据权利要求 1 所述多种肿瘤标志物检测碳纳米管微悬臂梁生物传感器阵列，其特征在于：所述传感器阵列通过 DNA 与碳纳米管间的非共价相互作用，将核酸适配体与肿瘤标志物特异性结合形成的复合物捕获到硅基微悬臂梁碳纳米管上，利用该复合物在微悬臂梁上产生的质量效应，实现对肿瘤标志物的高灵敏检测。

在后申请权利要求书

1. 用于浓度为 0.5~10μg/mL 的肿瘤标志物检测的碳纳米管微悬臂梁生物传感器，包括支架（1）、基底材料（2）、碳纳米管（3）、拾取电路（4）；所述基底材料（2）固定在支架（1）一侧构成微悬臂梁结构，碳纳米管（3）生长在基底材料（2）的上面，拾取电路（4）在基底材料（2）的下面；其特征在于：还包括在碳纳米管（3）上面通过疏水作用或者 π-π 叠加作用修饰有一层核酸适配体（5）。

2. 根据权利要求1所述生物传感器，其特征在于：所述基底材料（2）选用硅。

3. 根据权利要求1所述生物传感器，其特征在于：所述碳纳米管（3）生长是采用先在基底材料（2）的上表面进行清洗处理，分别用丙酮、无水乙醇、去离子水进行超声波清洗，然后用低压化学气相沉积法（LPCVD）生长碳纳米管（3）。

4. 根据权利要求1所述生物传感器，其特征在于：所述碳纳米管（3）生长在基底材料（2）上的方法是热解法或者涂覆法。

5. 根据权利要求1所述生物传感器，其特征在于：所述拾取电路（4）是利用硅的压阻效应，将四个压敏电阻连接成惠斯通电桥形式。

申请人进行第一次意见陈述，提交第一次意见陈述书，克服了审查员所指出的所有问题。

第一次答辩提供的权利要求书

1. 肿瘤标志物检测的碳纳米管微悬臂梁生物传感器，包括支架（1）、硅基底材料（2）、碳纳米管（3）、拾取电路（4）；所述基底材料（2）固定在支架（1）一侧构成微悬臂梁结构；其特征在于：所述碳纳米管（3）生长在基底材料（2）的上面，采用先在基底材料（2）的上表面进行清洗处理，分别用丙酮、无水乙醇、去离子水进行超声波清洗，然后用低压化学气相沉积法（LPCVD）生长碳纳米管（3）；所述拾取电路（4）在基底材料（2）的下面，是利用硅的压阻效应，将四个压敏电阻连接成惠斯通电桥形式；还包括在碳纳米管（3）上面通过疏水作用或者 π-π 叠加作用修饰的一层核酸适配体（5）。

2. 根据权利要求1所述生物传感器，其特征在于：所述碳纳米管（3）生长在基底材料（2）的生长方法是热解法或者涂覆法。

第一次修改及意见陈述

修改说明：

将原权利要求1、2、4、5合并，名称改为用于肿瘤标志物检测的碳纳米管微悬臂梁生物传感器，形成新的权利要求1，具体为：用于肿瘤标志物检测的碳纳米管微悬臂梁生物传感器，包括支架（1），硅基底材料（2），碳纳米管（3）、拾取电路（4）；所述基底材料（2）固定在支架（1）一侧构成微悬臂梁结构；其特征在于：所述的基底材料（2）选用硅；所述碳纳米管（3）生长在基底材料（2）的上面，采用先在基底材料（2）的上表面进行清洗处理，分别用丙酮、无水乙醇、去离子水进行超声波清洗，然后用低压化学气相沉积法（LPCVD）生长碳纳米管（3）；所述拾取电路（4）在基底材料（2）的下面，利用硅的压阻效应，将四个压敏电阻连接成惠斯通电桥形式；还包括在碳纳米管（3）上面通过疏水作用或者 $\pi-\pi$ 叠加作用修饰的一层核酸适配体（5）。原权利要求3改为权利要求2，并提供新的权利要求书。

本专利享有优先权，并具有创造性。

经修改的在后申请专利与在先申请专利具有相同的主题，享有国内优先权。

本专利申请是一项组合专利，说明书中明确记载"本发明利用碳纳米管微悬臂梁生物传感器来检测肿瘤标志物，用LPCVD法生长碳纳米管质量稳定，不易移位、变形，有利于后面工序修饰作用，形成稳定的检测探针。疏水作用或者 $\pi-\pi$ 叠加作用修饰，使得核酸适配体在碳纳米管上不容易流失，和LPCVD法生长碳纳米管一起作用，便于后序步骤中肿瘤标志物与核酸适配体形成的复合物在微悬臂梁上的质量效应稳定，从而引起微悬臂梁谐振频率变化的稳定，为实现肿瘤标志物的检测浓度范围为 $0.5\sim10\mu g/mL$ 打下基础。上述技术特征互相支持、共同作用，实现了肿瘤标志物快速准确检测，操作简便。由于在微悬臂梁上生长有碳纳米管，碳纳米管上修饰核酸适配体，因此该生物传感器尺寸小、结构简单；能实现在线检测"，肿瘤标志物检测技术是一个难题，本专利是一个组合专利，将对比文件2～6里面的部分技术特征组合在一起，但是技术组合不是简单叠加，通过将传感器部件组合和处理步骤相结合，并且组合和处理步骤互相支持、共同作用，缺一不可，这种做法产生了意想不到的效果即解决了肿瘤标志物快速检测的难题。对比文件2是最接近的现有技术，是利用一种核酸适配体作为受体分子通过微悬臂梁的振动模式来检测HCV解旋酶的方法。由于HCV解旋酶与肿瘤标志物不是同类物质，理化性质差距很大，检测方法没有可比性，也就没有"先在基底材料的上表面进行清洗处理，分别用丙酮、无水乙醇、去离子水进行超声波清洗，然后用低压化学气相沉积法（LPCVD）生长碳纳米管，拾取电路在基底材料的下面，是利用硅的压阻效应，将四个压敏电阻连接成惠斯通电桥形式；还包括在碳纳米管上面通过疏水作用或者 $\pi-\pi$ 叠加作用修饰的一层核酸适配体"。对比文件3公开了一种将碳纳米管作为传感器的微悬臂梁的方案，也没有在碳纳米管上面通过疏水作用或者 $\pi-\pi$ 叠加作用修饰一层核酸适配体的技术启示，更没有具体实施方法。对比文件4、5、6的技术方案也没有该组合技术方案的技术启示，也没有能检测肿瘤标志物的技术启示。因此，新的权利要求 1 相对于已知技术和对比文件 2 ~ 6 来说，具有突出的实质性特点和显著的进步，具有专利法所说的创造性。

申请人相信，修改后的专利申请文件已经完全克服了第一次审查意见所指出的问题，满足《专利法》第 33 条、第 22 条、第 29 条，以及《专利法实施细则》和《专利审查指南》的有关规定。希望审查员尽快批准同意该专利的授权。

在申请人申明放弃实用新型专利权以后，该发明专利最终于 2016 年 8 月 24 日获得授权。

问题焦点

（1）同样的发明创造只能授予一项专利权。

同一申请人同日对同样的发明创造"用于肿瘤标志物检测的碳纳米管微悬臂梁生物传感器"同时申请实用新型专利和发明专利，实用新型专利于 2014 年 2 月 2 日获得授权，发明专利在 2016 年通知授权时，申请人首先声明放弃在先获得的实用新型专利权，办理发明专利授权手续，发明名称为"用于浓度为 $0.5 ~ 10 \mu g/mL$ 的肿瘤标志物检测的碳纳米管微悬臂梁生物传感器"的专利于 2016 年 8 月 24 日获得授权。

《专利法》第 9 条规定："同样的发明创造只能授予一项专利权。但是，同一申请人同日对同样的发明创造既申请实用新型专利又申请发明专利，先获得的实用新型专利权尚未终止，且申请人声明放弃该实用新型专利权的，可以授予发明专利权。两个以上的申请人分别就同样的发明创造申请专利的，专利权授予最先申请的人。"《专利法实施细则》第 47 条规定："两个以上的申请人同日（指申请日；有优先权的，指优先权日）分别就同样的发明创造申请专利的，应当在收到国务院专利行政部门的通知后自行协商确定申请人。同一申请人在同日（指申请日）对同样的发明创造既申请实用新型专利又申请发明专利的，应当在申请时分别说明对同样的发明创造已申请了另一专利；未作说明的，依照专利法第九条第一款关于同样的发明创造只能授予一项专利权的规定处理。国务院专利行政部门公告授予实用新型专利权，应当公告申请人已依照本条第二款的规定同时申请了发明专利的说明。发明专利申请经审查没有发现驳回理由，国务院专利行政部门应当通知申请人在规定期限内声明放弃实用新型专利权。申请人声明放弃的，国务院专利行政部门应当作出授予发明专利权的决定，并在公告授予发明专利权时一并公告申请人放弃实用新型专利权声明。申请人不同意放弃的，国务院专利行政部门应当驳回该发明专利申请；申请人期满未答复的，视为撤回该发明专利申请。实用新型专利权自公告授予发明专利权之日起终止。"

（2）实用新型专利只保护产品的组成部分和连接关系，不保护方法技术方案。

实用新型权利要求书的权利要求 3 "根据权利要求 1 所述生物传感器，其特征在于：所述碳纳米管（3）生长在基底材料（2）的上面是采用先在基底材料（2）的上表面进行清洗处理，分别用丙酮、无水乙醇、去离子水进行超声波清洗，然后用低压化学气相沉积法（LPCVD）生长碳纳米管（3）"属于方法技术，因此在补正时删除。

（3）优先权：是否享受优先权主要看是否具有相同主题。

优先权原则源自 1883 年签订的《巴黎公约》，目的是便于缔约国国民在其本国提出专利或者商标申请后向其他缔约国提出申请。所谓"优先权"是指申请人在一个缔约国第一次提出申请后，可以在一定期限内就同一主题向其他缔约国申请保护，其在后申请在某些方面被视为是在第一次申请的申请日提出的。换言之，申请人提出的在后申请与其他人在其首次申请日之后就同一主题所提出的申请相比，享有优先的地位。随着专利制度的发展，优先权原则不再局限于仅对外国申请人提供这种优惠待遇，而是进一步扩大适用到本国申请人，即申请人在本国提出首次专利申请之后，在一定时期内就相同主题又在本国再次提出申请的，也可以享有首次申请的优先权。

优先权原则是指已在巴黎公约一成员国提出发明专利、实用新型专利、外观设计专利或商标注册申请的人或其权利合法继承人，在规定的期限（发明专利和实用新型为十二个月，外观设计和商标为六个月）内，享有在其他成员国提出申请的优先权。可见，优先权原则并不是对一切工业产权均适用，只适用于发明专利、实用新型、外观设计和商品商标，而且期限也不尽相同。

（4）权利要求书应当以说明书为依据，清楚、简要地限定要求专利保护的范围。

权利要求 2 中有"所述基底材料（1）选用硅"，而说明书中没有记载这个技术特征，不符合《专利法》第 26 条第 4 款"权利要求书应当以说明书为依据，清楚、简要地限定要求专利保护的范围"的规定，因此补正时在说明书第 1 页第 6 段第 2 行增加"基底材料优选硅"的记载。

（5）专利名称一致。

把说明书摘要中专利名称"本发明公开一种结构简单、可用于多种肿瘤标志物检测碳纳米管微悬臂梁生物传感器"改为"用于肿瘤标志物检测的碳纳米管微悬臂梁生物传感器"，以克服说明书摘要中专利名称与说明书名称不一致的缺陷，否则不满足《专利法实施细则》第 23 条第 1 款的规定。

四、实训操作步骤

（一）掌握发明专利、实用新型专利、外观设计专利的申请审批流程

发明专利的申请审批流程：专利申请→受理→初步审查→公布→实质审查请求→实质审查→授权。

实用新型专利的申请审批流程：专利申请→受理→初步审查→公告→授权。

外观设计专利的申请审批流程：专利申请→受理→初步审查→公告→授权。

（二）了解专利申请文件撰写要求

在专利申请文件的撰写之前，首先要了解所写的专利类型是发明、实用新型还是外观设计。要了解不同专利的不同申请文件的撰写要求，如请求书、说明书、权利要求书等，不同专利的审批流程也不尽相同，要了解相关流程以及相关法律的各项规定等。

（三）查看专利技术交底书案例示范

到国家知识产权局官网下载专利技术交底书，查阅相关已申报成功的专利，了解相关内容。

（四）按照教学软件格式要求完成一份专利技术交底书的撰写

可参照模拟申报流程中的发明专利申请。

五、思考题

（一）掌握不同专利的申报流程的重要性

发明专利、实用新型专利、外观设计专利的申报流程各不相同，掌握好不同专利的申报流程，就是掌握不同专利申请过程的基本思路，如果说专利法是专利申报的重要工具，那么申报流程的基本思路就是申报过程的重要渠道，只有掌握好各项专利申报的相关流程，才能在申报过程中如鱼得水、稳中求进。

（二）如何才能更好地学习和掌握专利申报流程

要想更好地学习和掌握专利申报流程，首先，需要掌握不同专利申报流程的相关思路，各项流程的相关法律规定和相关步骤；其次，通过模拟教学软件不断学习和加深记忆，这样方能达到事半功倍的效果。

拓展知识

在专利申请中，一定要熟悉申报的相关流程，务必按照相关法律法规的规定进行申报，遇到障碍时，按照相关手续继续进行申报。无论什么专利，其申报的程序大致相同。熟练掌握专利申报，是做专利申报工作管理者的重要基础。以下

是发明专利的申请流程。

（1）申请通过流程如下：专利申请→国家知识产权局专利局受理→申请人缴纳申请费→专利局分类→初步审查→合格→申请人提出实质审查请求→自申请日起三年内书面提出（三年内未提出申请视为撤回）→实质审查→合格→授予专利权→办理登记手续、交费→获得专利证书。

（2）如果在初步审查时出现了问题：需要修改→申请人补正→补正不合格→驳回。

（3）如果在实质审查时出现了问题：审查意见→审查答复→补正不合格→驳回→复审。

专利技术投入使用后，相应的资料管理要做好。专利发明创造是一个潜心研究的艰辛过程，如果最终专利能够转化，会给各个领域带来更加优质服务，为社会建设和人类发展作出贡献。因此，后期的专利资料卷宗管理也很重要，关系到发明创造成果的有效沿用和宝贵资料的留存。保存专利资料目录如下：

（1）发明专利请求书；

（2）说明书（说明书有附图）；

（3）权利要求；

（4）摘要（摘要附图）；

（5）专利申请文件；

（6）专利申请文件的主动修改和补正书；

（7）专利权证书。

涉及的各类文书包括：（1）专利受理通知书；（2）专利代理委托书；（3）第一次审查意见通知书；（4）授予发明专利权通知书；（5）意见陈述书；（6）实质审查请求书；（7）第二次审查意见通知书；（8）发明专利申请初步审查合格通知书；（9）发明专利申请公布及进入实质审查程序通知书；（10）要求提前公布声明；（11）办理登记手续通知书；（12）给审查员报告；（13）费用减缓请求书；（14）缴费发票复印件；（15）检索报告；（16）电话讨论记录；（17）申请文件清单。

我国知识产权的创造、运用、保护、管理能力不断提升，知识产权事业取得了长足进步，知识产权服务业作为其中一个重要部分，也取得了快速发展，对提升自主创新能力、提高经济发展水平、建设知识产权强国起到了重要作用。但是，完成发明创造后，并不会自动获取专利权，必须以书面的方式来声明其技术成果以及保护意向，国家法定机关依法审查后在具有授权前景的条件下作出授权通知，进而获取专利权。因此，专利权申报管理工作尤为重要，这项工作的有序规范管理也极有意义。

实训五
专利维权流程模拟

一、实训目的

（一）熟悉专利维权知识及流程

知识产权是指人们就其智力劳动成果所依法享有的专有权利，通常是国家赋予专利权人对其智力成果在一定时期内享有的专有权或独占权，专利权人发现自身拥有的专利权受到侵犯时，专利权人可以通过合法手段进行维权，保护自身权益。

维权方式有以下两种。

维权方式一：向专利办理机关请求调停和处理。此种维权方式还是必要的，当事人能够不经行政调处而直接向人民法院申诉。但是专利办理机关的决议要经过司法审查，不服的一方也可以去法院提起行政诉讼，行政诉讼需要经过一审和二审，跨省履行有一定的难度。

维权方式二：向法院申诉。对涉嫌侵权方的技能与自己的专利技能进行比照剖析，断定专利侵权是否建立；查询侵权规模或程度，预备诉状和相关依据；到具有管辖权的法院立案；经法庭开庭审理，等候法庭的裁决或判决生效；恳求强制履行；诉讼时效为二年，自专利权人或者利害关系人得知或者应该得知侵权行为之日起计算。

（二）了解如何申请专利管理部门维权

在相关部门处理时，若认定侵权行为成立，可以责令侵权人立即停止侵权行为，若当事人不服，可以自收到处理通知之日起十五日内依照《中华人民共和国行政诉讼法》（以下简称《行政诉讼法》）向人民法院提起诉讼；如果侵权人期满既不起诉又不停止侵权行为，相关部门可以申请人民法院强制执行。进行处理的管理专利工作的部门应当事人的请求，可以就侵犯专利权的赔偿数额进行调解；调解不成的，当事人可以依照《中华人民共和国民事诉讼法》（以下简称《民事诉讼法》）向人民法院起诉。

二、基本原理与法条

相关内容参见《专利法》第 66 ~ 67 条、第 72 ~ 74 条,《专利法实施细则》第 98 ~ 99 条、第 101 条、第 103 ~ 104 条,《专利审查指南 2023》第一部分第一章 1. 。

三、基本要求与案例

专利维权的前提是专利侵权,他人未经许可实施专利的行为,除非有法定免责事由,否则就构成侵权。例如一个发明专利,未经许可就以生产经营为目的制造、使用、销售、许诺销售和进口专利产品,即分别构成对制造权、使用权、销售权、许诺销售权和进口权的直接侵权。但是,构成专利侵权的前提是未经许可实施专利,即对专利产品或专利方法以特定方式加以利用。因此,判断何种产品或方法属于专利产品或专利方法,就成为认定专利侵权的前提。

【案例 1】

浙江省知识产权局处理"极速拉线装置"实用新型专利侵权纠纷案

本案知识点

实用新型专利侵权维权途径

案情简介

投诉方杨某于 2015 年 10 月 8 日向国家知识产权局提出了名称为"极速拉线装置"的实用新型专利申请,于 2016 年 3 月 9 日获得授权,专利号为 ZL2015207817282.2。该专利权在投诉方提出投诉时合法有效。投诉方以侵犯专利权为由对在阿里巴巴电商平台上的 240 条链接进行了投诉,并提供了涉案专利的专利证书、专利权评价报告以及有初步实物拆解图等内容的专利侵权初步分析报告等证据材料。

处理结果

浙江省知识产权局委托中国(浙江)知识产权维权援助中心对被控侵权产品是否侵权进行判定。接到投诉后,该中心根据投诉方的侵权分析材料及被投诉链接所反映的被控侵权产品技术信息将侵权产品的技术方案进行了分解,并与涉案专利进行了比对。经比对,被控侵权产品落入涉案专利权利要求 3 的保护范围。

根据阿里巴巴平台的投诉规则,专利权人发起投诉后,在被控侵权产品落入涉案专利保护范围的情况下(投诉成立),电商平台会通知被控侵权方,被控侵权方在一定时间内可以进行申诉。本案投诉成立后,阿里巴巴平台通知了卖家,结合卖家的申诉举证,所有链接对应的被控侵权产品均为侵权产品,阿里巴巴平台及时对涉案链接进行了断开处理。

典型意义

电子商务，简称电商，是以信息网络技术为手段、以商品交换为中心的商务活动。电子商务是因特网爆炸式发展的直接产物。电子商务的内在特征是开放性、全球性、低成本和高效率，它不仅会改变企业本身的生产、经营、管理活动，而且将影响整个社会的经济运行与结构。

以互联网为依托的"电子"技术平台为传统商务活动提供了一个无比广阔的发展空间，其突出的优越性是传统媒介手段根本无法比拟的。但其背后存在种种法律问题，专利侵权就是其中一种。专利侵权的类型最主要是实用新型、外观设计侵权。其侵权方式主要有两种：一种是专利侵权人完全照抄专利产品技术的等同侵权；另一种是侵权人采取部分简单替换几个技术特征，使其区别于专利产品技术，也就是侵权人对专利产品权利要求中的一些技术特征，以该技术领域技术人员无须创造性劳动就可以联想到的技术手段，对专利方案进行简单替换，来规避侵权行为的等同侵权。

存在侵权，必然存在维权途径。电商平台的维权途径主要通过中国电子商务领域专利执法维权协作调度（浙江）中心对全国各地区专利侵权进行快速有效处理，解决了电商专利侵权跨省的巨大问题。权利人可以直接向电商平台投诉，工作人员收到网页传递的信息后即可作出相应判断并进行处理。当专利权人发现在电商平台上有商家销售侵权产品时，也可以直接向地方知识产权管理部门投诉。侵权行为一旦认定，地方知识产权管理部门就会通过法律程序，通知电商平台屏蔽相关链接，对侵权行为依据相关法律进行查处，有效保护专利权人的合法权益。目前，我国有 4 家知识产权法院及 26 个知识产权法庭。权利人也可直接向知识产权法院或法庭提起诉讼。

本案是全国知识产权系统电子商务领域专利执法维权协作机制的具体体现。通过深化地方知识产权局及维权中心与电商平台之间的协作，可快速、准确打击电子商务领域专利侵权假冒行为，有利于健全电子商务领域专利保护长效机制，维护社会公平和正义，构建良好市场环境，促进我国电子商务健康有序发展。

【案例2】

江苏省知识产权局处理"双驱动多喷口管网自动灭火装置"实用新型专利侵权纠纷案

本案知识点

实用新型专利、等同原则

案情简介

请求人国安达股份有限公司于 2011 年 7 月 20 日向国家知识产权局提出了名称为"双驱动多喷口管网自动灭火装置"的实用新型专利申请,于 2012 年 4 月 11 日获得授权,专利号为 ZL201120258476.7。该专利权在请求人提起侵权纠纷处理请求时合法有效。请求人认为被请求人某科技有限公司未经许可,为生产经营目的制造、许诺销售、销售的"非贮压式悬挂式超细干粉自动灭火装置(管网式)FZXA_CX"产品侵犯了涉案实用新型专利权,请求江苏省知识产权局责令被请求人立即停止侵犯涉案专利权行为。

处理结果

江苏省知识产权局经审理后认为,被控侵权产品与涉案专利的一个区别是:被控侵权产品的管网是软管,可呈现多种形状,而涉案专利权利要求 1 相应的技术特征为管网呈 U 形。双方当事人在口头审理时均认可被控侵权产品安装在大客车的后置发动机舱内,被控侵权产品的管网在安装时必然会展开,以实现尽可能大的喷射面积,无法排除被控侵权产品采用 U 形的可能。因此,无论被请求人生产的灭火管网布局为何种形状,都是以与涉案专利基本相同的技术手段,实现基本相同的功能,达到基本相同的效果,二者构成等同,被控侵权产品的技术方案落入了涉案专利权的保护范围。

江苏省知识产权局依法作出了处理决定:被请求人侵犯了请求人的专利号为 ZL201120258476.7 的实用新型专利权,责令被请求人停止侵权行为。

典型意义

等同原则,是指专利权的保护范围不仅包括权利要求记载的必要技术特征,而且包括与该必要技术特征实质上等同的技术特征。尽管被控侵权物不具备专利权要求的全部特征,但是其不具备的专利特征在被控侵权物上能够找到该特征的等同替换物,此种情况下,被控侵权物判定为侵权。

其中,必要技术特征是指发明或者实用新型为解决其技术问题所不可缺少的技术特征,其总和足以构成发明或者实用新型的技术方案,使之区别于现有技术中所述的其他技术方案。独立权利要求记载的所有技术特征都是必要技术特征。

《专利法》第 64 条第 1 款所称的"发明或者实用新型专利权的保护范围以其权利要求的内容为准,说明书及附图可以用于解释权利要求的内容",是指专利权的保护范围应当以权利要求书中明确记载的必要技术特征所确定的范围为准,也包括与该必要技术特征相等同的特征所确定的范围。

等同特征是指与所记载的技术特征以基本相同的手段,实现基本相同的功能,达到基本相同的效果,并且本领域的普通技术人员无须经过创造性劳动就能够联想到的特征。

基本相同的手段包括产品部件的简单移位、方法步骤顺序的简单变换和专利必要技术特征的简单替换、分解、合并等。

在本案中，执法人员依照相关法律规定，充分运用了等同原则的原理、适用标准，有效解决了"双驱动多喷口管网自动灭火装置"实用新型专利侵权纠纷案的问题，为专利权人伸张了正义，有效维护了社会的公平正义，同时也让人们看到了专利行政执法人员具有的法律功底和素养，也表明了专利权是不能够随意侵犯的。

【案例3】

上海市知识产权局处理"摩托车（小型）"外观设计专利侵权纠纷案

本案知识点

外观设计、合理使用

案情简介

请求人本田技研工业株式会社于 2014 年 9 月 5 日向国家知识产权局提出了名称为"摩托车（小型）"的外观设计专利申请，于 2015 年 2 月 25 日获得授权，专利号为 ZL201430329219.7。该专利权在请求人提起侵权纠纷处理请求时合法有效。请求人认为被请求人上海某公司未经其许可，为生产经营目的制造、许诺销售、销售涉案产品侵犯了涉案外观设计专利权，遂向上海市知识产权局提出专利侵权纠纷处理请求。

处理结果

案件处理中，上海市知识产权局查明被请求人于 2016 年 5 月 12 日在某杂志刊登了 HL100T-5A 型号摩托车广告，该广告分别从摩托车的左侧面和右侧面展示了该车外形，页面上标注了被请求人的文字商标、图形商标标识和企业名称。请求人于 2016 年 11 月 10 日向广州公证处提出保全证据申请，公证购买了"HL100T-5A"型号摩托车一辆，并当场取得《机动车销售统一发票》三联、该店铺销售人员名片一张。广州公证处出具了相关公证书。被请求人对上述查明事实均予以承认，但辩称该摩托车涉及外观的配件均是向其他公司采购的产品，其仅是组装后再销售，属于合理使用范畴，不应承担侵权责任。

上海市知识产权局经审理认为，被控侵权产品上及杂志广告中标明的内容均清晰明了地指向被请求人，无论该产品的配件是自行生产或向第三方采购的，均应当认定被请求人是被控侵权产品的制造商。经整体观察、综合判断，涉案外观设计专利的所有设计特征都在被控侵权产品中体现，两者整体视觉效果不存在差异，应当认定两者相同，被控侵权产品落入了涉案外观设计专利权的保护范围。被请求人未经专利权人的许可，为生产经营目的制造、许诺销售、销售本案涉案产品的行为，侵犯了请求人的合法权益，应当停止侵权行为。上海市知识产权局依法作出了处理决定：被请求人立即停止制造、许诺销售、销售被控侵权产品的行为。

典型意义

本案属于外观设计专利侵权纠纷案，从中可以看出，对于从第三方购买组合构件制造成的侵权销售品，侵权人不能以合理使用范畴为由，逃避侵权责任。一旦侵权，侵权人应当立即停止侵权行为，寻找其他途径解决。本案的执法人员依法处理此案例，有效维护了专利权人的权利，同时本案是处理中外专利权的案例，体现了我国知识产权执法部门公平公正处理案件的作风，彰显了我国严格维护知识产权的大国风范。

【案例4】

江西省赣州市知识产权局处理"一种应用于餐桌上的推送装置"发明专利侵权纠纷案

本案知识点

发明专利、缺席审查、判决

案情简介

请求人钟某于2010年6月24日向国家知识产权局提出了名称为"一种应用于餐桌上的推送装置"的发明专利申请，于2015年12月23日获得授权，专利号为ZL201410140073.0。该专利权在请求人提出专利侵权纠纷处理请求时合法有效。请求人认为被请求人黎某未经其许可，以生产经营为目的，生产销售侵害其专利权的产品，遂向赣州市知识产权局提出专利侵权纠纷处理请求。

处理结果

赣州市知识产权局立案受理以后，依法组成合议组，并向被请求人黎某送达了《答辩通知书》及相关附件材料，被请求人黎某在规定答辩期间未提交答辩材料。赣州市知识产权局向当事人双方送达了《口头审理通知书》，并依法组织了口头审理。请求人及其代理人到庭参加了口头审理，被请求人黎某无正当理由未到庭参加口头审理，合议组依法对本案进行了缺席审理。

经审理，赣州市知识产权局认为被请求人黎某以生产经营为目的，生产并在市场上销售的产品落入涉案专利权保护范围，其行为已构成专利侵权，故依法责令被请求人立即停止侵犯涉案专利权的行为。

典型意义

缺席判决是指开庭审理案件时，只有一方当事人到庭，人民法院依法对案件进行审理之后所作出的判决。

缺席判决与对席判决一样，具有相同的法律效力。在缺席判决中，人民法院同样应当依照法定的方式和程序，向缺席的一方当事人宣告判决及送达判决书，并保障当事人的上诉权利的充分行使。

在本案中，被请求人既不进行答辩，也不参加开庭审理，违反了我国相关法律规定，赣州市知识产权局依照法律的相关规定，对其先进行了缺席审理，后进行了缺席判决，充分维护了专利权人的权利，维护了社会的公平公正，做到了有法可依，违法必究，同时这也对某些专利侵权人起到一定的警示作用，不要觉得不理不睬就可以逃避法律的谴责。

四、实训操作步骤

（一）熟悉权利要求书的解读，了解专利证据

发明或者实用新型专利权的保护范围以其权利要求的内容为准，说明书及附图可以用于解释权利要求的内容。权利要求书以说明书为依据，清楚、简要地限定要求专利保护的范围。说明书和权利要求书是记载发明或者实用新型及确定其保护范围的法律文件。值得注意的是，不能将说明书中未被授予专利权的技术或者设计称为专利技术或者专利设计，将专利申请称为专利。

（二）查看专利维权案例示范

进行专利维权前，首先要弄清楚是哪种权利被侵权，如案例3、案例4分别属于外观设计侵权、发明专利侵权。从案例1到案例4中，每一个案例所解决的纠纷都有各自的特点，维权途径也不尽相同，每一个案例都能让人受到不同启发。

（三）按照软件格式要求完成一次专利维权流程

如对发明专利进行维权模拟。

五、思考题

（一）如何才能更好地学习和掌握专利维权

要学习和掌握专利维权的相关内容，首先需要学习和掌握专利维权的相关法律法规；其次熟悉相关案例，掌握基本思路，再结合教学模拟软件进行实训操作，了解维权流程和掌握维权途径。

（二）专利维权有哪些途径

专利维权看似难，其实也不难，掌握相关法律知识，充分运用相关法律手段

就可解决诸多侵权问题。随着我国对专利发展的不断重视以及相关法律手段的不断健全，很多专利权人的专利权在侵权行为发生时得到了快速有效地维护。

专利权人的专利权受到侵害时，可以通过相互协商和解、向法院起诉、专利侵权警告、向专利管理部门（国务院专利行政部门、地方管理专利工作的部门）申请解决等途径维权。

（三）专利维权对我国社会发展的意义

专利维权是维护专利权人权利的最重要手段，它在社会中扮演着专利界天平的角色，一方面维护各项专利权，另一方面维持社会的稳定发展。我国的专利维权在过去的二十多年里，有了突飞猛进的发展，各项专利维权途径不断完善，有效解决了当事人的问题。

专利复审与无效流程模拟

一、实训目的

（一）熟悉专利复审与无效的概念

（1）专利复审。指专利申请被驳回时，给予申请人的一条救济途径。有权启动专利复审程序的只能是专利申请人，而且必须在接到驳回通知三个月内向国家知识产权局专利局复审和无效审理部提出。

（2）专利无效。专利申请自公告授权之日起，任何单位或个人认为该专利权的授予不符合《专利法》有关规定的，可以请求专利局复审和无效审理部宣告该专利权无效。请求宣告专利权无效或者部分无效的，应当按规定缴纳无效宣告请求费，提交无效宣告请求书和必要的证据一式两份，无效宣告请求应当结合提交的所有证据，具体说明无效宣告请求的理由，并指明每项理由所依据的证据。请求人未具体说明无效宣告理由，或者提交证据但未结合提交的所有证据具体说明无效宣告理由，或者未指明每项理由所依据的证据的，其无效宣告请求不予受理。任何一方当事人对专利的无效宣告请求审查决定不服的，可以自收到通知之日起三个月内向人民法院起诉。宣告专利权无效的审查决定发生法律效力以后，由专利局予以登记和公告。宣告无效的专利权视为自始即不存在。

（二）熟悉专利复审程序

专利申请被驳回→提出专利申请复审（三个月内）→形式审查→专利复审前置审查→专利局复审和无效审理部审查→维持驳回决定或撤销驳回决定→驳回不服司法救济程序。

（三）熟悉专利无效流程

专利无效是指在专利权被授予之后，被发现其具有不符合《专利法》及其实施细则中有关授予专利权的条件，并经专利局复审和无效审理部复审确认并宣告其无效的情形，被宣告无效的专利权视为自始即不存在。

二、基本原理与法条

（一）基本法条

相关内容参见《专利法》第 45 ~ 47 条、《专利法实施细则》第 65 ~ 76 条。

（二）法条释义

1.《专利法》第 45 条释义

本条是关于请求宣告专利权无效的规定。

依照本条规定，请求宣告专利权无效的主体，可以是任何单位或者个人。当然，实践中，提出无效宣告请求的多是与被请求宣告无效的专利权有利害关系的单位和个人。按照专利法实施细则的规定，单位或者个人请求宣告专利权无效时，应当向专利局复审和无效审理部提交请求书和有关文件，说明所依据的事实和理由。依照本条规定，提出宣告专利权无效的理由，应当是授予的专利权不符合本法的有关规定，例如：被授予专利权的发明和实用新型不具有新颖性、创造性和实用性；被授予专利权的外观设计同申请日以前已公开发表或者已公开使用过的外观设计相同或者相近似；被授予专利的发明创造是属于违法、违反公德和妨害社会公共利益的；等等。

请求宣告专利权无效的起始时间，为授予专利权的公告之日。按照本次修改以前的专利法的规定，请求专利复审委员会宣告专利权无效，应在公告授予专利权满 6 个月后提出。同时又规定，在公告授予专利权之日起 6 个月内，任何单位或者个人认为该专利权的授予不符合法律规定条件的，可以向专利局申请撤销。

2.《专利法》第 47 条释义

在一般情况下，利益人与原专利权人之间的法律关系是稳定不变的，两者之间的先前法律行为是合法有效的，利益人的权利状态并无变化。一般状态下，无权利变动，是第 47 条的核心内容。第 1 款的后半段以及第 2 款则规定了特殊情形。第 1 款结尾表明，在原专利权人存在恶意的情况下，对利益人所造成的损失，是应当赔偿的。第 2 款规定利益人已支出的财产（如专利侵权赔偿金、专利使用费和专利权转让费），如原专利权人不返还该财产的全部或部分，有违公平原则的，应当返还。因此，只有在原专利权人存在恶意或是显失公平的情况下，利益人才享有维权资格。

3. 关于《专利法》第47条释义中显失公平的解释

（1）定义。

我国虽然没有对显失公平作出明确的定义，但是学术界根据我国的相关法律法规以及司法解释对该概念进行了归纳总结。显失公平是指，一方利用对方处于危困状态、缺乏判断能力等情形，致使民事法律行为成立时显失公平的，受损害方有权请求人民法院或者仲裁机构予以撤销。我国多数学者认为，根据《民法典》以及最高人民法院的相关解释，认为显失公平合同是在订立合同时一方当事人因为情况紧急或者自身缺乏相关的经验而签订了对自己明显存在重大不利情形的合同。

所谓的公平，就是处理事情既合情又合理，即公道合理，不使任何一方受到损失，也不偏袒任何一方。从哲学的角度分析，民事权利和民事义务是密不可分、相互对应、相互依存的同一矛盾的两个方面。在通常情形下，一方当事人享有的民事权利，正是另一方当事人所承担的民事义务，反之亦是如此。享受权利以承担义务为前提，没有无义务的权利。

综上可知，显失公平合同就是合同双方当事人的经济利益严重失衡，承担的义务和享有的权利也极其不对等。

（2）专利无效后显失公平原则的适用。

专利无效后显失公平即专利权被宣告无效后专利权人给他人造成损失不赔偿的，以及不返还专利侵权赔偿金、专利权许可费和专利权转让费出现显失公平的。专利权被宣告无效后，专利权人具有主观上的恶意，给他人造成了损失，明显违反了自愿原则、诚实信用原则以及公平原则。专利权相对人可以适用显失公平制度，对自己的合法权益进行救济。专利权人不具有恶意，但是仍给他人造成损失的，明显违反了公平原则，专利权相对人也可以适用显失公平原则对自己的损失进行救济，例如可以证明专利权人主观上具有过失。专利权人不返还专利权无效前获得的专利侵权赔偿金、专利权许可费和专利权转让费明显违反公平原则的，专利权相对人可以显失公平为由对自己的合法权益进行救济。

三、基本要求与案例

（一）熟悉专利无效流程和注意事项，了解专利复审及专利无效案例

专利无效流程如图6-1所示。

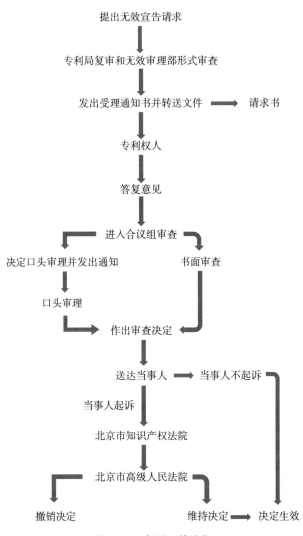

图 6-1 专利无效流程

【案例1】

评析"艾灸杯"实用新型专利申请复审请求案

技术领域

该实用新型专利申请复审案涉及一种典型的医疗保健用品,具体为在杯体内腔添加近年来应用于工业领域的某种新型材料的涂层的"艾灸杯"。

本案知识点

专利复审、说明书公开不充分。

案情简介

本案涉及复审请求人周某某就国家知识产权局专利局针对 CN201620625135.1 号实用新型专利申请所作的驳回决定提出的复审请求。该申请声称，通过在该"艾灸杯"的杯体内腔增设近年来应用于工业领域的某种新型材料的涂层，通过涂层本身产生的辐射，使"艾灸杯"在使用过程中由于增加辐射产生改善血液循环、改善关节疼痛、调节自律神经、消炎、缓解镇痛等作用。但申请文件并未记载任何具体的实验证据以验证其所主张的技术效果。在该申请未清楚、完整记载相关的实验方法和实验结果等实验证据，以证明所述实用新型专利申请能够实现所述技术效果的情况下，所属领域的技术人员不能按照说明书记载的内容实施该实用新型专利申请的技术方案，解决其要解决的"改善关节疼痛、调节自律神经、消炎、缓解镇痛"等技术问题，产生其预期的有益效果。因此，该申请应当认定为不符合《专利法》（2008）第 26 条第 3 款规定的"公开充分"的要求。

处理结果

合议组在审查中发现，其申请文件并未记载任何具体的实验证据以验证其所主张的技术效果，在复审程序中提交的实验数据仅简单记载了如下内容：选择三组关节疼痛患者，经过 15 天"艾灸杯"治疗后，每组患者中认为明显改善、缓解、无效、恶化的人数。

按照《专利审查指南》的规定，实用新型专利申请所主张的医疗保健效果如果必须依赖实验证据才能证实，申请说明书中应当记载相关的实验证据，包括所采用的实验方法以及相应的实验结果。合议组认为，复审请求人所声称的技术效果只是一种预测，其所提交的补充实验证据也不能克服该申请说明书公开不充分的缺陷，由此，维持驳回决定。

典型意义

本案为对包含推测内容的医疗保健效果的认定提供了思路。对于涉及医疗保健的实用新型专利申请而言，鉴于人体机理的复杂性，以及考虑到对人体的安全性等因素，如果本领域技术人员不能由说明书公开的内容确定说明书中给出的技术方案必然能够产生其声称的技术效果，则申请人应提供实验证据以验证其预期效果。

我国实用新型专利申请质量仍有待进一步提升，诸多申请的技术效果并未经过实践验证，只是一种预测，一种实施效果不确定的理论可能性，这类专利申请如果被授权，会误导消费者，有损我国专利形象。鉴于此，本案提出对于涉及医疗保健、关乎生命安全的实用新型专利申请应严格依法审查，对其效果的验证应从严要求，进而引导并进一步提高该类实用新型专利申请的质量。

知识拓展

根据权利与义务对等的原则，申请人要获得专利权必须以向社会公众充分公开其发明创造的内容为义务。为此《专利法》第26条第3款规定"说明书应当对发明或者实用新型作出清楚、完整的说明，以所属技术领域的技术人员能够实现为准"，也就是我们常说的说明书应当满足充分公开的要求。

有些申请人在撰写专利申请时，希望获得专利权，但是又怕别人知道其中的一些技术诀窍，因此在说明书的撰写中故意有所保留，使得所属领域技术人员无法实现所要求保护的技术方案，导致公开不充分。有些申请人则刚刚想到一种创意，但是对于如何实现这种创意还没有进行足够深入的研究，为了尽快保护这种创意而提出了专利申请，在专利申请中给出了要解决的技术问题和所期望实现的效果，然而对于如何实现技术方案含糊其词，或者记载的方案无法解决所要解决的技术问题也无法得到预期的技术效果，结果导致了公开不充分。

根据《专利审查指南》，可以看出《专利法》第26条第3款包括了以下三方面的内涵。

（1）清楚。说明书应当写明该申请专利所要解决的问题和解决该问题采用的技术方案。

（2）完整。说明书应当包括有关理解、实现发明或者实用新型所需的全部技术内容。

（3）能够实现。所属技术领域的技术人员能够按照说明书中所记载的内容，实现该申请专利的技术方案，解决其技术问题，产生预期的技术效果。

《专利审查指南》还明确给出了五种公开不充分的情况。

（1）说明书中只给出任务和/或设想，或者只表明一种愿望和/或结果，而未给出任何使所属技术领域的技术人员能够实施的技术手段。

（2）说明书中给出了技术手段，但对于所属技术领域的技术人员来说，该手段是含糊不清的，根据说明书记载的内容无法具体实施。

（3）说明书中给出了技术手段，但所属技术领域的技术人员采用该手段并不能解决发明或者实用新型所要解决的技术问题。

（4）申请的主题是由多个技术手段构成的技术方案，对于其中一个技术手段，所属技术领域的技术人员按照说明书记载的内容并不能实现。

（5）说明书中给出了具体的技术方案，但未给出实验证据，而该方案又必须依赖实验结果加以证实才能成立。

判断是否公开充分应该考虑以下两个基本元素。

（1）技术问题：包括所要解决的技术问题（申请人主观意愿/说明书明确记载的技术问题）和所解决的技术问题（实际解决的问题、由说明书推得的技术问题），无论解决了哪个技术问题，都应视为满足"解决其技术问题"的要求；对于说明书中记载的某个请求保护的技术方案要解决多个技术问题的情况，只要该技术方案能够解决其中至少一个技术问题，就应视为满足"解决其技术问题"的要求。

（2）技术效果：是由技术方案中技术特征以及技术特征之间的关系之总和所产生的；通常，产生了预期的技术效果即证明发明解决了技术问题。

需要指出的是，尽管《专利法》第26条第3款是针对说明书的条款，但其与权利要求密切相关，其本质是对权利要求中所要求保护的技术方案的公开程度的要求。换言之，对于未在权利要求中请求保护的技术方案，审查员在审查过程中通常不会提出公开不充分的审查意见。针对说明书公开不充分的审查意见的答复，通常有两种方式，即修改和争辩。

（1）修改。

由于《专利法》第33条的规定，公开不充分的缺陷是不能够通过向申请文件中补加实施例或补充技术特征而克服的。

但是如前面指出的，说明书充分公开的对象是请求保护的发明或实用新型，对于说明书中存在公开不充分但未在权利要求书中请求保护的技术方案，审查员通常不会提出公开不充分的审查意见。因此，在某些案件中，可以通过将未在说明书中充分公开的技术方案所对应的权利要求删除，来克服说明书公开不充分的缺陷。需要注意的是，此处可以删除的权利要求可以是独立权利要求也可以是从属权利要求。

（2）争辩。

申请人可以通过提交必要的材料或通过意见陈述方式来证明说明书充分公开。

需要注意的是，审查员一般不予考虑的材料包括：实验数据或补充的实施例、非出版物的证据、在申请日或之后公开的出版物。审查员应当予以考虑的材料包括：以正规出版物的证据形式证明的现有技术、通过意见陈述方式证明的现有技术。

在通过意见陈述或提供证据来证明"充分公开"时，特别需要注意以下几点。

（1）如果一个或多个证据记载的内容互相矛盾，造成无法确认请求保护的技术方案的内容，则该申请仍然不符合《专利法》第26条第3款的规定。

（2）如果一个或多个证据表明某一技术特征具有多种含义，而这些不同的含义并非都能实现请求保护的发明或实用新型，则该申请仍然不符合《专利法》第26条第3款的规定。

（3）虽然申请人提供了证据证明某一技术手段属于现有技术，但该技术手段不能直接与申请说明书中记载的内容相结合，则该申请仍然不符合《专利法》第26条第3款的规定。

一旦审查员发出了说明书公开不充分的审查意见，大部分情况下申请人无法对说明书进行实质性的修改，因此申请人的回旋余地很小，许多申请人选择了放弃。因此，申请人在撰写申请时需要对这类问题给予足够的重视。一般而言，多公开一点比少公开一点可能对申请人更有利。

【案例2】

"一种白芨营养面贴膜用乳液、面贴膜及其制备方法"
等面膜系列发明专利申请复审请求案

技术领域

本案涉及专利属于护肤组合物领域，具体为一种白芨营养面贴膜用乳液、面贴膜及其制备方法。

本案知识点

专利复审、确认技术效果的重要性。

案情简介

本案涉及复审请求人上海珍馨化工科技有限公司（以下简称"上海珍馨"）就国家知识产权局专利局针对名称为"一种白芨营养面贴膜用乳液、面贴膜及其制备方法"（专利申请号：CN201310113848.0）的发明专利申请作出的驳回决定提出的复审请求。涉案专利是上海珍馨针对含有白芨等中药成分的面贴膜用乳液、面贴膜及其制备方法提交的系列申请之一，专利局复审和无效审理部作出第133119号复审决定，维持上述驳回决定。

上海珍馨先后就相似主题的面贴膜及乳液提交了30余件发明专利申请，在活性成分和辅料以及用量均不完全相同的情况下，说明书记载了相同的实验结果。复审决定未采信其实验结果证明的技术效果。

案情分析

专利局经实质审查认为，这项专利申请的权利要求1请求保护一种白芨营养面贴膜用乳液，对比文件1是中国纺织出版社于2010年2月第1版第1次印刷的《日用化学品配方与制备手册》，该手册公开了一种中药多功能面膜（面贴膜），实质上公开了一种面膜乳液的制备方法；对比文件2给出了在护肤组合物中加入

104

异十六烷和异硬脂酸异丙酯起润肤作用的技术启示，且面贴膜用乳液与护肤用涂覆组合物均属于护肤组合物领域，因此，本领域技术人员能够结合对比文件2的技术启示在对比文件1的基础上进行改进，加入异十六烷和异硬脂酸异丙酯，增加面膜乳液的润肤功效。因此，审查员认为权利要求1不具有突出的实质性特点和显著的进步，也就不具备我国《专利法》第二十二条第3款规定的创造性。

据了解，该公司于2013年4月还提交了另外8件名称为"一种……面贴膜用乳液、面贴膜及其制备方法"的发明专利申请，与上述专利申请不同的只是其中的中药成分由"白芨"替换成"茯苓""人参"等。然而，这些专利申请文件中的实验数据在活性成分不同、辅料以及用量不完全相同的情况下，实验结果却完全相同。此外，该公司于2013年5月至6月，还提交了27件名称为"剥离型……面膜及其制备方法"的发明专利申请，同样，这27件专利申请文件中的实验数据在活性成分不同、辅料以及用量不完全相同的情况下，实验结果仍然完全相同。

真实可信的实验数据对医药产品的效果确认具有重要意义。然而，上述案例中该公司所提的申请专利中，活性成分、辅料及用量均不相同，说明书得出的实验结果却是完全相同的，这不符合实验科学的一般性规律，从而导致其所证明的技术效果不能被采信。

典型意义

本案为中药领域创造性的判断、对实验数据可信度的认定提供了思路。真实可信的实验数据对医药产品的使用效果的确认以及判断专利是否有创造性都有重要的意义。而该案涉及专利在活性成分、辅料及用量均不相同的情况下，说明书所得出的实验结果却是完全相同的，这明显不符合实验科学的一般性规律，因此该申请专利所证明的技术效果的可信度并不高。

【案例3】

"含有缬沙坦和NEP抑制剂的药物组合物"发明专利权无效宣告请求案

技术领域

本发明属于药品领域，具体涉及一种包含沙库巴曲和缬沙坦的药物组合物。

本案知识点

专利无效、网络证据的应用。

案情简介

请求人戴某某就专利权人瑞士诺华公司的名称为"含有缬沙坦和NEP抑制剂的药物组合物"（专利号：ZL201110029600.7）的发明专利权提出无效宣告请求。

涉案专利保护一种包含沙库巴曲和缬沙坦的药物组合物，诺华公司在该专利基础上开发了"沙库巴曲缬沙坦钠片"，商品名为"诺欣妥"。诺欣妥于 2015 年 7 月在美国获得 FDA 批准上市，2017 年 7 月获批进入中国市场。

专利局复审和无效审理部成立 5 人合议组对该案进行了公开审理，作出第 34432 号无效宣告请求审查决定，宣告涉案专利权全部无效。本案涵盖了医药领域无效宣告请求案件的常见理由，争议焦点涉及已知药物的"联合用药"是否具有创造性，以及申请日后补充提交的实验数据能否用以证明发明的技术效果等多个医药领域专利审查的难点问题。

处理结果

针对请求人戴某某就专利权人瑞士诺华公司（以下简称"诺华公司"）的发明专利（专利号：ZL201110029600.7）提出的无效宣告请求案，国家知识产权局专利局复审和无效审理部（以下简称"专利局复审和无效审理部"）经审理后作出无效宣告请求审查决定，宣告专利权全部无效。

典型意义

在上述无效宣告请求案中，双方当事人的争议焦点之一在于能否接受申请日后补交的实验数据以证明发明取得了预料不到的技术效果。借此案探讨申请日后补交实验数据的审查标准，以期对相关从业人员撰写专利申请文件和处理类似案件有所裨益。

知识拓展

药品是用于预防、治疗疾病的、与社会公众身体健康、生命安全息息相关的特殊商品。药品的研发一般存在投资大、难度高、周期长等特点，然而，药品的研究成果极容易被他人所窃取，因此这一类的专利都应当尽早提出专利申请。但是这样做也会出现一个明显的问题，就是过早提出申请会因为并不完善让审查员觉得该申请并不具有创造性，所以这个时候就需要申请人通过补交实验数据来证明该申请具有创造性。

然而，如果一律允许申请人凭借申请日后补充的实验数据证明其技术方案具备创造性从而获得专利权的话，就违背了先申请制和公开换保护的原则，这样专利保护也就失去了意义。因此，针对申请日后补交的实验数据，应设立怎样的标准才能既不违反《专利法》的制度设计和基本原则，又能满足申请人的现实需求呢？

根据《国家知识产权局关于修改〈专利审查指南〉的决定》（国家知识产权局第 74 号令），自 2017 年 4 月 1 日起施行的《专利审查指南》（以下简称"审查指南"）第二部分第十章第 3 节中新增"3.5 关于补交的实验数据"一节，规定："对于申请日之后补交的实验数据，审查员应当予以审查。补交实验数据所证明的技术效果应当是所属技术领域的技术人员能够从专利申请公开的内容中得到的。"

　　为什么审查指南规定申请日后补交的实验数据只能用于证明所属技术领域的技术人员能够从专利申请公开的内容得到的技术效果呢？首先，专利权具有独占性，所以同样的发明只能被授予一项专利权，当两个或两个以上的人就同样的发明创造提出专利申请时，专利权授予最先提出申请的人。因此，申请日成为判断同样的发明创造应授予谁的重要时间节点。同样，申请日之前所完成的发明创造内容，是确定授予专利权利要求保护范围大小的重要依据。如果不加限制地允许申请人补充申请日后完成的实验数据，那么申请人可能为了获得较早的申请日，在发明创造尚未完成时就提交申请，然后通过补交实验数据将申请日后完成的发明纳入保护范围内。如此一来将破坏公平的竞争秩序，不利于专利制度和市场机制的运行。其次，公开换保护是专利制度设计的初衷和基本原则之一，即申请人履行向社会公开发明创造的义务，从而换取一定时间的独占权利。申请日后补交的实验数据不属于专利原始申请文件记载和公开的内容，而公众看不到这些信息，如果这些实验数据也不是现有技术内容，在专利申请日之前并不能被所属技术领域的技术人员获知，则以这些实验数据为依据认定技术方案能够达到所述技术效果而对申请授予专利权或确认其专利权，这对于公众来说是不公平的。因此，当申请人或专利权人在申请日后欲通过提交实验数据证明其要求保护的技术方案相比于现有技术具备创造性时，补交实验数据所证明的技术效果应当是所属技术领域的技术人员能够从专利申请公开的内容中得到的。

【案例4】

"多旋翼无人飞行器"实用新型专利权无效宣告请求案

技术领域

　　本发明属于一种多旋翼无人飞行器技术领域，具体涉及一种防电磁干扰的多旋翼无人飞行器。

本案知识点

　　专利无效、网络证据的应用。

案情简介

　　请求人深圳市道通智能航空技术有限公司（以下简称"道通公司"）就专利权人深圳市大疆创新科技有限公司（以下简称"大疆公司"）的名称为"多旋翼无人飞行器"（专利号：201220686731.2）的实用新型专利权提出无效宣告请求。本案专利涉及一种多旋翼无人飞行器技术领域，该实用新型的目的在于提供一种防电磁干扰的多旋翼无人飞行器。道通公司提交了47条证据证明大疆公司多旋翼无人机权利要求不具有新颖性和创造性，而其中大部分是网络证据。而后大疆公司也提交了反证。

专利局复审和无效审理部成立合议组对该案进行了公开审理，作出第35449号无效宣告请求审查决定，宣告涉案专利权全部无效。

本专利授权公告的权利要求书如下。

1. "一种多旋翼无人飞行器"，其包括中空的外壳和收容于外壳内的电路模块，所述外壳包括主体部和由主体部围设的外壳内腔，所述电路模块收容于外壳内腔中，其特征在于，所述多旋翼无人飞行器还包括置于外壳上且远离外壳内腔的传感器。

2. 根据权利要求1所述的多旋翼无人飞行器，其特征在于，所述传感器为磁场感应器。

3. 根据权利要求2所述的多旋翼无人飞行器，其特征在于，所述磁场感应器为指南针。

4. 根据权利要求1所述的多旋翼无人飞行器，其特征在于，所述传感器为GPS定位模块。

5. 根据权利要求1所述的多旋翼无人飞行器，其特征在于，所述多旋翼无人飞行器的外壳还包括与主体部相连的脚架，所述传感器位于脚架上。

6. 根据权利要求5所述的多旋翼无人飞行器，其特征在于，所述脚架包括与主体部相连的彼此相隔一定距离的一对支撑部和连接两个支撑部的连接部，所述传感器设于支撑部上。

7. 根据权利要求1所述的多旋翼无人飞行器，其特征在于，所述主体部包括壳体和与壳体一体成型的机翼。

案情分析

道通公司提交了47条证据证明大疆公司多旋翼无人机权利要求不具有新颖性和创造性，其中大部分是网络证据。而后大疆公司也提交了反证。本案中专利局复审和无效审理部作出审查决定的要点是：如果一项权利要求所要求保护的技术方案与最接近的现有技术所公开的技术方案相比存在区别技术特征，但该区别技术特征已被其他现有技术公开或者是本领域的常规技术手段，且该区别技术特征未给该权利要求所要求保护的技术方案带来任何预料不到的技术效果，则该权利要求不具备创造性。

《专利法》第22条第5款规定："现有技术，是指申请日以前在国内外为公众所知的技术。"

换句话说，现有技术应当在申请日以前处于能够为公众获得的状态，并包含有能够使公众从中得知实质性技术知识的内容。网络证据构成专利法意义上的公开的起始时间应为网页的发布时间。通常情况下，网页进入服务器的时间代表了网页的发布时间，而在网页未经修改的前提下，网页上记载的时间又代表了网页进入服务器的时间。因此，除非当事人能够提供证据证明网页经过修改，否则网页上记载的时间可以作为网络证据构成专利法意义上的公开的起始时间。

就本案而言，专利局复审和无效审理部认为"模型中国论坛"、"5imx 论坛"、优酷网属于本领域具有一定知名度和公信力的网站，而且论坛上的文章显示的发布时间是服务器显示的时间，一般来说是不容易被篡改的，其次该文章后面的评论也均是在该文章发表之后的时间，大多数评论内容与该文章主题是相关的，足以证明该证据的真实可靠性是较高的。因此在专利权人无法证明文章内容虚假或发表时间经过篡改的情况下，将认定论坛文章的证据有效。

典型意义

将"电子数据"作为一种新的法定证据形式加入《民事诉讼法》的证据类型，电子数据即电子证据，其可归结为以电子、电磁、光学等形式或类似形式储存在计算机中的信息作为证明案件事实的证据资料，网络证据是电子证据重要的组成之一。

随着互联网的广泛应用，网络证据日益成为专利权无效宣告案件乃至专利法领域一种重要的证据形式。在专利无效宣告案件中，请求人越来越多地使用网络证据来证明涉案专利权要求保护的技术方案或者外观设计在申请日之前已通过网络公开，因此不符合授权条件，应予宣告无效。由于网络证据具有修改不留痕迹的特点，其真实性和证明力的认定也就成为此类程序中的焦点和难点。

网络证据与传统证据相比具有高科技性、数字性、多媒体性、易破坏性、虚拟性、全球性和管理的非中心性等特点，从而决定了基于网络产生的网络证据具有以下与传统证据不同的特点：数字性，在计算机内部，所有的信息都被数字化了；准确性，如果没有外界的蓄意篡改或差错的影响，网络证据能准确地储存和反映案件的情况；脆弱性，网络证据是以数字信号的方式存在的，而数字是非连续性的，因此如果有人故意或因为差错对电子证据进行截收、监听、删节、剪接，从常规技术上将无法查明；间接性，由于网络证据容易被伪造和篡改，以及受人为的因素和技术条件的影响，容易出现差错，加之目前专业人员的实际水平还很难做到网络证据遭破坏后予以还原。所以，通常情况下，网络证据被作为间接证据使用。

由于网络证据可以修改且不留痕迹，所以判断网络证据的真实性非常重要也非常必要。对于网络证据真实性的判断，一般情况下是从主观和客观两个方面考虑，在这个基础上对修改的动机和修改的技术可行性进行综合分析。在修改动机方面，首先需要考虑提供网络证据的网站和当事人之间是否存在利益的牵扯，例如如果当事人中的任何一方胜诉或败诉对于该网站来说是否能获利。其次要考虑该网站的可信度，通常情况下，对于一些信誉较高的网站，尤其是在相关内容和时间只有网站的管理方才能够改动，且获得该证据的来源较为可靠的情况下，如果没有证据表明网站的管理方与本案当事人存在利害关系，也没有证据证明其内容和公开时间是被改动的，一般情况下认定其真实性。在修改可能性这个方面，应该以网络证据的基本技术作为逻辑起点，综合考虑网络证据的表现形式、网络证据的形成、存储、传送与接收、收集以及网络证据的完整性等方面。

【案例5】

"互联网门禁临时用户授权装置和方法"发明专利权无效宣告请求案

技术领域

该涉案专利属于远程开锁技术领域，具体涉及一种互联网门禁系统中针对用户的开锁权限进行设定的相关技术。

本案知识点

专利无效、专利布局。

案情简介

请求人北京摩拜科技有限公司（以下简称"摩拜公司"）就专利权人深圳市呤云科技有限公司（以下简称"呤云科技"）的名称为"互联网门禁临时用户授权装置和方法"（专利号：ZL201310630670.7）的发明专利权提出无效宣告请求。涉案专利涉及互联网门禁系统中针对用户的开锁权限进行设定的相关技术，属于远程开锁技术领域的核心技术。随着共享经济的迅猛发展，该领域的专利问题已引起业界和社会的广泛关注。

处理结果

专利局复审和无效审理部对本案进行了公开审理，最终作出第34304号无效宣告请求审查决定，宣告涉案专利权全部无效。

典型意义

本案的典型意义在于，启发和警示科技型初创企业应当在完成产业布局的同时，甚至先于产业布局，重视和进行专利布局，这样企业才能在市场竞争和维权道路上处于有利地位。

四、实训操作步骤

（一）专利复审与专利无效的法条

涉及专利复审与专利无效的法条详见本章第二部分"基本原理与法条"。

（二）专利无效的理由

《专利法实施细则》第69条规定的专利权"无效宣告请求的理由"即导致专利权无效的"情形"，包括以下几个方面。

1. 主题不符合专利授予条件

按照《专利法》规定，一项发明创造只要具备了取得专利的实质条件，就可以获得专利权。但是，为了保护国家、社会和公众的利益，促进国民经济的发展，我国《专利法》对一些主题作了例外的规定。我国《专利法》规定，不能授予专利权的主题有以下各项。

（1）科学发现。科学发现是对自然规律和有助于说明自然规律的自然现象的特性提出的前所未有的科学认识。但是，科学发现仅仅是对自然规律的认识，而不是利用自然规律所作出的发明创造，它不能直接应用于生产实践，不具备工业上的实用性，因此不能被授予专利权。

（2）智力活动的规则和方法。智力活动是指人的思维活动，它源于人的思维，经过推理、分析和判断产生出抽象的结果或者必须经过人的思维运动作为媒介才能间接地作用于自然产生结果。它仅仅是指导人们对其表达的信息进行思维、识别、判断和记忆，而不需要采用技术手段或者遵守自然法则，不具备技术的特点，因此不能被授予专利权。

（3）疾病的诊断和治疗方法。疾病的诊断和治疗方法是指以有生命的人或者动物为直接实施对象，对之进行识别、确定或消除病因或病灶的过程。一方面，考虑到医生的天职就是救死扶伤，在诊断和治疗疾病的过程中，医生理应有选择各种方法的自由；另一方面，疾病的诊断和治疗方法是直接以有生命的人体或动物体为实施对象的，无法在产业上利用，不具备实用性，不属于专利法意义上的发明创造，因而这类方法不能被授予专利权。

（4）动物和植物品种。动物和植物品种指的是动物和植物品种本身，不包含生产动物和植物品种的方法。这里所说的生产方法是指非生物学的方法，不包括生产动物和植物主要是生物学的方法。一种方法是否属于"主要是生物学的方法"，取决于在该方法中人工技术的介入程度，如果人工技术的介入对该方法所要达到的目的或效果起了主要的控制作用或决定性作用，则这种方法不属于"主要是生物学的方法"，可以被授予专利权。

（5）用原子核变换方法获得的物质。用原子核变换方法获得的物质由于可以用于军事目的，出于国家重大利益的考虑，《专利法》规定不授予其专利权。需要指出的是，不但用原子核变换方法获得的物质不能获得专利保护，而且原子核变换方法本身也不能获得专利保护。

2. 专利申请中的不合法情形

（1）说明书没有充分公开发明或者实用新型。

（2）授权专利的权利要求书没有以说明书为依据。

（3）专利申请文件的修改超出规定的范围。

（4）专利权的主题不符合发明、实用新型或外观设计的定义。

（5）同时申请的协商授权原则。

（6）授权专利的权利要求书不清楚、不简明或者缺少解决其技术问题的必要技术特征。

3. 重复授权的情形

根据《专利法》第45条的规定，自国务院专利行政部门公告授予专利权之日起，任何单位或者个人认为该专利权的授予不符合本法有关规定的，可以请求专利局复审和无效审理部宣告该专利权无效。

第46条规定，国务院专利行政部门对宣告专利权无效的请求应当及时审查和作出决定，并通知请求人和专利权人。宣告专利权无效的决定，由国务院专利行政部门登记和公告。对专利局复审和无效审理部宣告专利权无效或者维持专利权的决定不服的，可以自收到通知之日起三个月内向人民法院起诉。人民法院应当通知无效宣告请求程序的对方当事人作为第三人参加诉讼。

专利无效属于行政诉讼，其证据适用《行政诉讼法》的相关规定，《行政诉讼法》第33条规定，证据包括：（1）书证；（2）物证；（3）视听资料；（4）电子数据；（5）证人证言；（6）当事人的陈述；（7）鉴定意见；（8）勘验笔录、现场笔录。

（三）专利无效的证据

1. 专利无效宣告程序的举证原则

举证责任的分配也遵循"谁主张谁举证"的一般原则，当事人对自己主张的无效请求所依据的事实或者反驳对方无效宣告请求所依据的事实有责任提供证据加以证明。没有证据或者证据不足以证明当事人的事实主张的，由负有举证责任的当事人承担不利的后果。

2. 专利无效宣告程序证据的提交

专利宣告无效程序中对证据的提交有特殊的要求：一是无效宣告请求受理时

对证据提交的要求，二是无效请求受理后对证据提交的要求，三是逾期对证据提交的要求。

3. 无效请求受理时对证据的要求

按照《专利法实施细则》第 69 条第 1 款的规定，请求宣告专利无效或者部分无效的，应当在向国务院专利行政部门提交无效请求书的同时提交相应的证据，并结合提交的证据具体说明无效宣告请求的理由，指明每项理由所依据的证据。

《专利审查指南 2023》第四部分第三章 3.3 规定："请求人未具体说明无效宣告理由的，或者提交有证据但未结合提交的所有证据具体说明无效宣告理由的，或者未指明每项理由所依据的证据的，其无效宣告请求不予受理。"以上规定显示，专利无效请求受理时对证据的要求显然有别于《民事诉讼法》和《行政诉讼法》对立案证据的要求。《专利审查指南 2023》第四部分第三章 4.1 明确指出国务院专利行政部门通常仅针对请求人提出的无效宣告请求的范围、理由和提交的证据进行审查。由此可见，在无效宣告程序中，证据不仅仅是程序能否启动的形式要件，更是无效宣告请求能否取得成功的关键。

4. 无效请求受理后对补充证据提交的举证期限

在专利无效程序中，举证期限有重要的意义，超过举证期限举证一旦未被国务院专利行政部门考虑，往往会成为影响本次无效程序胜败的决定因素。请求人的举证《专利审查指南 2023》在第四部分第三章 4.3.1 有相关规定。

（1）请求人在提出无效宣告请求之日起一个月内补充证据的，应当在该期限内结合该证据具体说明相关的无效宣告理由，否则，国务院专利行政部门不予考虑。

（2）请求人在提出无效宣告请求之日起一个月后补充证据的，国务院专利行政部门一般不予考虑，但下列情形除外：①针对专利权人以合并方式修改的权利要求或者提交的反证，请求人在国务院专利行政部门指定的期限内补充证据，并在该期限内结合该证据具体说明相关无效宣告理由的；②在口头审理辩论终结前提交技术词典、技术手册和教科书等所属技术领域中的公知常识性证据或者用于完善证据法定形式的公证文书、原件等证据，并在该期限内结合该证据具体说明相关无效宣告理由的。

（3）请求人提交的证据是外文的，提交其中文译文的期限适用该证据的举证期限。

从《专利审查指南 2023》的上述规定可知，一方面，请求人应该指明所提供的每一项证据的目的，也就是该证据是用来说明什么问题的；另一方面，请求人对其主张的每一项宣告专利权无效的理由在需要有证据支持时，例如不具备新颖性等，均应该有起码的证据予以支持。请求人不应提交对其请求来说没有任何意义的证据，也不应提出没有依据的无效主张。换言之，请求人要将所提交的证据与无效宣告的理由一一对应，专利权人要根据证据具体说明其符合专利授予条件的理由。否则，国务院专利行政部门可不予考虑。

5. 专利权人的举证

《专利审查指南2023》第四部分第三章4.3.2规定："专利权人应当在专利局复审和无效审理部指定的答复期限内提交证据，但对于技术词典、技术手册和教科书等所属技术领域中的公知常识性证据或者用于完善证据法定形式的公证书、原件等证据，可以在口头审理辩论终结前补充。专利权人提交或者补充证据的，应当在上述期限内对提交或者补充的证据具体说明。专利权人提交的证据是外文的，提交其中文译文的期限适用该证据的举证期限。专利权人提交或者补充证据不符合上述期限规定或者未在上述期限内对所提交或者补充的证据具体说明的，专利局复审和无效审理部不予考虑。"

6. 对于逾期证据的提交

《专利法实施细则》第71条规定："逾期增加理由或者补充证据的，国务院专利行政部门可以不予考虑。""可以不予考虑"，并非一概不予考虑，也就是说，法律上仍存在国务院专利行政部门"可以予以考虑"的裁量权，并没有把路堵死。该条规定可以理解为：对于请求人"逾期增加理由或者补充证据"，则"不予考虑"体现的是一般原则，而"可以考虑"是例外原则。但何时"可以考虑"，法律和行政法规都未明确，这就给国务院专利行政部门对《专利法实施细则》第70条如何进行解释留下空间。这在一定程度上会导致国务院专利行政部门的自由裁量权过大，容易引发请求人搞证据突然袭击，致使专利权人在口头审理中仓促应战，影响审理质量并对专利权人不公。

五、思考题

（一）专利复审程序的审查原则

1. 合法原则

合法原则，即国务院专利行政部门应当依法行政，复审案件的审查程序和审查决定应当符合法律、法规和规章制度的有关规定。

2. 公正执法原则

公正执法原则，即国务院专利行政部门应当本着客观、公正、准确、及时的原则，坚持以事实为依据，以法律为准绳，独立地履行审查职责，不徇私情，全面、客观、科学地分析判断，以作出公正的决定。

3. 请求原则

请求原则，即复审程序应当基于当事人的请求启动。

4. 公开原则

公开原则，即除了根据国家法律、法规等规定需要保密的案件（包括专利申请人不服初审驳回提出复审请求的案件），其他各种案件的口头审理应当公开举行，审查决定应当公开出版发行。

5. 依职权审查原则

依职权审查原则，即国务院专利行政部门可以对所审查的案件依职权进行审查，而不受当事人请求的范围和提出的理由、证据的限制。

6. 听证原则

听证原则，即在作出审查决定之前，应当给予审查决定对其不利的当事人针对审查决定所依据的理由、证据和认定的事实陈述意见的机会，即审查决定对其不利的当事人已经通过通知书或者口头审理被告知审查决定所依据的理由、证据和认定的事实，并且有陈述意见的机会。

在作出审查决定之前，在已经根据人民法院或者地方知识产权管理部门作出生效的判决或者调解决定变更专利申请人的情况下，应当给予变更后的当事人陈述意见的机会。

（二）复审请求的形式审查内容

1. 复审请求客体

对专利局作出的驳回决定不服的，专利申请人可以向国务院专利行政部门提出复审请求。复审请求不是针对专利局作出的驳回决定的，不予受理。

2. 复审请求人资格

被驳回申请的申请人可以向国务院专利行政部门提出复审请求。复审请求人不是被驳回申请的申请人的，其复审请求不予受理。

被驳回申请的申请人属于共同申请人的，如果复审请求人不是全部申请人，国务院专利行政部门应当通知复审请求人在指定期限内补正；期满未补正的，其复审请求视为未提出。

3. 期限

（1）在收到专利局作出的驳回决定之日起三个月内，专利申请人可以向国务院专利行政部门提出复审请求；提出复审请求的期限不符合上述规定的，复审请求不予受理。

（2）提出复审请求的期限不符合上述规定，但在国务院专利行政部门作出不予受理的决定后复审请求人提出恢复权利请求的，如果该恢复权利请求符合《专利法实施细则》第 6 条和第 116 条第 1 款有关恢复权利的规定，则允许恢复，且复审请求应当予以受理；不符合有关规定的，不予恢复。

（3）提出复审请求的期限不符合上述规定，但在国务院专利行政部门作出不予受理的决定前复审请求人提出恢复权利请求的，可对上述两个请求合并处理；该恢复权利请求符合《专利法实施细则》第 6 条和第 116 条第 1 款有关恢复权利的规定的，复审请求应当予以受理；不符合有关规定的，复审请求不予受理。

4. 文件形式

（1）复审请求人应当提交复审请求书，说明理由，必要时还应当附具有关证据。

（2）复审请求书应当符合规定的格式，不符合规定格式的，国务院专利行政部门应当通知复审请求人在指定期限内补正；期满未补正或者在指定期限内补正但经两次补正后仍存在同样缺陷的，复审请求视为未提出。

5. 费用

（1）复审请求人在收到驳回决定之日起三个月内提出了复审请求，但在此期限内未缴纳或者未缴足复审费的，其复审请求视为未提出。

（2）在国务院专利行政部门作出视为未提出决定后复审请求人提出恢复权利请求的，如果恢复权利请求符合《专利法实施细则》第 6 条和第 116 条第 1 款有关恢复权利的规定，则允许恢复，且复审请求应当予以受理；不符合上述规定的，不予恢复。

（三）复审请求的前置审查

1. 前置审查意见的类型

前置审查意见分为下列三种类型：

（1）复审请求成立，同意撤销驳回决定。

（2）复审请求人提交的申请文件修改文本克服了申请中存在的缺陷，同意在修改文本的基础上撤销驳回决定。

（3）复审请求人陈述的意见和提交的申请文件修改文本不足以使驳回决定被撤销，因而坚持驳回决定。

2. 前置审查意见

（1）原审查部门应当说明其前置审查意见属于上述何种类型。坚持驳回决定的，应当对所坚持的各驳回理由及其涉及的各缺陷详细说明意见；所述意见和驳回决定相同的，可以简要说明，不必重复。

（2）复审请求人提交修改文本的，原审查部门应当按照修改文本的审查的规定进行审查。经审查，原审查部门认为修改符合修改文本的审查规定的，应当以修改文本为基础进行前置审查。原审查部门认为修改不符合修改文本的审查规定的，应当坚持驳回决定，并且在详细说明修改不符合规定的意见的同时，说明驳回决定所针对的申请文件中未克服各驳回理由所涉及的缺陷。

（3）复审请求人提交新证据或者陈述新理由的，原审查部门应当对该证据或者理由进行审查。

（4）原审查部门在前置审查意见中不得补充驳回理由和证据，但下列情形除外：

对驳回决定和前置审查意见中主张的公知常识补充相应的技术词典、技术手册、教科书等所属技术领域中的公知常识性证据；

认为审查文本中存在驳回决定未指出、但足以用已告知过申请人的事实、理由和证据予以驳回的缺陷的，应当在前置审查意见中指出该缺陷；

认为驳回决定指出的缺陷仍然存在的，如果发现审查文本中还存在其他明显实质性缺陷或者与驳回决定所指出的缺陷属性质相同的缺陷，可以一并指出。

（5）前置审查意见属于上述意见类型的第 1 种第 2 种的，国务院专利行政部门不再进行合议审查，应当根据前置审查意见作出复审决定，通知复审请求人，并且由原审查部门继续审批程序。原审查部门不得未经国务院专利行政部门作出复审决定而直接审批程序。

（四）复审请求的合议审查

1. 审查范围

一般仅针对驳回决定所依据的理由和证据进行审查。

例外情形：依职权审查。

（1）足以用在驳回决定作出前已告知过的其他理由和证据予以驳回的缺陷。

（2）驳回决定未指出的明显的实质性缺陷或与驳回决定指出的缺陷属性质相同的缺陷。

合议组可以引入所属技术领域的公知常识或补充相应的证据。

驳回决定未指出明显的实质性缺陷：

明显不属于专利保护客体、不具备实用性、公开不充分以及超范围，明显存在无法对复审请求进行有效审查的。

驳回决定仅指出存在引用关系的某些权利要求有缺陷，而未指出其他权利要求存在同样的缺陷，不引入对所述缺陷的审查将得出不合理审查结论的。

2. 审查方式

（1）通常采取书面为主（少数口头审理）的方式进行审查。

书面方式：复审审查意见通知书。

（2）应当发出复审通知书的情形：

复审决定将维持驳回决定；需要复审请求人修改申请文件，才有可能撤销驳回决定；需要复审请求人进一步提供证据或者对有关问题予以说明；需要引入驳回决定未提出的理由或者证据。针对复审通知书的答复期限为 1 个月，延期请求为 1 次 2 个月。期满未书面答复的，其复审请求视为撤回；无具体答复内容的，视为对复审中的审查意见无反对意见。

3. 文件修改

（1）修改时机。

提出复审请求时；答复复审（口头审理）通知书时；参加口头审理时。

（2）修改方式。

相对于驳回决定中针对的权利要求扩大保护范围；将相对于驳回决定中缺乏单一性的方案作为权利要求；改变权利要求类型或增加权利要求；驳回决定中所指缺陷未涉及权利要求进行修改（例外）。

4. 复审案件的审结方式

（1）复审结案通知书。

视为撤回；主动撤回；驳回请求：对已受理的案件经审查认定不符合受理条件的。

（2）复审决定书。

复审请求的理由不成立，维持驳回决定；复审请求的理由成立，撤销驳回决定；专利申请文件经复审请求人修改，克服了驳回决定所指出的缺陷，在修改文本基础上撤销驳回决定。

（五）申请专利无效的流程

根据《专利法》以及《专利法实施细则》的相关规定，自国务院专利行政部门公告授予专利权之日起，任何单位或者个人认为该专利权的授予不符合《专利法》有关规定的，可以请求国务院专利行政部门宣告该专利权无效。

专利权无效请求人请求宣告专利权无效或者部分无效的，应当向国务院专利行政部门提交"专利无效宣告请求书"，说明理由，必要时应当附具有关证明文件和说明所依据的事实。无效宣告请求书和有关文件应当一式两份。国务院专利行政部门在对无效宣告的请求作出决定前，无效宣告请求人可以撤回其请求。

专利权无效宣告请求书不符合规定格式的，请求人应当在国务院专利行政部门指定的期限内补正；未在该期限内补正，该无效宣告请求被视为撤回。

1. 步骤 1：形式审查

国务院专利行政部门收到请求书后，首先进行形式审查，包括无效宣告请求针对的专利是否已经授予专利权；无效宣告请求书是否符合格式要求；无效宣告请求的理由是否属法定理由等。

国务院专利行政部门经形式审查合格受理无效宣告请求，从而启动无效程序后，成立合议组对无效宣告请求案件进行合议审查。绝大部分案件由3人（组长、主审员、参审员）组成的合议组进行审查。只有极少数案情重大的案件才由5人合议组（1名组长、1名主审员、3名参审员）进行审查。

无效程序启动的时间为自国务院专利行政部门授予专利权之日起的任何时候，可以一直持续到该专利权终止后。由于无效宣告请求审查决定能够对专利权终止前的某些事项产生影响，因此允许在专利权终止后提出无效宣告请求。

无效程序启动的主体包括任何单位和个人，但是根据《专利审查指南》的规定，专利权人不得宣告自己的专利权全部无效。

2. **步骤2：合议审查**

在无效宣告程序中，合议组通常仅针对当事人提出的无效宣告请求的范围、理由和提交的证据进行审查。

发明、实用新型专利文件的修改仅限于权利要求书，不得扩大专利保护范围，不得超出原始公开的范围。

专利权人针对请求人提出的无效宣告请求，可主动缩小专利权保护范围。

发明或者实用新型专利的专利权人不得修改专利说明书和附图，外观设计专利的专利权人不得修改图片、照片和简要说明。

当事人可以选择和解。

3. **步骤3：口头审理**

当事人可以依据下述理由，请求合议组口头审理（开庭审理）：

（1）当事人一方要求同对方当面质证和辩论；

（2）需要当面向合议组说明事实；

（3）需要实物演示；

（4）需要请出具过证言的证人作证。

4. **步骤4：无效宣告请求审查决定**

无效宣告请求审查决定分为三种类型：

（1）宣告专利权全部无效；

（2）宣告专利权部分无效；

（3）维持专利权有效。

专利局复审和无效审理部作出的宣告专利权无效的决定生效后，由国家知识产权局登记和公告。

5. 步骤 5：后续的司法救济程序

根据我国《专利法》第 46 条第 2 款的规定，对国务院专利行政部门宣告专利权无效或者维持专利权的决定不服的，可以自收到通知之日起 3 个月内以专利局复审和无效审理部为被告向人民法院起诉。

受理诉讼的法院和诉讼性质与不服复审决定提起的诉讼相同。需注意的是，无效程序的对方当事人作为第三人参加诉讼。

（六）外观设计专利被认定无效后的救济途径

以下列举一个案例来说明外观设计专利被认定无效后的救济途径。

案情简介

2009 年 1 月，A 公司设计了一款名称为"唐韵衣帽间"的家具图，并委托 B 公司对其制作的系列家具拍摄照片。2011 年 9 月至 11 月，A 公司先后在和家网、搜房网进行企业产品介绍与宣传时，展示了其生产的"唐韵衣帽间"产品照片。2012 年 11 月，A 公司向国家知识产权局申请了名为"衣帽间组合柜（唐韵）"的外观设计专利。后 A 公司以 C 公司生产其外观设计专利产品，侵犯其外观设计专利权为由提起诉讼。因该专利经 C 公司申请，被原专利复审委员会宣告全部无效，A 公司败诉。2013 年 12 月 10 日，A 公司向上海市版权局申请对"唐韵衣帽间组合柜立体图案"进行登记。2013 年 11 月 29 日，A 公司公证保全了 C 公司侵权产品网络销售证据，以及公证购买了侵权产品，后以 C 公司侵犯其著作权为由再次提起诉讼。一审法院以"唐韵衣帽间组合柜立体图案"平面图为权利基础，又以从平面到立体的复制侵权必须满足复制出的立体实物是著作权保护的客体这个条件为依据，以 C 公司复制出的仅仅是实用工业产品为由驳回 A 公司的诉请。A 公司不服一审判决提起上诉，最终二审法院以家具实物作为著作权的权利基础，且以该家具为著作权保护的客体，确认了 C 公司的复制为侵权行为，支持了 A 公司的诉请。

案件分析

从本案 A 公司的维权过程可以发现，A 公司是先在各网站上对其"唐韵衣帽间"产品进行宣传，并公布了照片，之后才申请外观设计专利的。A 公司自行在网络上发布产品的宣传材料造成了该产品技术方案的公开，使该技术方案成为涉案专利在申请日以前在国内外为公众所知的设计，这就造成该专利不符合《专利法》第 23 条第 2 款所规定的"新颖性"的特点。所以本案中 A 公司以外观设计专利侵权为由起诉最终以败诉收场，究其根本是因为该专利产品在申请专利前就因大肆宣传导致产品技术方案被公开，最终未受到专利法的保护。

A 公司的产品专利在被认定为无效之后，以著作权侵权为由对 C 公司提起诉讼并最终胜诉。这使我们不禁要思考：什么样的保护客体在专利权归于无效后，还可以作为权力基础提起著作权诉讼呢？其实这就需要对外观设计专利和著作权进行对比。

从外观设计专利和著作权的保护客体来看，外观设计保护的技术方案指的是产品的形状、图案、色彩或者其结合。《著作权法实施条例》规定的美术作品，是指绘画、书法、雕塑等以线条、色彩或者其他方式构成的有审美意义的平面或者立体的造型艺术作品。两者具有较多的重合之处，比如以色彩、线条构成的立体造型等。

从专利权和著作权的取得来看，专利权采用的是审查制度，须经专利行政部门审查通过后才可以授予，而且要求申请的专利不属于现有技术。而著作权自作品创作完成之日起就产生，且具有独创性并能以某种有形形式复制，且不论是否发表或公开都可以取得著作权。通过对比，外观设计专利权的取得较为严苛，不仅需要以公开来换取保护，并且需要在申请日之前没有任何人在任何渠道公开过，包括自行公开。而著作权仅需要具有独创性即可在作品完成时自动取得，且不论之前是否发表过，均不妨碍著作权的取得。

本案一审法院认定 A 公司的"唐韵衣帽间组合柜立体图案"是著作权保护客体，应作为美术作品受到著作权法的保护。随后认定 C 公司的生产行为不属于著作权法意义上的复制，因为著作权法意义上的复制不包括按图生产工业产品。判断一种平面到立体的行为是否构成复制，取决于立体实物是不是著作权法意义上的作品。而在随后的认定中，一审法院否定了该"唐韵衣帽间"的家具是著作权保护的作品，而仅仅是实用工业产品，从而没有支持 A 公司的诉请。但在二审中，法院首先认定了"唐韵衣帽间家具"这一实物是著作权法所保护的客体，因为其满足了《著作权法实施条例》第 2 条的规定，即富有美感，具备一定审美意义，可以复制且具有独创性。同时，A 公司诉请的基础权利从"唐韵衣帽间组合柜立体图案"转换为"唐韵衣帽间家具"，其他设计图稿产生时间、产品宣传照片发布时间和版权登记时间等起到的是证明"唐韵衣帽间家具"这一作品产生时间的作用，二审法院最终据此判定被诉侵权产品侵犯了权利人的著作权。

小结

从一审法院到二审法院的分析中可以看出，在认定是否侵犯著作权上，无论是从平面到立体的复制，还是以立体到立体的复制，其最根本的原则是当被复制的作品为著作权保护客体时，如果复制出的实物被认定为著作权法意义上的作品，则该复制行为就是一种侵权行为。此外，A 公司维权的艰难过程也应当引起我们的重视，在申请专利之前不能把技术方案通过任何渠道公开，否则就丧失了授予专利权所必需的新颖性，很有可能导致专利授权失败。

（七）我国专利侵权与专利无效的冲突及应对措施

1. **专利侵权诉讼与无效宣告的关系**

专利侵权诉讼与无效宣告的关系非常密切，具体体现在以下方面。

第一，只有专利权有效，侵权才有可能成立。专利侵权案件在审理时，要审查被控侵权专利的有效性，只要没有法定宣告无效，都为有效。但这种有效性是相对的，因为专利审查制度存在固有的缺陷，即使是已被授予的专利权，仍然面临部分被无效的风险。第二，当事人意见陈述可以作为诉讼和无效宣告审查程序的证据使用，例如请求人街电针对专利权人来电持有的 7 项争议专利，无效宣告程序的证据就包括专利权人提交至北京知识产权法院的起诉书。另外，根据现有技术提出抗辩的诉讼证据与专利创新性的评价文件有时会重合。对于同一事实问题，法院和国务院专利行政部门的理解可能不同。

由此可见，专利侵权诉讼与专利权无效的联系非常紧密。根据国家知识产权局最新发布的公告，原专利复审委员会被归入专利局，授予专利权、宣告专利权无效及专利侵权判定由专利局、国务院专利行政部门和人民法院分管。

2. **我国专利纠纷解决模式弊端的应对**

（1）回避界定专利效力。

最高人民法院在审理"柏某某与成都难寻物品营销服务中心、上海添香实业有限公司侵害实用新型专利权纠纷"[①] 时，判决书中写道"准确界定专利权的保护范围，是认定被诉侵权技术方案是否构成侵权的前提条件"。据此，判决书中又提到如果专利权保护范围不明显，就不能认定被诉侵权成立。这样的措辞，回避了对专利权效力问题的界定，但间接地审查了专利有效性。

（2）控制裁量中止诉讼。

根据《最高人民法院关于审理专利纠纷案件适用法律问题的若干规定》，在原告出具的检索报告未指明实用新型或者外观设计专利权无效的事由，被告请求宣告该项专利权无效提供的证据明显不充分的情况下，人民法院可以不予中止诉讼。这种方法在一定程度上可能会提高诉讼的效率，但是并不能从根本上解决专利侵权诉讼民行二分体制下专利确权的问题。

（八）专利侵权诉讼中无效宣告程序滥用的危害

1. **对专利无效宣告程序价值的损害**

（1）专利无效宣告程序的主要价值。

专利无效宣告程序赋予社会公众以及任何人请求该专利权无效的权利，来纠

---

① 最高人民法院民事裁定书（2012）民申字第 1544 号。

正因审查错误而授予的专利权，"若一件专利权的授予不满足专利法的授权条件，则是对社会公众权益的一种限制和侵害"。不难理解，专利无效宣告程序实为专利审查授权的一种救济程序，主要价值具体体现在其功能上，无效宣告程序具有的功能有两种。一是纠错补正之功能。专利无效宣告程序实质是一种法定的纠错机制，纠正专利授权中的错误是建立专利无效宣告程序最本质的目的。二是利益均衡之功能。专利无效宣告程序赋予社会公众一种抗辩权，以防瑕疵不能得到弥补、社会公共利益得不到维护，同时维持专利权人与社会公众利益之间的平衡。

（2）专利无效宣告程序滥用的价值损害。

被诉侵权人为了与专利权人抗衡，在诉讼中必然会提起对专利权有效性的质疑，即向国务院专利行政部门请求宣告涉案专利无效，法院可能因此而中止侵权诉讼的审理。届时，诉讼双方就要等到无效程序结束才能继续应对侵权诉讼。侵权人通常会借此滥用专利无效宣告程序，拖延诉讼审理时间，继续侵权，法院可能因取证困难而很难限制侵权人的持续侵权行为，使得专利权人遭受难以挽回的损失。无效宣告程序滥用行为是在不符合法律赋权的初衷下启动无效宣告的行为，为拖延诉讼而提起专利无效宣告请求则是其常见表现之一。这显然与无效宣告程序设立时的"纠错补正、利益均衡"功能不相符，有违无效宣告程序的立法价值。

2. 对正常民事诉讼秩序的妨碍

（1）对民事诉讼时间的影响。

自 2019 年 1 月 1 日起，专利案件的上诉由最高人民法院审理。在请求无效宣告程序成功之后，如果中止侵权诉讼程序，则请求人将会尽可能地拖延专利无效宣告程序，使得专利权人受损的利益不能得到及时的救济，社会公众对于专利制度的信心严重受损，这种对无效宣告程序的滥用造成民事诉讼时间被严重拖长。

（2）对民事诉讼效率的影响。

在专利无效宣告程序中，无效宣告请求人或专利权人均可以就国务院专利行政部门的决定向各地知识产权法院提起行政诉讼，法院审判将作出维持、撤销、部分撤销或国务院专利行政部门重新作出该项行政行为，使专利侵权诉讼案件陷入"循环诉讼"的困境。滥用无效宣告程序的行为严重违反诉讼效率原则，使民事侵权诉讼效率低下。

3. 对纠纷处理资源的不当消耗

（1）对司法资源的不当消耗。

司法资源是运用司法程序解决社会矛盾的人力、物力、财力等要素的总称，是一种稀缺的公共资源，在化解社会矛盾、维护社会稳定、实现社会公平正义等方面起着关键作用。滥用无效宣告程序所带来的"循环诉讼"问题，不合理地延长了专利侵权诉讼案件的审理期限，致使诉讼效率下降。在专利无效行政诉讼期间，一审和二审法院会为了案件中同一专利的效力问题多次组织审判庭审理，导致司法机关用于个案的投入和精力增加、法官的负担加重。这与当前越来越注重合理配置司法资源，提高司法诉讼效率的目标相违背。

（2）对行政资源的不当消耗。

如今专利申请量处于高速增长的阶段，国务院专利行政部门每年受理的复审和无效宣告案件也随之增多，然而，在专利侵权诉讼中无效宣告程序的滥用将使国务院专利行政部门常常成为被告而频繁应诉，这样不仅导致其诉讼工作加重，还势必会影响其本职业务。这大量浪费了国务院专利行政部门的行政资源，使得本可以用于行政审查的行政资源浪费在应对行政诉讼中，从而严重影响了国务院专利行政部门的行政审查能力。

（九）专利申请文件补正

1. 专利申请文件补正解析

专利申请文件的补正是指在专利申请的初步审查程序中，申请人通过提交更正后的文件的方式克服专利申请文件或者其他有关文件存在的格式方面的缺陷。

补正包括申请文件的补正和其他文件的补正，申请文件的补正是指以提交更正后的文件的方式克服专利申请文件在格式方面的缺陷。

申请文件的补正和其他文件的补正的区别是：对申请文件的缺陷未依法补正的，其申请被视为撤回或者驳回，对其他文件未依法补正的，视为该文件未提交，但不直接导致申请被视为撤回或者驳回。

2. 专利补正（电子申请）流程

（1）打开 CPC 客户端。

（2）点击"答复补正"，也可以通过"主动提交"来补正，但是需要自己新建申请信息，所以建议通过"答复补正"进行补正。

（3）输入"申请号"或"通知书"，找到案件信息，进行补正。

（4）填写"补正书"。

（5）提交相关附件，主要指修改后的原文替换页、修改对照页等，具体视补正通知书的要求。

3. 专利申请补正书的填写方式

（1）专利申请补正书的专利号必须一致，这是授权前唯一标识申请的手段。如果该专利申请补正办理过著录项目变更手续的，应按照专利局批准变更后的内容填写。

（2）专利申请补正书的发明名称一般来说是原申请时的名称，但如果专利申请补正书名称刚好是发明名称，则只需要写将发明名称由什么改为什么。

（3）专利申请补正内容的填写。要删除的内容和改正的内容可以分在两条专利申请补正内容中写明，这样比较清晰，也容易表达。如果你有申请文件的复印件，那么在上面标出修改对照内容，扫描成图片作为附件发送。

（4）申请文件的复印件。如是电子专利申请补正则可以不提交该文件。

（5）专利申请补正表格放不下时，直接在表格里面填写"见附页"，然后用附件的形式写，写明第几页第几行、修改前后的内容即可，而且修改前的内容，不一定要全部抄上去，不需要修改的内容用省略号表示即可。

（6）专利申请补正的附图的修改。需写明专利申请补正前的问题及专利申请补正后消除的问题，在提交替换页时，在专利申请补正之前的图上标示出修改的地方。

（十）专利权宣告无效后的法律后果

1. 宣告无效后的专利权不具有追溯力的情形

我国《专利法》第 47 条规定了专利权无效宣告的法律效力，即宣告无效的专利权视为自始不存在。因此专利权被宣告无效后就失去了效力，就如同其从来没被授予过专利权，从始至终不存在一样。

此处专利权被宣告无效后对以下几种情况不具有追溯力。

（1）对专利权被宣告无效前，人民法院已经作出且已经执行的专利侵权判决或调解书不具有追溯力。不具有追溯力的只有人民法院作出的判决和调解书，此处需要注意的是不包括人民法院作出的裁定，而且调解书必须是由法院作出的。

（2）对已经履行或者强制执行的专利纠纷处理决定不具有追溯力。这里的纠纷处理决定可以是当事人主动履行的，也可以是由法院或者其他单位强制执行的。

（3）对已经履行的专利权许可合同或者专利权转让合同不具有追溯力。专利权许可和专利权转让的合同只要合法有效，并且双方当事人已经根据合同规定履行了相关义务的，专利权被宣告无效后不对合同具有追溯力。

专利权被宣告无效后只对以上三种情形不具有追溯力。接下来又针对这三种情形规定了可以追溯的例外情况。

专利权被宣告无效后，对已经执行或履行的判决、调解书或者合同也具有可以追溯的情形。

2. 专利无效后能进行追溯的例外情形

因专利权人主观恶意而给他人造成损失的，应当赔偿造成的损失。即专利权被宣告无效后，由于专利权人具有主观上的恶意，以前已经执行的判决和调解，已经履行和强制执行的专利纠纷处理决定以及已经履行的专利权实施许可合同和专利权转让合同给相对人造成了损失，专利权人应当赔偿相对人受到的损失。

实训七
专利诉讼流程模拟

一、实训目的

（一）熟悉专利诉讼知识及流程

（1）查明专利侵权基本事实，以权利要求保护范围为依据，采用全覆盖原则和等同原则来判定，明确侵权行为人（被告）；（2）估算专利侵权利益损失，确定专利侵权赔偿数额；（3）准备专利侵权证据证明材料，撰写民事起诉状；（4）正确选择管辖法院，提起专利侵权诉讼；（5）综合考虑诉前措施，应对专利无效宣告。

（二）了解法院处理专利诉讼的流程

1. 一审程序

（1）原告起诉。

（2）法院受理后将起诉书副本送达被告。

（3）被告在十五日内提交答辩状，法院在五日内将答辩状副本送达原告，如果被告不提交答辩状，不影响审理。

（4）决定开庭审理的案件，法院在三日前通知当事人并公告。

（5）法庭调查阶段，包括：当事人陈述；告知证人其权利义务，证人作证，宣读未到庭的证人证言；出示书证、物证和视听资料；宣读鉴定结论；宣读勘验笔录。

（6）法庭辩论，包括：原告及其诉讼代理师发言；被告及其诉讼代理师答辩；第三人及其诉讼代理师发言或者答辩；互相辩论；法庭辩论终结，由审判长按照原告、被告、第三人的先后顺序征询各方最后意见。

（7）法庭辩论终结，应当依法作出判决；判决前能够调解的，还可以进行调解，调解不成的，应当及时判决。

（8）判决宣告。

2. 二审程序

（1）当事人不服一审判决时，有权在判决书送达之日起十五日内向上一级人民法院提起上诉；当事人不服地方人民法院一审裁定的，有权在裁定书送达之日起十日内向上一级人民法院提起上诉；上诉状应当通过原审人民法院提出，并按照对方当事人或者代表人的人数提出副本；当事人直接向二审人民法院上诉的，二审人民法院应当在五日内将上诉状移交原审人民法院。

（2）法院受理。

（3）审理程序大体与一审一样，不同处主要在审查范围和内容上。

二、基本原理与法条

相关内容参见《专利法》第45~46条、第62~63条、第65~66条，《专利法实施细则》第103~105条。

三、基本要求与案例

（一）了解专利诉讼流程和注意事项，熟悉专利诉讼经典案例

【案例1】

黄某某诉重庆城外城投资有限公司、重庆城外城投资有限公司灯饰批发城、中山市横栏镇金柏照明电器厂侵害实用新型专利权纠纷案
（关于侵害专利权纠纷案中市场管理者的承责问题）*

裁判要旨

侵害专利权纠纷案件中，涉案专利权利要求的技术特征与被诉侵权技术方案的技术特征是否相同或等同是判断侵权是否成立的前提，因专利侵权自身的隐蔽性，其完成通常依赖于该领域的技术人员或专业评定机构的参与，故作为市场管理者，包括商铺出租者或管理者，其对实际经营者的专利侵权行为仅需承担与其身份、责任或能力相适应的较低注意义务，故其对侵权行为的发生不存在主观过错，不符合原《侵权责任法》中关于共同侵权或间接侵权的法律适用条件，不需承担连带侵权责任。

案情简介

原告黄某某是名称为"一种电路盘"的实用新型专利权人。黄某某发现被告城外城公司、城外城批发城销售、许诺销售被诉侵权产品，金柏电器厂制造、销售、许诺销售被诉侵权产品。据此黄某某以三被告共同侵权为由提起诉讼。将被诉侵权技术方案与原告专利权利要求的技术特征进行比对，黄某某认为被诉侵权

---

* （2015）粤知法专民初字第1278号。

技术方案包含上述权利要求记载的全部技术特征，金柏电器厂亦当庭对此予以确认。此外，城外城批发城曾与案外人郭某某先后签订 2 份租赁协议书，合同约定城外城批发城将公证购买被诉侵权产品的"七彩灯饰"商铺租赁给郭某某使用，郭某某为该商铺的实际经营者。根据《租赁协议书》的规定：城外城批发城为承租商铺有偿提供协议约定的经营场店，负责公共部分物业管理，保证商铺经营活动的正常开展；承租商铺在协议核准范围内独立从事合法经营，独立承担民事、行政等法律责任。

广州知识产权法院审理认为，被诉侵权产品使用的技术方案落入涉案专利权的保护范围。被告城外城公司、城外城批发城作为被诉侵权产品销售商铺的出租者与管理者，对经营者的专利侵权行为应承担较低的注意义务，故其不存在与实际经营者实施共同侵权行为或帮助实际经营者实施侵权行为，不应承担连带侵权责任。被告金柏电器厂未经原告许可，实施制造、销售被诉侵权产品的侵权行为，依法应承担停止侵害并赔偿损失的侵权责任。

法官点评

本案涉及在侵害专利权纠纷案中市场管理者的承责问题，即商铺出租者或管理者对实际经营者的侵权行为是否应承担共同侵权责任。通常观点认为，商铺承租者为实际经营者，为直接侵权人，而商铺出租者或管理者作为市场管理者，在共同侵权行为成立的前提下，为间接侵权人。关于两类侵权主体责任的分担问题，本案相关裁判依据包括以下三点。

（1）判断市场管理者对实际经营者侵权行为所需承担的合理注意义务，须充分考量该类侵权的自身特性。因专利侵权自身的隐蔽性，比对是否构成侵权的过程通常依赖于该领域的技术人员或专业评定机构的参与，而现实环境下的商铺出租者或管理者往往不具备对专利技术的基本判断能力，对于经营者实施的专利侵权行为发生与否，仅凭借其日常管理活动往往难以觉察，故对其不宜要求过高的注意义务。上述要求与侵害商标权案件的对应要求正好相反。其次，对商铺出租者与管理者的注意义务的判断，应视具体情况而定。如在被诉侵权产品与专利产品为相同产品时，合理注意义务应当高于二者为类似产品时；在侵害外观设计专利权纠纷中的相关注意义务应当较高；销售单一产品的市场管理者的相关注意义务应当较高；经常发生侵权的市场管理者的相关注意义务应当较高。

（2）市场管理者对其场内实际经营者的经营行为仅应承担与其身份、责任与能力相适应的合理注意义务。首先，根据双方签订的租赁协议，商铺经营者需独立承担其因违法经营而导致的法律责任，而作为商铺出租者与管理者的被告仅负责经营场所的日常管理。其次，从通常理解来看，商铺的出租者与管理者属市场管理者，其管理义务一般包括对经营主体的资格准入审查义务、日常巡查义务以及接到侵权通知后的协助制止侵权义务。其对经营者侵权行为的管理属被动管理，即在知晓侵权行为发生后协助停止侵权。

（3）市场管理者对实际经营者侵权行为的发生不存在主观过错，无须承担连带侵权责任。根据原《侵权责任法》第8~9条的规定，二人以上共同实施侵权行为，造成他人损害的，应当承担连带责任。教唆、帮助他人实施侵权行为的，应当承担连带责任。被告城外城公司、城外城批发城对经营者侵权行为的发生不存在主观过错，其既不与实际经营者之间存在共同侵权的故意，亦不对实际经营者的侵权存在帮助行为，不需承担连带侵权责任。

知识拓展

专利间接侵权的概念一直备受争议，没有定论，从国际上来说，英美法系认为，专利间接侵权是指行为人故意销售用于产品专利或方法专利的产品，且该产品并非常用商品，也无其他实质用途，并帮助唆使他人实施侵犯专利权的行为。在我国学术界对专利间接侵权概念存在两种说法。一种认为专利间接侵权的发生必须以专利直接侵权的发生为前提，两者对损害事实共同承担责任，"间接侵害专利权行为的条件是第一要存在直接侵权的事实；第二，被控侵权人的行为为专利直接侵权行为的实施提供了必要条件；第三，被控侵权人存在主观过错，行为人知道或者应当知道为他人实施专利侵权提供了条件"。另一种认为间接侵权行为不以直接侵权的存在为前提，是一种独立存在的、并列于专利直接侵权的行为，即"间接侵权行为是第三人未经授权，向其他无权利用该专利的人提供用于专利实施的关键产品或部件，并且故意怂恿和教唆其实施该专利"。从以上几种对专利间接侵权的概述总结可以看出，行为人本身的行为并没有直接侵犯专利权，只是向他人提供专利产品的重要部件，或者为他人实施专利提供必要条件，并故意诱导、怂恿、教唆他人实施该专利，即主观上存在唆使他人侵犯专利权的故意，客观上提供了实施专利的必要条件。

结合司法实践中出现的具体侵权形式和国外立法理论，专利间接侵权行为主要分为两类。

第一类是帮助侵权，指行为人实施了直接帮助侵权人等行为或者为直接侵权行为提供了便利条件。其中比较典型的行为是一项发明专利由几个部件构成，行为人许诺销售、销售或者进口其中的一个或几个部件（包括未组装的配套专利产品），如果该产品是专门用于专利产品的，是构成发明的一部分且行为人许诺销售、销售或者进口这些产品的目的是提供给他人专门用于生产专利产品的模具、设备，或者用于实施专利方法的机器设备。

第二类是引诱侵权，指行为人积极引诱和教唆他人侵犯专利权。一般包括以下几类情形：销售物品时附带用法说明，告知如何利用它来制造专利产品或实施专利方法，或告知可能的侵权用途来设计专利产品，由他人制造该产品为专利产品提供侵权担保或者其他服务。如果协议的主要目的是消除专利法对潜在侵权者的威慑效果，则可以推断出存在侵权，故意对已经售出的侵权系统提供修理或维修许可，并控制他人制造侵权产品。在专利许可合同中，如果许可人向被许可人提供用于实施专利产品或方法专利的说明书、计划书或类似东西，许可行为也可能构成积极引诱行为。

专利间接侵权是一种特殊的侵权形态，它本身具有以下特征。

（1）间接性。专利间接侵权行为的间接性特征是相对于专利直接侵权行为而言的，专利间接侵权行为并不符合权利要求书所覆盖的所有技术特征，不符合专利相同侵权和专利等同侵权的认定条件，但此行为容易造成专利直接侵权的发生。

（2）相对独立性。所谓专利间接侵权的相对独立性特征是相对于传统理论中的共同侵权理论和专利直接侵权理论而言的，虽然专利间接侵权与共同侵权和专利直接侵权之间有着不可分割的联系，但是它们在构成要件、责任承担、抗辩理由、救济方式等主要方面，都有所不同，而且专利间接侵权并无依赖于专利直接侵权的存在而存在，而是为了弥补专利直接侵权行为的不足而独立存在的，有其独立存在的价值，是一种独立存在的侵权形态。

（3）隐蔽性。专利权本身具有无形性的特征，专利权人不可能通过占有专利而使其免受侵害，专利间接侵权行为不如直接侵权行为明显，所以专利间接侵权具有很大的隐蔽性，又因为专利权的非消耗性，专利的开发最初是有成本的，但是专利成本的分配几乎为零，因此使得侵权人更热衷于通过各种隐蔽的方式分配专利产品，侵占专利权人的市场份额，减少专利权人的获利机会，但是专利权人很难察觉这种侵权行为。

（4）多样性。专利间接侵权之所以要求独立存在，从其存在的必要性来说，其行为方式多样，而且形式灵活。因为专利间接侵权不受法律规制，现代技术的发展更是造成很多侵权方式的出现，除了行为人通过诱导、唆使等帮助侵权的行为方式出现，行为人还为他人提供必要的组成部分，这些都使得专利间接侵权行为难以受到法律制裁。

【案例2】

远东水泥公司诉被告四方如钢公司因恶意提起知识产权诉讼损害责任纠纷案
（关于恶意提起专利侵权诉讼的判定要件）*

裁判要旨

一般来说，当事人提起诉讼，应当是有权利依据的，倘若当事人在缺乏权利依据的情况下提起诉讼，此时就很容易被认定为具有主观上的恶意提起诉讼。判定是否构成恶意提起专利侵权诉讼，应在考虑专利权本身复杂特性的情况下，结合专利权人在无效宣告程序中的具体行为及其后续提起专利侵权诉讼的行为特点进行综合判断。

案情简介

在原告远东水泥公司诉被告四方如钢公司因恶意提起知识产权诉讼损害责任纠纷案中，被告拥有一项名为"井壁墙体模块以及采用该模块构筑井壁墙体的方法"的发明专利，该专利授权公告时包括产品权利要求1—10以及方法权利要求11—19。后在案外人提出的无效宣告程序中，被告主动放弃了涉案专利中的方法权利要求11—19，并将原产品权利要求1—10修改为了权利要求1—8。此后，被告以原告侵犯其涉案专利权为由提起诉讼，后因故撤回了该案起诉。原告认为被告在已将全部方法权利要求删除的情况下，仍然以方法权利要求主张侵权，在修改产品权利要求后，仍然以原产品权利要求主张侵权，属恶意提起知识产权诉讼，故起诉要求被告赔偿律师费等损失。法院认为，被告在主动放弃和修改涉案专利权利要求后，又基于此部分权利要求向原告提起专利侵权诉讼，主观上明显具有恶意；被告在明知其请求缺乏正当理由的情况下，对原告恶意提起专利侵权诉讼，致使原告在诉讼中遭受律师费等经济损失，应当予以赔偿。

法官点评

所谓恶意诉讼，通常是指当事人以获取非法或不正当利益为目的而故意提起一个在事实上和法律上无根据之诉，并致使相对人在诉讼中遭受损失的行为。由于当事人主观意图的判定具有较强的不确定性，因此一般需要在综合考虑行使权利正当性与滥用权利的利益平衡关系的基础上，结合当事人的具体行为及其相关请求等因素，来判定其是否具有主观上的恶意。

1. 恶意提起专利侵权诉讼的构成要件

认定某种具体的诉讼行为属于恶意提起诉讼，应当满足以下构成要件。

---

* （2015）京知民初字第1446号。

（1）一方当事人以提起知识产权诉讼的方式提出了某项请求，或者以提出某项请求相威胁。

（2）提出请求的一方当事人具有主观上的恶意。

（3）具有实际的损害后果。

（4）提出请求的一方当事人提起知识产权诉讼的行为与损害后果之间具有因果关系。

对于上述要件（1），所谓"提出了某项请求"，通常是指提出请求的一方当事人利用法律赋予的诉讼权利，提起了知识产权诉讼，并且已将另一方当事人拖入了诉讼程序中，也就是受诉法院已经受理该案并已向另一方当事人送达了应诉通知；所谓"以提出某项请求相威胁"，是指提出请求的一方当事人在起诉状中明确提出了某项请求，使另一方当事人陷入了一种不利的境地，而后又在诉讼程序中变更或放弃了该请求的行为。该案中，四方如钢公司在另一起案件中提出了专利侵权诉讼，要求远东水泥公司停止侵权、赔偿损失，后又以撤诉方式放弃了全部诉讼请求，可以视为其已完成提出具体诉讼请求相威胁的行为。

对于上述要件（2），亦即主观恶意的认定，所谓"恶意"，是指提出请求的一方当事人明知其请求缺乏正当理由，以有悖于权利设置时的目的的方式，不正当地行使诉讼权利，意图使另一方当事人受到财产或信誉上的损害。倘若当事人在缺乏权利依据的情况下提起诉讼，此时易被认定为具有主观上的恶意，反之，则不能认定为具有恶意。由于当事人主观意图的判定具有较强的不确定性，因此应当结合当事人的具体行为及其相关请求等因素来判定其是否具有主观上的恶意。判定是否构成恶意提起专利侵权诉讼，应在考虑专利权本身的复杂特性的情况下，结合专利权人在无效宣告程序中的具体行为及其后续提起专利侵权诉讼的行为特点进行综合考虑。

对于上述要件（3），亦即损害结果的认定，因恶意提起知识产权诉讼损害责任纠纷作为另一起知识产权诉讼所引发的纠纷，如果该诉讼并未对当事人造成损害后果，后一纠纷可能就没有存在的必要。不过，通常认为，此要件并非定性要件，而属于索赔依据。

对于上述要件（4），也就是侵权行为与损害后果之间具有因果关系，即损害后果如社会声誉的降低、财产的损失等，均是由对方当事人滥用诉讼权利的行为所导致的。此案对于因恶意提起知识产权诉讼损害责任纠纷案件的审理具有一定的参考意义。

2. 判定构成恶意提起专利侵权诉讼的思路

首先，从四方如钢公司的行为表现来看，四方如钢公司在无效宣告程序中主动放弃了涉案专利中的方法权利要求，又就此向远东水泥公司主张侵权，缺乏基本的事实依据和权利基础；四方如钢公司在无效宣告程序中对涉案专利中的产品权利要求主动进行了删除、合并，后又在专利侵权案件中依据修改前的产品权利要求向远东水泥公司提起侵权诉讼，实际上意味着四方如钢公司就其已经放弃的部分产品权利要求向远东水泥公司主张权利，显然缺乏权利依据。由上可见，四方如钢公司在主动放弃和修改涉案专利权利要求后，又基于此部分权利要求向远东水泥公司提起专利侵权诉讼，主观上明显具有恶意。

其次，四方如钢公司称其因无效宣告程序交由其他代理机构处理、公司内部存在人员流动等而对涉案专利权利要求变动情况不了解。对此，法院认为，四方如钢公司对其上述主张并未提交任何证据，且其在无效宣告程序中系主动实施对权利要求的修改行为，却又以提起专利侵权诉讼时对此情况不知晓为由进行辩解，难以令人信服。四方如钢公司作为一家拥有多件专利的企业，其应对专利管理、专利法规等具有更为全面的了解。况且，如仅以其自称的内部管理、工作疏忽等原因即可获得责任豁免，则对被拖入诉讼的远东水泥公司明显不公平。综合考虑四方如钢公司的行为表现及其抗辩理由，可以认定在案证据足以证明四方如钢公司提起专利侵权诉讼具有主观上的恶意。

因恶意提起知识产权诉讼损害责任纠纷由另一起专利侵权诉讼所引发，如果专利侵权诉讼并未对当事人造成损害后果，后一纠纷可能就没有存在的必要。对该案而言，远东水泥公司为应对四方如钢公司提起的专利侵权诉讼所支付的律师费，的确属于诉讼的合理支出，即该诉讼确实造成了远东水泥公司产生经济损失的损害后果。

侵权行为与损害后果之间具有因果关系，即损害后果如社会声誉的降低、财产的损失等，均是由对方当事人滥用诉讼权利的行为所导致的。该案中，考虑到专利侵权案件的复杂性，远东水泥公司为维护自身合法权益聘请律师应对诉讼符合常理，其所支付的律师费与四方如钢公司恶意提起的专利侵权诉讼具有当然的因果关系。

综上所述，四方如钢公司在明知其请求缺乏正当理由的情况下提起专利侵权诉讼，满足恶意提起专利侵权诉讼的构成要件，应当承担相应的民事责任。

知识扩展

专利权人有意将现有技术申请专利，该行为本身是对专利制度的违背和破坏。未经实质审查的专利中，存在大量无效专利，法律却要提供强有力的保护。法律还规定无效宣告决定不溯及既往，专利权人行使权利没有任何限制，权利与义务明显失衡，对这样的专利权给予保护是不合理的。

对于专利权人滥用权利，各国对此的规定差别很大。美国的专利滥用原则是法院从专利侵权诉讼中"帮助侵权"等判例中确立的，是指对合法的专利行使超越了权利范围的权利，如由于专利滥用而使专利不具有被强制执行性。而在日本，滥用专利是与专利权无效联系在一起的。日本最高裁判所2000年4月在"Kiby第275号专利案上告审"所作判决认为，当专利权所存在的无效理由是明显的，那么基于该专利权所提起的停止侵权、赔偿损失等的诉讼请求，则属于权利的滥用而不能被允许。日本的"滥用专利权"抗辩更接近于美国的专利无效抗辩。我国现行《专利法》未明确规定恶意诉讼，但对现实中出现的争议，法院只有根据现有法律规定并借鉴各国的有益经验寻求适当的解决路径。现行法律规定和法理，针对我国当前专利侵权诉讼中的恶意利用不当专利诉讼问题，提出以下界定。

界限一，当专利权人主观上明知其权利无效或者不符合专利授权的实质要件，故意指控他人侵犯专利权或者以侵权指控相威胁，客观上其权利当然无效。此即为典型的恶意诉讼行为。界限二，当专利权人明知或者应知其权利明显不稳定，故意行使专利权，在该专利权被部分无效前提下，或者缩小专利保护范围时，如果被控侵权产品仍落入其专利保护范围，被告只承担停止侵权的民事责任。对起诉前实施的专利行为即制造、销售等不承担赔偿责任。界限三，在专利侵权诉讼中，因申请财产保全或者申请临时禁令错误应承担赔偿责任。此类行为虽与申请时权利是否有效的主观过错有关，但更重要的与专利权是否最终被无效相联系，因为宣告无效的专利权视为自始即不存在，行使一项本不应当存在的权利，不论行为人的主观过错如何，只要客观上专利被宣告无效，均应认为有错误。

实务中有一种情况即专利权人基于产品的特殊性，在无法直接查明侵权人时，应具体问题具体分析。

【案例3】

张某某诉深圳市市场监督管理局认定"宜停车App"未侵害"基于客户端的停车计时方法"发明专利权纠纷案（关于授权专利与被诉侵权技术方案的对比）*

裁判要旨

涉专利侵权行政裁决行为引发的行政诉讼审理的核心在于授权专利与被诉侵权技术方案的比对。传统行政审判更关注具体行政程序的合法性，但专利行政查

---

* （2015）深中法知行初字第1号，（2015）粤高法知行终字第2号。

处的关键在于能否准确判断侵权与否，深圳法院较早实行知识产权行政纠纷、民事纠纷、刑事纠纷"三合一"审判改革，将民事诉讼中的专利侵权判断经验运用于专利行政诉讼，审判质量及裁判的公信力得以提升。该案系因深圳市道路交通管理事务中心推行"宜停车App"而引发，案件引发了社会广泛关注。

案情简介

张某某于 2011 年 4 月 15 日向国家知识产权局申请了名称为"基于客户端的停车计时方法"的发明专利，于 2014 年 5 月 7 日获授权。2014 年 8 月 7 日，张某某向深圳市市场监督管理局提交《专利侵权纠纷处理申请书》，请求判令深圳市道路交通管理事务中心立即停止专利侵权，在其网站和其合作网站关闭宜停车 App 下载或指向下载的链接，停止宜停车 App 后续开发，停止对已下载宜停车 App 的用户提供服务。深圳市市场监督管理局于 2014 年 8 月 12 日立案，于 2014 年 8 月 13 日向第三人深圳市道路交通管理事务中心送达了相关法律文书和证据材料，并进行了现场勘验检查。2014 年 10 月 15 日，深圳市市场监督管理局组织张某某与第三人进行证据交换及质证，并于同年 12 月 4 日进行了口头审理。2015 年 1 月 13 日，深圳市市场监督管理局合议组进行合议，于 2015 年 1 月 28 日作出《专利侵权纠纷行政处理决定书》，并分别于 2015 年 2 月 2 日和 2 月 3 日向张某某和第三人深圳市道路交通管理事务中心送达。《专利侵权纠纷行政处理决定书》对张某某的全部请求未予支持。张某某因此向深圳市中级人民法院提起行政诉讼，请求判令：撤销深圳市市场监督管理局深知稽专处字第〔2015〕001 号《专利侵权纠纷行政处理决定》。深圳市中级人民法院查明，深圳市道路交通管理事务中心路边临时停车缴费系统包括宜停车 App、地感、后台服务器三部分，宜停车 App 系由深圳市道路交通管理事务中心推出的用于路边停车的手机软件，可供车主下载至手机，地感埋设于停车泊位，后台服务器设置于深圳市道路交通管理事务中心。本案争议焦点在于宜停车 App 是否落入涉案专利保护范围，是否构成对涉案专利的侵害。深圳市中级人民法院认为，张某某请求保护的涉案专利系"基于客户端的停车计时方法"，该方法包括 8 项步骤，且涉案专利步骤有先后之分，步骤的先后本身也构成了对专利保护范围的限定。第三人被控侵权的宜停车 App 可下载于手机等客户端，有计时环节，具备 ZL201110107113.8 号发明专利权利要求"基于客户端的停车计时方法，客户端指移动通信设备等"的技术特征；宜停车 App 系统亦具有"服务器按照车位标识查询车位状态，然后，将同意或拒绝计时开始请求信息返回客户端""服务器结束计时，并将计时结束信息返回客户端""客户端时钟终止"等技术特征。虽然同为停车计时，但涉案专利为人工输入，宜停车 App 为地感感知，前者强调人的主导作用，受人为因素影响，后者不受车主人为操作影响，能够保证停车计时的客观、精准、便捷、高效，不会因车主遗忘而导致多计时缴费。因此，二者无论是技术手段还是技术效果，均完全不同。宜停车 App 计时操作与涉案专利技术方案至少一项技术特征既不相同也不等同，故不落入涉案专利保护范围。深圳市市场监督管理局作出深知稽专处字第〔2015〕001 号《专利侵权纠纷行政处理决定》认定事实清楚，适用法律正确，在行政执法中履行了调查取证、告知送达等程序义务，行政执法程序合法。张某某的诉讼请求不能成立，予以驳回。依据《最高人民法院关于执行中华人民共和国行政诉讼法若干问题的解释》第 56 条第 4 项的规定，判决驳回原告的诉讼请求。

广东省高级人民法院认为，被诉侵权技术方案与涉案专利相比较，二者存在如下区别。

（1）涉案专利是一种"基于客户端的停车计时方法"，其公开了一种可移动的、便于车主控制的精确计时方法。其创新点和专利保护范围的核心在于利用移动客户端进行停车时间的计算。而被诉侵权技术方案则结合了计时和计费两种功能，即被诉侵权技术方案可以根据自动停车计时数据计算缴费信息，并实现在线缴费。两者在停车计时部分有一定重合，但最终实现的功能和目的则存在差异。

（2）被诉侵权技术方案记载，车辆离开车位后，地感感知并传送信息至服务器。而涉案专利技术特征系由车主利用客户端向服务器发出计时结束请求指令。被诉侵权技术方案缺少车主主动向服务器发出计时结束指令的步骤，而是以地面感应器感应车辆离开时间并自动发送至后台服务器。上述两种技术特征明显不相同。被诉侵权技术方案的技术特征与涉案专利权利要求记载的全部技术特征相比，有一个以上技术特征不相同亦不等同，未落入涉案专利的保护范围。广东省高级人民法院依照《中华人民共和国行政诉讼法》第 89 条第 1 项之规定，判决驳回上诉，维持原判。

法官点评

该案系深圳市中级人民法院 2010 年 9 月实行"三合一"审判改革以来第一宗涉及专利侵权的知识产权行政诉讼案件。路边停车收费所使用 App 软件系深圳交通管理部门所推行采用，该系统软件侵权与否直接涉及这一交通市政工程能否继续顺畅实施，因此，也引起了社会及有关部门的关注。

知识产权法庭审理涉及专利侵权行政诉讼案件，尤其是在把握专利侵权判断上更为专业，除了关注具体行政行为的合法性，例如是否存在主要证据不足、适用法律、法规错误，违反法定程序，超越职权，滥用职权或明显不当等情形外，知识产权法官首先关注的是侵权与否的论证过程以及结论是否正确。该案中，原告对被告执法主体资格以及执法程序与执法目的均不持异议，双方存在分歧的主要是宜停车 App 软件系统是否落入原告涉案专利保护范围。

因此，该案一审、二审法院都将审理的焦点集中在专利保护范围的界定、原告涉案专利方法步骤有无先后顺序以及被控方法与专利的异同，是否属于与涉案专利技术特征等同的情况上。客观来说，此类专利侵权判断不是普通行政审判法官所能把握的。

知识产权行政诉讼案件集中由知识产权法庭统一审理，这有利于保障裁判结果的正确性，有利于当事人获得便捷、高效、公正的司法救济，同时，案件的专业审理也增强了司法裁判的公信力。

四、实训操作步骤

（一）熟悉专利诉讼流程
通过模拟教学软件流程进行模拟，学习和掌握专利诉讼流程。

（二）查看专利诉讼的理由和证据
对于专利诉讼案件，首先要了解专利类型、专利侵权内容是否违反相关法律法规、侵权专利是否已经取证。

（三）按照软件格式要求完成一份专利诉讼流程
可以学习和借鉴下文专利诉讼流程模拟部分。

五、思考题

（一）专利诉讼的流程是什么
（1）起诉。

（2）受理。对于符合起诉条件的专利诉讼，人民法院应当受理，予以立案，并通知当事人。

（3）开庭审理并宣判。知识产权案件审理实行两审终审制，即当事人不服第一审人民法院作出的判决、裁定的，有权向其上一级人民法院提出上诉。

（4）执行。当事人必须履行人民法院已发生法律效力的判决或裁定。若不主动履行，人民法院将依法采取措施予以强制执行。

（5）专利诉讼的诉前程序和专利侵权诉讼司法程序的流程图分别如图 7 - 1、图 7 - 2 所示。

（二）判定专利是否侵权的原则有哪些
1. 全面覆盖原则
全面覆盖原则是专利侵权判定中的一个最基本的原则。所谓全面覆盖原则，

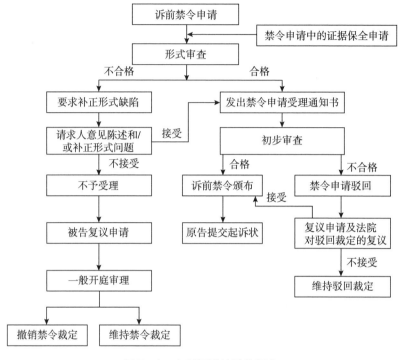

图 7-1 专利诉讼的诉前程序

是指如果被控物或者方法侵权成立，那么该产品或者方法应该具备专利权利要求中所描述的每一项特征，缺一不可。在判定专利侵权时，最先适用的是全面覆盖原则。在下述几种情况下，视为被控物全面覆盖了专利的权利要求。

第一，字面侵权。即从字面上分析比较就可以认定被控物的技术特征与专利的必要特征相同。例如，一项专利，其权利要求为：H 型强场磁化杯体（1），其特征在于：杯体的两侧各镶嵌一块永久磁铁（2）。如果被控物的杯体两侧各镶嵌了一块永久磁铁，那么可以看到，被控物的结构与权利要求所描述的结构一模一样。

第二，专利权利要求中使用的是上位概念，被控物公开的结构属于上位概念中的具体概念，此种情况下适用全面覆盖原则，被控物侵权。例如，一项专利，其权利要求为，一种新型机器人行走机构，其特征在于：电机接传动机构，传动机构的输出轴上装有驱动轮。被控物的结构为，电机经齿轮传动，输出轴上装有驱动轮。被控物采用齿轮传动，齿轮传动的结构属于"传动机构"的具体概念，因此，被控物属于侵权。

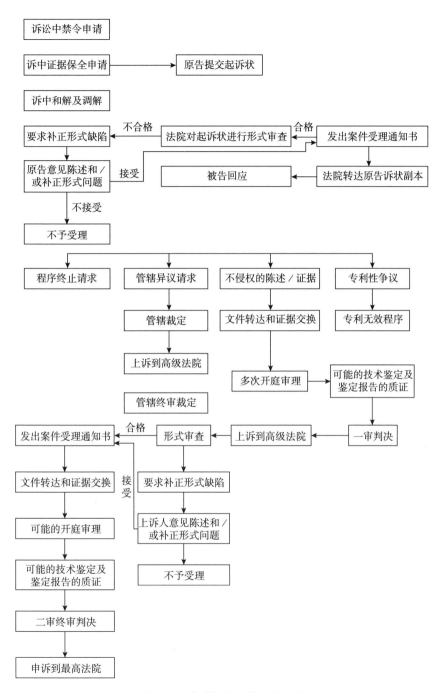

图 7 – 2 专利侵权诉讼司法程序

第三，被控物的技术特征多于专利的必要技术特征，也就是说被控物的技术特征与权利要求相比，不仅包含了专利权利要求的全部特征，而且还增加了特征，此种情况仍属侵权，因为适用全面覆盖原则就是只要被控物具备专利权利要求的全部特征就算侵权，而不问被控物的技术特征是否比权利要求的多。比如，一项专利，其权利要求为，一种电褥子，其特征在于：具有绝缘性能好的电阻丝。被控物的结构具有绝缘好的电阻丝，而且还具备一个电阻丝短路保护装置，尽管被控物的特征多于专利权利要求，而且可能还具有一定的创造性，但由于被控物的结构覆盖了权利要求的全部特征，所以被控物侵权。在实践中，公众可能对此有一些不理解，觉得被控物的特征多于权利要求，而且性能可能还要优于专利产品，为什么还要算作侵权呢？这是因为专利保护的是智力成果，在后的产品如果是在专利产品的基础上进行了改进，尽管可能性能要优于专利产品，但是由于使用了他人的专利，利用了他人的智力成果，就必须获得他人的许可，否则就是侵权行为。

2. 等同原则

等同原则认为，将被控侵权的技术构成与专利权利要求书记载的相应技术特征进行比较，如果所属技术领域的普通技术人员在研究了专利权人的说明书和权利要求后，不经过创造性的智力劳动就能够联想到的，诸如采用等同替换、部件移位、分解或合并等替代手段实现专利的发明目的和积极效果的，并且与专利技术相比，在目的、功能、效果上相同或者基本相同的，则应当认定侵权成立。

3. 捐献原则

捐献原则是指那些在说明书及其附图中公开但没有记载在权利要求书中的技术方案，被视为捐献给了公众。这一原则告诉我们，没有记载在权利要求中的技术方案和技术特征，不属于专利权人的垄断范围，专利权人无法对其主张权利，也不能阻止其他人对这些技术方案的利用。通常认为，捐献原则是对等同原则的限制，是个人利益与公众利益平衡的结果。从功能上看，这一制度可以确保专利的公开，并保护第三人的信赖利益。

4. 禁止反悔原则

禁止反悔原则是指在专利权人对其在申请、审查、无效过程中与国家知识产权局、专利复审委员会之间的往来文件里所作的承诺、放弃或认可，专利权人在侵权纠纷中不得反悔。一般认为其是对专利侵权判定的等同原则的限制，以保护公众利益，确保专利文件特别是权利要求书所公开并要求权利范围的确定性。就其具体适用来说，学界一直没有达成共识，往往是由司法机关通过判例方式先行给出结论，再由学者们结合实施现状权衡价值从而给出解释。

（三）知识产权诉讼的种类

1. 知识产权民事诉讼

（1）知识产权侵权诉讼。

除了侵犯我国《民法典》予以明确规定的民事权利外，也包括《反不正当竞争法》规定的不正当竞争行为（侵害）。

（2）知识产权归属诉讼。

就知识产权的权利归属发生的诉讼，简称"权属纠纷"。

（3）知识产权合同诉讼。

就知识产权的取得、转让、使用等交易行为产生的纠纷，在取得环节与权属诉讼有交叉。

2. 知识产权行政诉讼

（1）由国家行政机关作出的行政裁判引起。

专利权和商标权需要行政机关确权，依相关知识产权法律，当事人对该确权决定不服的可以向行政裁判机关申请复审，对该复审决定（其实质是行政裁判）不服的，可提起行政诉讼。

（2）由国家行政机关作出的具体行政行为引起。

在知识产权确权和转让、使用的过程中，确权机关依相关知识产权法，对当事人作出具体行政行为（包括行政决定、行政许可和行政处罚等），行政相对人不服的可以提起行政诉讼。

（3）由地方知识产权管理机关行政执法引起。

具有知识产权执法权的地方各级知识产权管理机关，可以对侵犯知识产权等违法行为进行处罚和调解，相对人对该处罚或者调解决定不服的，可以向该行政机关所在地人民法院提起行政诉讼。

3. 知识产权刑事诉讼

我国刑法规定只有以下七种行为构成知识产权犯罪：

（1）假冒注册商标罪；（2）销售假冒注册商标商品罪；（3）非法制造、销售非法制造的注册商标标识罪；（4）假冒他人专利罪；（5）侵犯著作权罪；（6）销售侵权复制品罪；（7）侵犯商业秘密罪。

律师在知识产权刑事案件中可以协助被害人（权利人）进行举报，启动公诉程序，可以代理被害人提起自诉，也可以担任犯罪嫌疑人的辩护人。

4. 知识产权仲裁

主要在知识产权合同纠纷中，特殊情况可以在权属或者侵权纠纷中根据事后协议选择仲裁。

（四）知识产权诉讼的特点

1. 诉讼主体广泛

在知识产权诉讼中，知识产权权利人、权利受让人、被许可人以及其他利害关系人都有可能成为诉讼主体。

2. 诉讼法律关系复杂

在知识产权诉讼中，往往既涉及财产权利，又涉及人身权利。侵权诉讼中或出现侵权纠纷和权属纠纷以及与第三人的合同纠纷并存的情况；或出现因当事人各自拥有不同类型的知识产权而形成权利冲突的情况；或出现因同一违法行为（甚至多个违法行为）而引起的民事侵权责任、民事违约责任甚至行政责任等不同法律责任的情况。

3. 诉讼争点专业技术性强

在诉讼案件审理时，首先，一般需要确认权利归属，其次，确定原告是否享有受法律保护的权利以及该权利的范围；最后，在对被告的侵权行为的认定上，往往需要法官对侵权标的进行技术上和专业上的比较、判断，这又涉及工程技术、自然科学甚至文学艺术鉴赏等方面的专业技术知识。

另外，知识产权诉讼还有取证和举证困难、侵权种类和形式多样、赔偿数额难以计算的特点。

实训八
专利意见陈述撰写

一、实训目的

（一）熟悉专利审查意见要求

《专利法》规定，第一次审查意见通知书的期限为 4 个月，再次审查意见通知书的期限为 2 个月，答复期限的届满日算法为：自通知书发文日起加 15 天为推定收到日，然后再在此基础上加 4 个月或 2 个月的答复期限。若在此期限内未答复可以申请延长期限，若逾期未答复，专利申请将被视为撤回。在实际审查过程中，有时会遇到申请人逾期答复的现象，如果想恢复权利，需要在收到被视为撤回通知书之日起的 2 个月内提出恢复权利，还需要缴纳相应费用。因此，如果忽视了答复期限，不仅会造成审查周期延长，还会损害申请人的权益。

（二）了解专利意见陈述的撰写要求

发明专利对于发明人来说十分重要，它是保护发明人合法权益的重要途径，很多人申请发明专利的时候需要进行意见的陈述。那么，对于发明人来说应该怎么进行相关的陈述呢？专利意见陈述的主要内容如下。

尊敬的审查员：

本意见陈述是对×年×月×日发出的第×次审查意见通知书的答复，随此意见陈述书附上新修改的权利要求书全文。

修改说明

申请人仔细研究了审查意见及其所引用的对比文件后，对权利要求书修改如下：将技术特征"×××"补入权利要求 1 中。

该技术特征记载在（原说明书什么位置或权利要求书中），因此修改未超出原说明书和权利要求书记载的范围。该修改是为了克服审查意见通知书指出的权利要求 1（不具备新颖性）的缺陷。因此上述修改既符合《专利法》第 3 条的规定，也符合《专利法实施细则》第 51 条第 3 款的规定。

二、基本原理与法条

(一) 基本法条

相关内容参见《专利法》第 37～38 条,《专利法实施细则》第 57 条、第 67 条。

(二) 法条释义

1.《专利法》第 37 条释义

关于国务院专利行政部门对经实质审查认为不符合本法规定的发明专利申请应如何处理的规定。

国务院专利行政部门对发明专利申请的实质审查,是指对申请专利的发明是否具备法律所规定新颖性、实用性和创造性等可授予专利的实质要件进行审查。

专利行政部门对发明专利申请进行实质审查以后,认为不符合本法规定的授予专利的条件的,应当通知申请人,要求其在指定的期限内陈述意见,或者对其申请进行修改。申请人在收到通知以后,如果自己认为其申请符合法律要求,应在指定的期限内按照规定的要求向专利行政部门提交意见陈述书,充分说明和论证其申请符合法律规定的取得专利的条件;如果认为其申请需要修改,就应在指定的期限内,按照通知的要求修改其申请文件,同时说明修改的原因和法律依据。申请人逾期无正当理由不予答复的,该申请即被视为自动撤回。如果申请人因特殊原因未能按期答复的,如遇到了不可抗力,可以向专利行政部门说明其不能按期答复的正当理由,请求延长答复期限。

2.《专利法》第 38 条释义

本条是关于驳回发明专利申请的规定。

专利行政部门在发明专利申请人陈述意见或者进行修改以后,仍然认为所申请专利的发明不符合本法规定授予专利的条件,例如,申请专利的发明不是对产品、方法或者其改进所提出的新的技术方案的;申请专利的发明违反国家法律、社会公德或者妨害公共利益的;属于本法第 25 条规定的不授予专利权的范围的;不具有新颖性、实用性和创造性的;对同一发明已经有过专利申请的;申请文件中说明书和权利要求书不符合法律规定的;申请的修改或者分案的申请超出原说明书和权利要求书记载范围的等,应当驳回其申请,不授予其专利权。

专利行政部门在驳回发明专利申请时,应当列举理由,并引证材料。发明专利申请人对驳回申请的决定不服的,可以自收到通知之日起三个月内,向专利复审委员会请求复审。

三、基本要求

审查意见答复是指在专利审查的过程中，审查员会针对一些实质性的问题下发一个《审查意见通知书》，一般在专利审查的过程中申请人都会收到这个《审查意见通知书》。第一次进行审查意见答复的期限是四个月，意即必须在四个月内完成回答；第二次进行审查意见答复的期限是两个月，意即在两个月内完成回答（以上叙述期限的计算方法是：从通知书的发文日起，先向后推算 15 日作为文件传递时间，再以上述期限进行计算）。那么该如何答复这个《审查意见通知书》呢？需要注意以下几点。

在进行审查意见答复时，主要应针对审查员在通知书中所指出的问题进行答复，一般来讲，不要针对审查员通知书意见之外的事项作过多陈述，在避免冗杂的同时能够让审查员尽快提取到能够利用的关键信息。有的申请人不对审查意见进行认真阅读分析，虽然陈述了许多观点但是始终没有抓住问题的关键所在，没有对核心问题提出自己的意见。还有的申请人能抓住问题的本质，也对核心问题陈述了自己的意见，但其有一个错误的思想，认为陈述的内容越多越有说服力，越能被审查员接受。在这种错误思想的影响下，不管是主要问题还是次要问题，申请人都面面俱到，平均发力，一一陈述意见进行争辩，没有突出重点，从而减轻了申请人对主要问题的意见陈述在审查员心中的分量。

在审查意见答复过程中涉及申请文件更改之处，一定严格遵循"修改不超范围"的原则，即在原申请文件中不能直接、明确、唯一导出的内容不得被加入新的申请文件中。"超过范围修改"也是专利审查过程中的驳回和无效理由之一。

在进行专利审查意见答复的时候，如果审查员指出，本专利申请与现有技术相比不具备新颖性或创造性，需要针对具体情况分析。

（1）需要先分析审查员所提供的对比文件，如果审查员对本专利申请或对比文件的技术方案理解有误，则可以指出审查员审查意见中的错误，指出两者在工作原理、领域、效果等方面不一样的地方，应详细论述二者的区别以此说服审查员。

（2）如果审查员在审查意见答复中指出某项权利要求不具备新颖性或创造性，但对其他权利要求没有作任何评述，则有可能该权利要求具备新颖性及创造性，申请人可以通过缩小保护范围而获得专利权。

（3）如果审查员在审查意见答复中指出所有权利要求均不具备新颖性或创造性，而申请人经对比后认为，原权利要求书中所记载的技术方案确实是现有技术或创造性不大，本申请的创新点仅仅记载于说明书中，此时可以将记载于说明书中的创新点补入权利要求书中，通过缩小保护范围而获得授权。

（4）如果审查员指出所有权利要求不具备新颖性和创造性，申请人经对比后认为，权利要求书和说明书中均没有记载创新点，此时，不能将原来没有记载的创新点补入权利要求书而获得授权（因为专利文件的修改不得超出原申请文件所记载的范围），该专利被驳回的可能性较大。

四、实训操作步骤

（一）熟悉审查阶段专利意见陈述书的撰写注意事项

修改申请文件和陈述意见要慎重，既要争取早日授权，又要争取最宽的保护范围。

由于在专利侵权诉讼中适用禁止反悔原则，因而在专利申请审查过程中对权利要求书所进行的、限制其保护范围的修改以及在意见陈述书中所作的限制性解释，均成为专利侵权诉讼中确定其专利权保护范围的依据，那时就不能再对其作出与此相反的扩大性解释。因而在专利申请答复审查意见通知书时一定要十分慎重，正确处理好争取早日授权和争取最大权益的平衡关系。

如果不加分析地按照通知书的意见修改申请文件固然能争取早日获得专利权，但在不少情况下会牺牲权利人本来有可能取得的更宽的专利权保护范围，所以在申请过程中应当在仔细分析审查意见的基础上据理力争，既要争取早日获得专利权，又要争取到充分的保护。

由于每个审查员负责审查的领域较宽，不可能对其审查的每个申请案所涉及的技术内容都十分熟悉，对有些申请案技术内容还不一定完全理解，这样在一些通知书中虽然指出了一些实质性缺陷，如说明书未充分公开、权利要求书未以说明书为依据、权利要求未清楚限定发明等，而实际上是想听取申请人的意见再确定在什么样的保护范围内给予专利保护，更何况审查工作中也难免有失误，所以与通知书中的意见不同是正常的。因此，权利人在接到《审查意见通知书》后，就应当如前面所指出的那样，认真阅读审查意见通知书，若经过仔细分析，确实认为申请可以取得更宽一些的保护范围，应当作积极争取，不必单纯为追求加快审查进程而使专利得不到充分保护。

通常对于非实质性的缺陷，申请人应当尽可能地按照通知书的要求进行修改，以便争取早日授权。

而实质性缺陷多数情况会影响本专利申请的保护范围，申请人应当判断通知书中的意见是否合理。只有通过分析认为通知书中的意见完全正确时，才按照通知书的要求进行修改以获得早日授权。否则，就应当设法争取最宽的保护范围，在这种情况下一定要根据具体案情确定是否缩小保护范围或者确定是否部分缩小保护范围。与此同时，在意见陈述书中应充分论述理由，尤其注意在陈述意见时不要作出不必要的限制性解释。但这并不是鼓励权利人去作不必要的争取。如果审查意见通知书中的理由充分，引用的对比文件具有说服力，观点正确，就应当接受通知书中的意见，修改申请文件，否则不仅会拖长审查程序，甚至会使原来可能被批准的专利申请遭到驳回。

（二）查看专利审查意见及意见陈述对策

（1）除说明书本身存在实质性缺陷外，讨论重点应当放在权利要求书中。

由于发明专利的保护范围以其权利要求的内容为准，专利侵权诉讼中主要依据权利要求书，尤其是独立权利要求来确定专利保护范围和确定是否侵权，因而发明实质审查主要针对权利要求书进行。鉴于此，除了专利申请主要存在说明书本身的实质性缺陷，意见陈述书应当重点放在对权利要求的争辩上，尤其是论述修改后的权利要求符合《专利法》及其实施细则的规定。

对于通知书中指出独立权利要求及其从属权利要求缺少新颖性、创造性的情况，申请人不应当仅在意见陈述书中论述说明书中的具体实施方式相对于现有技术来说具有新颖性、创造性的理由，而不去修改独立权利要求。因为这样的论述仅能证明说明书中所描述的本发明相对于现有技术具有新颖性和创造性，并不能证明原独立权利要求具有新颖性、创造性，如果原独立权利要求不具有新颖性或创造性，则该专利申请仍不能被授予专利权。所以，此时还应当再继续分析原独立权利要求是否具有新颖性、创造性，并在此基础上确定是否需要修改权利要求书。通过分析，若认为原独立权利要求无新颖性或创造性，就应当修改权利要求书，改写为新的独立权利要求，使其相比于通知书引用的对比文件具有新颖性和创造性，在这种情况下需要在意见陈述书中论述新修改的独立权利要求相比于通知书中引用的对比文件具有新颖性、创造性的理由。相反，若通过分析认为原独立权利要求具有新颖性和创造性，那么应当在意见陈述书中论述原独立权利要求具有新颖性、创造性的理由。

对于通知书中指出的权利要求书未以说明书为依据、权利要求未清楚限定发明、独立权利要求缺乏必要技术特征以及权利要求之间缺乏单一性等实质性缺陷，在意见陈述书中也应当争辩该权利要求不存在所指出的实质性缺陷或修改的权利要求已克服所指出的实质性缺陷的理由，而不是仅针对说明书进行分析。

（2）意见陈述书中所论述的理由应当层次分明、条理清楚。

在意见陈述书中，通常可以先针对完全接受的审查意见进行答复，即如前面所指出的首先说明按照通知书的意见对申请文件作了哪些修改，这样一开始就给审查员一个愿意配合进行修改的印象。然后再对有不同看法的审查意见进行有说服力的争辩，尤其当不同看法为涉及委托人权益的关键性实质性缺陷时，通常应当放在最后进行争辩。按这样的顺序答复有利于与审查员进行意见交流，也为下一步争取与审查员会晤或再争取一次答复意见机会创造条件。

此外，在意见陈述书中具体论述理由时也必须注意层次分明、条理清楚。例如在论述原独立权利要求或新修改的独立权利要求具有新颖性、创造性时，应当如前面所述分三个层面进行论述，而不要只将独立权利要求的技术方案分别与各篇对比文件相比指出差别后就得出具有新颖性、创造性的结论。因为该独立权利要求的技术方案分别与各篇对比文件相比具有差别仅能证明其有新颖性而不能证明其有创造性，应当在此基础上将该权利要求的技术方案与几篇对比文件结合起来进行对比分析。同样，将几篇对比文件结合起来分析有无创造性时也要先确定最接近对比文件，再指出差别，最后通过说明未给出结合启示而得出具有创造性的结论。

（3）应当从《专利法》及其实施细则法律条文（包括《专利审查指南 2023》中的内容）出发，进行有力的争辩。

专利权的保护以《专利法》及其实施细则为依据，因此答复审查意见通知书时应当从《专利法》有关法律条文的规定出发进行争辩。由于大多数委托人缺乏《专利法》的有关知识，在给出指示时往往会局限于技术内容，作为专利代理师应当根据委托人的指示加以上升提高，从法律角度说明理由。

《专利审查指南 2023》对《专利法》及其实施细则进行了解释，属于国家知识产权局颁布的部门规章，具有一定的法律约束力，因而在撰写意见陈述书时也可借助《专利审查指南 2023》的解释作为争辩的依据。

这里试举两个例子说明应当如何从法律角度进行争辩。

有一种类似于魔方的玩具，其在游戏时必须按照一定的顺序才能将其移动到其最后希望到达的位置。这样的玩具有可能会在《审查意见通知书》中认定属于智力活动规则。在这种情况下，首先应当在意见陈述书说明要求保护的客体类似魔方的玩具是一件产品，虽然在游戏时要按照一定的规则移动，但该要求保护的产品不是智力活动的规则和方法本身。考虑到《专利审查指南 2023》还规定，如果一项权利要求除其主题名称以外对其进行限定的全部内容均为智力活动的规则和方法，则该项权利要求实质上仅仅涉及智力活动的规则和方法，不应当授予专利权。因此在意见陈述书中仅指出类似于魔方的玩具不是智力活动的规则和方法本身是不够的，还应当进一步具体分析该项权利要求除了主题名称表明其所要求保护的是一件产品，还包含反映其具体结构的技术特征，从而说明该要求保护的类似魔方的玩具不属于《专利法》第 25 条第 1 款第 2 项的情况——智力活动的规则和方法，属于可授予专利权的保护客体。

有的申请人在针对通知书中指出专利申请不具有新颖性或创造性所写的意见陈述书中，仅仅强调该发明已在国际上取得发明金奖或者在国内获得成果奖，但这根本不能成为该发明创造具有新颖性和创造性的理由。在这种情况下，申请人应当分析该专利申请与现有技术的实质区别，并且在意见陈述书中从《专利法》第 22 条规定的新颖性和创造性定义出发，按照《专利审查指南 2023》具体写明的判断原则和判断方法，不仅说明该专利申请权利要求的技术方案分别相比于通知书中引用的任一篇对比文件具有新颖性，还应当说明其相比于这几篇对比文件具有突出的实质性特点和显著的进步，因而具有创造性。

（4）在撰写意见陈述书时应当全面考虑，切忌前后矛盾、顾此失彼。

根据《专利法实施细则》第 59 条的规定，导致专利申请被驳回的实质性缺陷多达十个以上，而且这些驳回理由相互之间有关联，因而在陈述意见和修改申请文件时就应当全面考虑，不要在克服其中一个实质性缺陷的同时又带来新的实质性缺陷，切忌意见陈述书前后矛盾、顾此失彼。由于禁止反悔原则的适用，尤其要注意防止由意见陈述书的陈述错误而导致专利申请最后被驳回。

例如，对于通知书中指出说明书未充分公开发明的情况，千万不能在意见陈述中表示同意该观点而采用将这部分内容补充到说明书中的做法。根据《专利法》第 33 条的规定，专利申请文件的修改不得超出原说明书和权利要求书的记载范围。因此上述意见陈述中的陈述方式和对申请文件的修改方式使该专利申请处于进退两难的局面，从而导致其不是以说明书未充分公开发明就是以申请文件修改超范围为理由而被驳回。

同样，在意见陈述书中争辩时绝不可以该发明包含有独到之处的技术诀窍作为本发明具有创造性的依据。专利保护的先决条件是要向社会公开其发明创造，以使本领域技术人员根据申请文件的记载能实施该发明。如果发明的主要构思作为一种技术诀窍未写入原申请文件，则该专利申请将得不到专利保护。因而上述强调技术诀窍的意见陈述书很有可能最后导致因为该申请未充分公开发明、不符合《专利法》第 26 条第 3 款的规定而被驳回。

（5）不同意审查意见通知书观点时应针对不同的实质性缺陷抓住有力的突破点。

对于不同意通知书所述观点的情况，意见陈述书的答复尤其要慎重，应当根据不同的实质性缺陷采用不同的突破点进行争辩。通常可以从引用的对比文件的选用和分析、对发明内容的理解，以及《专利法》及其实施细则和《专利审查指南 2023》的规定几个方面入手。

对于缺乏新颖性、创造性的这一类实质性缺陷，申请人可能取得争辩成功的有这样几种情况：从对比文件公开的时间来看不能将其用作评价新颖性、创造性的现有技术；对比文件所披露的内容未给出结合成权利要求技术方案的启示；对比文件的技术领域与本发明的技术领域根本无关；发明相对于现有技术来说带来了预料不到的技术效果（此时需要有旁证）等。

对于权利要求未以说明书为依据（主要指权利要求保护过宽）的情况，主要应当争辩从说明书中记载的少数实施方式和实施例能联想到采用现有技术中具有等同作用的技术特征来替换；或者从说明书中记载的少数实施方式和实施例能推导出其所概括的其他范围也必然能实施。

对于说明书未充分公开发明的情况，主要应当争辩本领域的技术人员根据说明书和权利要求书记载的内容能实现本发明，或者争辩通知书中所认定的未公开的内容属于本领域的公知常识，对于后者，最好能提供证据加以证明。

对于不属于专利保护客体的情况，主要应当依据《专利审查指南 2023》中对《专利法》及其实施细则有关条款的解释，说明专利申请不属于《专利法》及其实施细则规定的排除在专利权保护范围以外的客体。

（6）在意见陈述书中进行争辩时应当有理有节。

为了能说服审查员改变观点，应当在意见陈述书中充分论述理由。在论述时应当有理有节，一方面说理时应当做到言之有理有据，以理服人，另一方面不要得理不让人，用词应当有分寸，避免使用偏激语言。事实上专利代理师与审查员在审查过程中并非处于对立关系，应当心平气和地商量和沟通，以取得对专利申请比较一致的看法，只有这样才会争取到比较有利的结果。

（7）在意见陈述书中应当逐条对通知书中指出的问题作出答复。

对于有授权前景的专利申请，《审查意见通知书》将会指出专利申请文件所存在的全部缺陷。不论是实质性缺陷还是形式缺陷均应当在意见陈述书中作出答复。如果意见陈述书中未对其中一部分形式缺陷作出答复，则往往会导致发出《第二审查意见通知书》，这势必会延长审查程序。如果在意见陈述书中回避一些实质性缺陷不作答复，则不仅会导致审查程序延长，甚至有可能导致专利申请被驳回。为此，专利代理师和申请人在答复审查意见通知书时，必须对指出的所有缺陷作出答复以争取早日授权。凡是同意的意见，应在意见陈述书中写明，并对申请文件作出修改，在提交意见陈述书的同时附交修改后的申请文件或相应替换页。凡是不同意的意见，应在意见陈述书中充分论述理由，以便说服审查员，不可只给出主观断言。

（三）流程模拟

（1）目的：熟悉意见陈述书撰写流程及撰写过程中的注意事项。

通过在相关模拟软件中进行模拟，熟悉意见陈述书撰写流程。

（2）开始模拟操作。新建"意见陈述书"撰写实验任务并开启练习。

五、思考题

（一）书写意见陈述书时应注意的问题

1. 重视修改文本是否超范围

在答复《审查意见通知书》时，申请人通常都要修改专利申请文件以使其符合《专利法》及其实施细则的相关规定。《专利法》第 33 条规定了申请人对其专利申请文件的修改不得超出原说明书和权利要求书记载的范围。但实际上，经常会出现申请人答复通知书时提交的修改文本不符合上述规定的情况，究其原因，可能是申请人不太熟悉或未真正理解《专利法》及其实施细则的有关规定，将针对通知书的答辩焦点集中于新颖性和创造性上，而没有给予修改文本是否超范围足够的重视。事实上，对该问题的重视不足会造成审查程序时间延长、申请被驳回、已授专利权无效等严重后果。

2. 最好实质性修改独立权利要求以降低被直接驳回的风险

在答复《审查意见通知书》时，对申请文件的修改不是必需的，若申请人确信审查员所发通知书有误而不需要修改申请文件，可以仅陈述意见。但是，由于申请人和审查员对现有技术的认定和对专利法规的理解存在不同，申请人陈述的意见在审查员看来未必具有说服力。如果申请人在第一次《审查意见通知书》指定的期限内未针对通知书指出的可驳回缺陷提出有说服力的意见陈述和/或证据，也未针对该缺陷对申请文件进行修改或者修改仅是改正了错别字或更换了表述方式而技术方案没有实质上的改变，则审查员可以直接作出驳回决定。申请人在答复第二次、第三次《审查意见通知书》时，若未进行实质性修改且未提出有说服力的意见陈述和/或证据，审查员更是可以驳回申请的。可见，仅陈述意见的答复使专利申请面临更大的被直接驳回的风险，因此，在答复通知书时，最好实质性修改独立权利要求以降低该风险。当然，对于没有授权前景的专利申请，无论进行怎样的修改，最终也会被驳回。

3. 注意避免前后矛盾、明显错误的意见陈述

在实际审查过程中，经常出现申请人陈述的意见与申请文件记载的内容或本领域技术常识相矛盾。有时还会发现申请人在多次意见陈述中先后陈述的意见相互矛盾，这很可能是由于多次意见陈述之间相隔时间较长，申请人针对审查员在后发通知书改变了观点，却又未查看较早的意见陈述书的内容。这种情况会导致申请人自己的部分意见进一步印证了审查员论证是正确的，使专利申请面临被驳回的风险。此外，由于申请人在答复通知书时不够细心导致的明显错误，例如计

量单位错误、化学物质名称错误等，这些错误失之毫厘，谬以千里，虽然错误明显，审查员也不能代替申请人进行修改，需要申请人再次提交修改文本进行纠正，导致审查程序时间延长。对此，申请人最好对修改后的文本进行再次核对，以发现从而避免该类错误的发生。

4. 注意有针对性地答复涉及新颖性、创造性的《审查意见通知书》

新颖性和创造性缺陷，尤其是创造性缺陷，是发明专利《审查意见通知书》最常涉及的。申请人在针对新颖性、创造性缺陷进行答复时，切忌使用空洞的"没有公开""无法结合"这样的套语。针对新颖性缺陷，申请人要核实引用的对比文件日期、内容以及审查员所进行的特征对比是否正确。针对创造性缺陷，申请人也要首先进行上述核实工作，在质疑对比文件的事实认定、公知常识认定、对比文件的结合启示时，要从技术领域、技术方案、技术问题以及技术效果等方面结合实际案情进行有理有据的陈述。特别要注意核实申请与对比文件两者的技术方案的内在实现原理是否相同，若不同，则虽然解决的技术问题貌似相同，但该对比文件也可能未给出结合启示。鉴于这部分内容是申请人答复通知书重点关注的，且对这方面的探讨也很多，此不赘述。

（二）意见陈述书的撰写重点和误区

1. 撰写重点

撰写意见陈述书最核心和重要的，就是抓住本申请与对比文件的区别，一切陈述都应该基于所述区别展开。

（1）核对区别。

本申请与对比文件的区别是创造性意见陈述的重点，必须核对无误。代理师应当先仔细阅读本申请、对比文件的技术内容以及《审查意见通知书》并理解其中的含义，然后认真比对这三者之间的区别。《专利审查指南2023》规定，审查员应该站在本领域技术人员的角度理解专利申请的技术内容，判定专利申请的创造性，但实际上，大多数情况下可能并非如此，因为很多时候审查员和专利申请人所属的技术领域是不相近的甚至是不相同的，因此审查员在审查的过程中只能通过自己的认知以及对相关现有技术进行检索来理解专利申请人的技术方案，可能没办法与发明人用同样的思想去看待技术方案，因此，其对于技术内容的理解很可能存在偏差，从而导致事实认定上的错误。所以如果申请人或代理师能够发现并澄清《审查意见通知书》中存在的事实认定错误，审查员仍然会给申请人再次陈述意见的机会。

（2）学会抓住重点。

在核对无误的前提下，申请人要找到本申请与对比文件的区别，这个区别就是需要陈述的重点。在书写意见陈述书时，首先应该指出本申请与对比文件具有哪些区别，然后针对重要的、体现发明点的区别进行详细陈述。

下面举一个案例来说明。

【案例1】

本申请与对比文件的区别在于：本申请采用两步煅烧，第一步为 500～700℃ 保温 1h，第二步为 700～1000℃ 保温 2h，煅烧后冷却，去离子水洗涤 2～3 次，控制干燥时间和温度；对比文件采用一步煅烧，煅烧温度为 700～1000℃，保温 10h，并没有公开煅烧后的步骤。

《审查意见通知书》指出：分步煅烧是本领域常见的煅烧方式，为促进反应缓慢进行、避免升温过快导致的物料反应不均匀，本领域技术人员容易想到分步煅烧并合理控制煅烧的温度和时间。

申请人在意见陈述中指出：本领域制备该产品均采用一步煅烧，因为，通常认为只有持续高温煅烧才能得到该产品，因为……本申请采用两步煅烧同样可以得到该产品，并且通过调整两步煅烧的温度可有效缩短煅烧时间，使制备工艺的热能损耗大幅降低。

由上面申请人的意见陈述可以看出，申请人或代理师并没有对冷却、洗涤和干燥进行陈述，因为这些技术特征的确是本领域的常规技术手段，即使申请人或代理师花费再多笔墨对其进行解释说明也于事无补，因此申请人在书写意见陈述书时并没有对其进行长篇大论的解释。而是抓住了本申请与对比文件这两者之间的重要区别，就是煅烧，审查员认为分步煅烧在本领域中是常见的煅烧方式，不具有创造性，而申请人就针对审查员的疑问作出简洁的解答，在本领域中制备该产品时都是采用一步煅烧的方式，然后写明采用这样的方式原因是什么。后面又说明本申请的技术方案采用两步煅烧同样可以得到该产品，并说明这样的好处是什么。

这样的阐述简单易懂，审查员也能够很容易地理解本申请的技术方案与该产品现有技术之间的区别。那么在确认该产品的现有技术方案中确实没有分步煅烧的情况下，审查员就能够对本申请的创造性予以肯定。

2. 意见陈述中的常见误区

（1）对《专利法》及其实施细则和《专利审查指南2023》的误解。

审查员在评价申请的创造性时都会引用至少一篇对比文件，并在《审查意见通知书》中明确指出该对比文件公开了哪些技术特征，申请人或代理师有时会对对比文件公开的内容存有异议，以上下位概念、数值范围的异议最为常见。

根据《专利审查指南2023》第二部分第三章3.2.2的规定"具体（下位）概

念的公开使采用一般（上位）概念限定的发明或者实用新型丧失新颖性"。这一规定也适用于评价创造性。例如，专利申请限定的技术特征是"金属"，对比文件公开的是"铁"，那么对比文件就公开了本申请的该技术特征，因为铁元素是金属元素的一种，属于下位概念。有些申请人或代理师认为二者含义不同，因而未公开该特征，这样的情况就属于对《专利审查指南2023》的理解不到位。

《专利审查指南2023》第二部分第三章3.2.4规定了在怎样的情况下可以认为数值和数值范围被对比文件公开，其中明确规定了"（2）对比文件公开的数值范围与上述限定的技术特征的数值范围部分重叠或者有一个共同的端点，将破坏要求保护的发明或者实用新型的新颖性"。这一规定同样适用于评价创造性。在审查实践中，常常有申请人或代理师不理解为什么对比文件与本申请的数值范围明明不同，而审查意见中却认为该特征已被公开，还在意见陈述中将其列为区别。例如，本申请限定的数值范围是"2~10"，对比文件公开的范围是"1~5"。由于上述两个数值范围在"2~5"这一部分是重叠的，属于《专利审查指南2023》第二部分第三章3.2.4（3）规定的情形，因而该数值被对比文件公开。

下面用案例来说明。

【案例2】

本申请：一种掺杂Eu的氧化钛的制备方法，其特征在于，将钛酸正丁酯和硝酸铕加入乙醇和水混合液中，搅拌，密封，100℃~180℃水热反应2~5h，洗涤，干燥。

对比文件1：一种氧化钛的制备方法，将氯化钛加入乙醇和水混合液中，搅拌，密封，80℃~160℃反应3h，洗涤，干燥。

对比文件2：一种掺杂Eu的氧化钛的制备方法，将氯化钛、硝酸铕混合，在150℃~300℃煅烧2h。掺杂Eu可以改善氧化钛的光学性质。

审查意见：本申请与对比文件1的区别为将钛酸正丁酯和硝酸铕加入介质中从而得到掺杂Eu的氧化钛。氯化钛和钛酸正丁酯都是本领域常见的、可通过水解制备氧化钛的钛源，本领域技术人员能够对其进行合理选择。对比文件2公开了掺杂Eu可以改善氧化钛的光学性质，本领域技术人员能够得到启示在水热法制备氧化钛时加入硝酸铕，从而将钛酸正丁酯和硝酸铕加入乙醇和水混合液中，最终得到掺杂Eu的氧化钛。

意见陈述1：对比文件1没有公开加入硝酸铕，从而无法得到掺杂Eu的氧化钛；对比文件2为煅烧法，而非水热法；而且对比文件1和2均没有公开钛源为钛酸正丁酯。因此，本申请具备创造性。

意见陈述2：对比文件1为水热法，对比文件2为煅烧法，二者结合会产生矛盾，因此，不能将对比文件2结合于对比文件1。因此，本申请具备创造性。

意见陈述3：对比文件1和2与本申请解决的技术问题不同。

意见陈述4：对比文件1为水热法，对比文件2为煅烧法，二者技术领域不同，本领域技术人员不会想到将煅烧法中的步骤挪用到水热法中。因此，本申请具备创造性。

《专利审查指南》第二部分第四章3.2.1.1规定了发明相对于现有技术是否显而易见的判断标准，即现有技术中是否给出了将区别技术特征应用到接近现有技术中以解决其存在的技术问题（发明实际解决的技术问题）的启示。通常认为现有技术存在技术启示的情况包括：

① 区别技术特征为公知常识；

② 区别技术特征被对比文件1（接近现有技术）的其他部分公开，且其作用在对比文件1和本申请中相同，都是为了解决发明实际要解决的技术问题；

③ 区别技术特征被其他对比文件（如对比文件2）公开，且其作用在对比文件1和本申请中相同，都是为了解决发明实际要解决的技术问题。

就本案例而言，本领域技术人员在将其他对比文件结合于对比文件1的目的是解决发明实际要解决的技术问题，即如何改善氧化钛的光学性能，而对比文件2恰恰公开了掺杂铕可以改善氧化钛的光学性能。对于对比文件2，本领域技术人员能够得到的启示是掺杂铕可以改善氧化钛的光学性质。

因此，对比文件2给出的启示是掺杂铕，而不是煅烧法，本领域技术人员在将对比文件2结合于对比文件1时只会将掺杂铕结合于对比文件1，而不是将对比文件2的全部内容都结合于对比文件1。利用钛酸正丁酯作为水热反应的钛源是本领域的公知常识，属于存在结合启示的情形，因此，将对比文件2和本领域常规技术手段结合于对比文件1得到本申请的权利要求1对本领域技术人员而言是显而易见的。

从上述意见审查来看：

意见陈述1是分别用对比文件1和对比文件2与本申请作比较，没有考虑到现有技术的结合。

意见陈述2提到了现有技术的结合，但是申请人和代理师没有正确理解怎样结合、结合哪些内容，而是错误地认为现有技术的结合就是将对比文件2的全部内容都结合到对比文件1中，最后得出了一个对比文件1的水热法和对比文件2的煅烧法结合会相互矛盾的结论。而通过前面的分析可以知道，这样理解技术结合的方式是不正确的。

意见陈述3提到了对比文件公开的技术特征所解决的技术问题。然而，在评价创造性时不需要比较对比文件与本申请所要解决的技术问题是否相同，而是应该指出本申请与对比文件的区别特征，从而判定本申请是否具有创造性。

意见陈述 4 中提到了对比文件 1 和对比文件 2 所属的技术领域不同，首先这个陈述就是有误的，因为对比文件 1 和对比文件 2 都属于氧化钛的制造，只是制造的方式不同而已。故该陈述中所说的本领域技术人员不会想到将煅烧法中的步骤挪用到水热法中这样的结论也太过草率，是不成立的。

因此综上所述，对比文件 1 和对比文件 2 是可以结合评价本申请的创造性的。

（2）常见的不具有说服力的陈述。

① 仅指出某技术特征不是本领域的常规技术手段，无说理。

如前所述，审查员不可能完全达到本领域技术人员的水平，更不可能与发明人站在相同的高度上。审查员可能不了解在常规化学领域常见的某工艺，在某个特定化学领域具有技术上的难度或偏见，从而认为该工艺在特定化学领域也是常规的。此时申请人或代理师如果仅指出该工艺不是本领域的常规技术手段而没有充分的说理，审查员通常会认为该意见陈述不具有说服力。例如，案例① 就是由于申请人或代理师充分陈述了该特定领域均采用一步煅烧及其理由而成功证明了本申请的创造性。

② 意见陈述强调的技术特征未限定在权利要求中。

审查实践中也经常会遇到申请人在意见陈述中强调本申请采用了特定技术特征，如特定的原料，但是这一原料没有限定在独立权利要求中，甚至没有出现在权利要求书中，那么这一重要特征对权利要求是没有限定作用的，这种陈述也是没有意义的，应该将该特征补入独立权利要求中。

③ 片面强调技术效果。

有些发明申请的步骤较多，但每一步都较常规，其发明点就在于步骤的组合所带来的效果。在意见陈述中强调技术效果时，应该在说明书中找到依据，或者通过合理的分析证明本申请具有优越的技术效果，如果仅仅是一味地强调本申请具有这样或那样的技术效果，是不能够被审查员采信的。此外，在陈述因具有某种技术效果而使本申请具备创造性时，这种技术效果应该是在所有权利要求的整个保护范围内都能够达到的，而不仅仅是部分权利要求，或权利要求的部分保护范围。

④ 判断创造性的依据。

在我国，判断创造性的依据是《专利法》及其实施细则和《专利审查指南 2023》的相关内容，与发明创立的途径、其他国家的审查结论和科研期刊的收录情况均无关。因此，申请人或代理师在意见陈述中指出"本发明是通过大量劳动获得""本发明在国外已获授权"以及"本发明已发表于……"都是不具有说服力的。

（3）意见陈述书的行文、布局。

常常见到一些意见陈述书的篇幅非常长，先是抄写修改前的权利要求书，然后写修改后的权利要求书，再是大段地抄写《审查意见通知书》，后将《审查意见通知书》中列出的所有区别事无巨细地论述一遍。从审查员的角度看来，篇幅巨大的意见陈述书并不能证明本申请就具有创造性，相反，冗长的意见陈述书会让审查员难以厘清重点。首先，在提交文本正确的前提下，审查员能够获得修改前、后的权利要求书；其次，审查员了解并能够获得历次的《审查意见通知书》，申请人或代理师没有必要在意见陈述书中将其再抄写一遍，写在意见陈述书中的权利要求也不能替代正式提交的权利要求书，这只会费时费力。在审查意见所列的区别中，必定有些区别是重要的、涉及本申请创造性的，而有些区别则是影响不大的，在意见陈述中全部论述一遍，甚至不分主次是非常不明智的。《审查意见通知书》和意见陈述书是审查员与申请人针对本申请的重要的交流方式，申请人当然了解本申请以及本领域的技术内容，也必然能洞察本申请与对比文件重要的区别所在，如果申请人能够避轻就重、有的放矢地进行意见陈述，后续的审查过程就能够针对本申请的核心区别进行；反之，审查员难以确定申请人陈述的众多区别中，哪些是其想要得到答复的，只能在后续的审查意见中针对申请人所有的意见进行答复，然而没有重点的意见陈述通常也只能得到没有重点的答复，不仅申请人觉得没有得到详尽的辩驳，审查员也始终如堕雾里。有些意见陈述书甚至陈述一些很常规的技术手段也产生了非常好的技术效果，如果没有令人信服的说理，这反而会使该意见陈述存在诡辩的嫌疑。例如案例①，意见陈述书只针对两步煅烧进行了详细的意见陈述，抓住了本申请与现有技术核心的区别，成功证明了本申请的创造性，而对冷却、洗涤、干燥的区别只字未提。

另外，申请人或代理师也应该抱着平和的心态看待和答复《审查意见通知书》，审查意见通知书仅仅是审查员对本申请的创造性所提出的一些质疑，其并非要故意贬低申请人的发明创造，这些质疑也完全有可能通过修改权利要求书和进行意见陈述得以消除。因此，在意见陈述书中没有必要，也不应该出现一些不礼貌的、讽刺性的以及其他过激的措辞，这不仅不能改变审查意见，还会让人质疑代理师的专业水准。

实训九
专利管理操作

一、实训目的

（一）熟悉专利管理要求

广义的专利管理包含专利相关事务的全流程管理。狭义的专利管理主要包含专利的日常运作管理，建立相关的保障、运行机制，确保专利在授权之后的正常有效。专利管理作为专利管理人员的常态化工作内容之一，有利于提高专利的数量和质量，有利于对专利的收益进行合理调配，有利于维持专利的法律状态有效，有利于合理掌控专利的经营模式和交易方式。

专利管理的内容实际是前几章的结合，是整个专利相关事务的全流程管理。

（二）了解专利管理的知识点和主要控制点

专利管理是指专利管理人员在有关单位和部门的配合下，为了促进专利创造、运用、管理和保护而形成的制度执行以及经营活动。

专利管理的内容包括以下几方面。

1. 专利的创造

专利的创造主要是指专利申请的整个流程，专利申请是获得专利权的必需程序。专利权的获得，要由申请人向国务院专利行政部门提出申请，经国务院专利行政部门批准并颁发证书。

申请人在向国务院专利行政部门提出专利申请时，还应提交一系列的申请文件，如请求书、说明书、摘要和权利要求书等。专利申请之后即为专利管理的开端。

2. 专利的运用

专利运用有狭义和广义之分，狭义的专利运用是指通过专利权或专利申请权转让、专利实施许可、专利入股、专利证券化等形式实现专利价值转化的行为。广义的专利运用则是指通过专利制度、战略、规则、规范、资产、信息、环境、政策、技巧等一切与专利相关联的内容或手段的运用，以取得经济收益和社会效益的行为。广义的专利运用必然包含上述狭义的专利运用。

3. 专利的管理

广义的专利管理保护专利相关事务的全流程。狭义的专利管理主要包含专利的日常运作管理，建立相关的保障、运行机制，确保专利在授权之后的正常有效。

专利管理作为专利管理人员的常态化工作内容之一，有利于提高专利的数量和质量，有利于对专利的收益进行合理调配，有利于维持专利的法律状态有效，有利于合理掌控专利的经营模式和交易方式。

4. 专利的保护

专利保护是指在专利权被授予后，任何单位或个人未经专利权人的同意，不得对发明进行商业性制造、使用、许诺销售、销售或者进口；在专利权受到侵害后，专利权人通过协商、请求专利行政部门干预或诉讼的方法保护专利权。

在专利权被侵犯后，专利权人可以采取的保护专利权的方式包括：（1）协商、谈判；（2）请求专利行政管理部门调解；（3）提起专利侵权诉讼。

二、基本原理与法条

（1）与专利创造相关的法条内容参见《专利法》第 21 条、第 26 ~ 27 条、第 35 条、第 37 ~ 40 条，《专利法实施细则》第 44 条、第 57 条、第 60 条。

（2）与专利转让相关的法条内容参见《专利法》第 10 条、《专利法实施细则》第 14 条。

（3）与强制许可相关的法条内容参见《专利法》第 53 ~ 63 条、《专利法实施细则》第 89 ~ 91 条。

（4）与专利保护相关的法条内容参见《专利法》第 11 ~ 12 条、第 64 ~ 65 条、第 72 条、第 74 条，《专利法实施细则》第 97 条、第 102 ~ 104 条。

三、基本要求与案例

（一）了解专利管理的流程

（1）申请人提交的专利申请由知识产权办公室、技术部和营销部共同评定技术创新性。

（2）对任何一项发明创造是否申请专利，由知识产权办公室主持，通过对比文献的探索调研、分析评价后报单位决策机构审定。

（3）任何人或部门不得在申请专利之前，进行有关科技评价、评估、评奖、产品展览与销售等可能会导致发明创造公开丧失新颖性的活动。

（4）提交的发明专利经过技术部及营销部的创新鉴定，知识产权办公室的形式审查后，提交负责人签字，再提交专利申请。

（5）申请决定作出后，有关人员或部门准备好专利申请技术资料，由知识产权办公室办理专利申请。

（6）取得专利申请号。

（7）科技与产业处和相关知识产权代理事务所将受理通知书、授权通过代理费和规费通知书等电子扫描件发给发明人和科技与产业处。

（8）代理公司继续关注学校专利证书原件，由科技与产业处维护，送学校档案馆保存发明人其专利的相关事项。

【案例1】

一种抗氧化作用强的木槿叶提取物制备方法

技术领域

本发明涉及植物提取领域，尤其是一种木槿叶提取物的制备方法。

背景技术

木槿是落叶灌木，属锦葵科木槿。在木槿叶中含有蒽醌类化合物，包括大黄素苷、大黄素、大黄酚、槲皮素等二十多种成分。这些物质能促进肠内肌肉收缩，使肠内细菌分解和活化，加快肠道蠕动，具有通便利尿的作用。其中大黄酚具有泻下作用；大黄素苷能够治疗气喘、过敏性鼻炎、花粉过敏等；槲皮素能够祛痰、止咳、平喘。此外这些物质还具有降血压、降低血脂、抑制溃疡、扩张冠状动脉以及收敛镇静的作用，可用于治疗慢性支气管炎，同时可以辅助治疗高血压和冠心病。木槿中含有氨基酸和有机酸，食用木槿可满足人体对必需氨基酸的摄入需求。木槿叶中含有多种维生素，这些维生素具有很强的抗氧化作用。木槿叶还含有黄酮类化合物，这些化合物的抗氧化能力比维生素 E 的抗氧化能力还要强十倍以上。公开号为 CN103601770A，名称为"木槿花瓣花色苷超声波辅助提取方法"的发明专利，公开了一种木槿花瓣花色苷超声波辅助提取方法，通过将木槿花瓣在液氮中研磨成粉后加入盐酸甲醇混合液，并在恒温水浴和超声波环境下实现从木槿花瓣中提取花色苷。以 0.1% 盐酸甲醇为提取剂，辅以超声波提取木槿花瓣中花色苷的方法，大大降低了提取木槿花色苷的时间，提高了提取效率。发明专利公开号为 CN103642862A，名称为"从木槿叶中分离提取复合氨基酸的方法"，公开一种从木槿叶中分离提取复合氨基酸的方法，该方法包括预处理、超声处理、脱色、除杂、纯化、溶解晶体、析出晶体、烘干，得复合氨基酸晶体。

发明内容

本发明所要解决的技术问题是提供一种总酚含量为 10% ~ 15%、具有强抗氧化作用的木槿叶提取物的制备方法，该提取物可以作为食品、保健品、药品、化妆品的功效原料。

为了解决该技术问题，以质量比计，本发明采取的技术方案如下。

1. 木槿叶的前处理

将木槿叶烘干，或者采用干叶，用粉碎机粉碎成粗粉；粗粉呈暗绿色，具有木槿特殊的气味。

2. 超声波水－乙醇提取

采用超声波辅助提取。提取的溶剂为 50% 乙醇水溶液，提取条件组合为：以质量比计，料液比为 1∶40~1∶60，提取时控制温度为 60℃~70℃，提取时间为 40~60min。

优选提取条件组合为：温度 70℃、配料比 1∶50、乙醇浓度 50%、提取时间 50min，这样提取率会提高。然后过滤或者离心，弃去残渣，得到黄棕色提取液。

3. 回收乙醇

将得到的黄棕色提取液蒸发浓缩，回收乙醇，得到木槿提取水溶液。

蒸发浓缩优选旋转蒸发仪，蒸发时控制温度为 60℃、转速为 50r/min。

4. 大孔树脂纯化

DM130 为聚苯乙烯型弱极性吸附树脂，主要用于黄酮、皂苷和多酚类的提取和精制。由于木槿叶提取液中含有大量的果胶、糖类物质、氨基酸，导致干燥提取液时粉末呈现粘稠的状态。在干燥之前采用 DM130 大孔树脂吸附、洗脱得到去除大部分果胶、糖类和氨基酸的木槿叶提取物，提高总酚含量。

将得到木槿提取水溶液，过 DM130 大孔树脂层析柱，控制流速和流量，结束后用清水压出提取液，冲洗树脂除去杂质；再用 60% 的乙醇洗脱，收集洗脱液。用 DM130 大孔树脂吸附提取液时，优选层析柱型号是 φ1.4cm×20cm，流速每秒滴液体 2~3 滴，用 60% 的乙醇洗脱，流速同样为每秒滴液体 2~3 滴。

5. 浓缩、干燥

将收集到的洗脱液蒸发浓缩得到浓缩液，将浓缩液进一步干燥，得到木槿叶提取物。称重，计算木槿叶提取物总酚的提取率。

所述的前处理、超声波水－乙醇提取、浓缩、柱层析、干燥都为已知技术。

总酚含量测定

利用福林酚法，在碱性条件下，酚类物质与铜结合生成复合物，福林酚试剂中的磷钼酸盐－磷钨酸盐被酚还原，形成钼蓝和钨蓝的混合物，产生深蓝色。在一定条件下，蓝色深度与酚类物质的含量成正比。

实验步骤：取没食子酸标准品（0.208mg/mL）0uL、50uL、100uL、200uL、300uL、400uL 于比色管中，加水至 2.5mL，再加福林酚 2.5mL，反应 3min，再加浓度为 100mg/mL 的 Na_2CO_3 溶液 2.5mL，反应 5 小时，取出。用紫外分光光度计在 570nm 处测吸光度，吸光度测三次取平均值。得到回归方程：$y = 122.8x - 0.001$（$R^2 = 0.999$）；表明没食子酸在 0 ~ 12 mg/mL 范围内吸光值与浓度之间存在良好的线性关系。经检测，上述所得木槿叶提取物中总酚含量为 10% ~ 15%。

抗氧化试验

将所得的木槿叶提取物，做抗氧化实验。

1. DPPH 自由基清除试验

原理：DPPH 是一种稳定的自由基，在有机溶剂中呈紫色，在 517 nm 波长处有较大吸收，当加入抗氧化剂时，一部分自由基被清除掉，使该波长下吸收强度减弱，可借此来评价某物质的抗氧化活性。

实验步骤：取木槿叶提取物，用 DMSO 溶解，配制成浓度为 3mg/mL、4.5mg/mL、6mg/mL、7.5mg/mL、9mg/mL 的待测液。DPPH 用无水乙醇配制成 0.16mmol/L，置于棕色瓶中备用。取 5 支干净的比色管分别加入 5μL 的 0.16mmol/L 的 DPPH 溶液，再取不同浓度的样品溶液 100μL 分别加入比色管中，再加入 4.9mL 蒸馏水，反应体系为 10mL。加样后室温振荡 15min，用紫外分光光度计在 517nm 波长处检测样品吸光度（As1、As2、As3、As4、As5）；取 100μL 的 DMSO 代替样品溶液测得空白吸光度（Ao）；以 5mL 无水乙醇代替 DPPH 溶液测得样品本底吸光度（Ac1、Ac2、Ac3、Ac4、Ac5）。根据公式，计算清除率，绘制趋势图。

结果表明，木槿黄酮的浓度与自由基的清除率具有良好的线性关系，自由基的清除率随着浓度的增加而上升，呈现正相关。

2. 超氧阴离子清除实验

原理：在碱性条件下邻苯三酚发生自氧化反应生成 $O2 - \cdot$ 和中间体，该中间产物在 299nm 波长处有一特征吸收峰，当加入 $O2 - \cdot$ 清除剂时，$O2 - \cdot$ 的生成受到抑制，邻苯三酚自氧化过程受阻，溶液在 299nm 波长处吸收减弱。因此，通过测定某物质对邻苯三酚自氧化的抑制作用，即可表征其对超氧阴离子自由基的清除作用。

实验步骤：取 5 支比色管分别加入质量浓度为 3mg/mL、6mg/mL、9mg/mL、12mg/mL、15mg/mL 的提取物 100μL，然后分别加入 0.05mol/L 的 Tris - HC1 缓冲溶液（pH 8.2）2.5mL，再分别加入蒸馏水 6.9mL，摇匀，置于 25℃ 水浴中预热 20min 后，再分别加入 500μL 用 10mmol/L HCl 配成的 25mmol/L 焦性没食子酸，

混匀后于 25℃ 水溶液中反应 5min，用紫外分光关光度计于 299nm 处测吸光值（As1、As2、As3、As4、As5）；用 DMSO 代替体系中的样品，测得空白吸光值（Ao）；用 10mmol/L 的 HCl 代替体系中的焦性没食子酸，测得样品本底吸光值（Ac1、Ac2、Ac3、Ac4、Ac5）。根据公式，计算清除率，绘制趋势图。

结果表明，木槿黄酮的浓度与超氧阴离子清除率具有良好的线性关系，超氧阴离子清除率随着浓度的增加而上升，呈现正相关，并且随着浓度的升高，清除率上升得很快。

3. 羟自由基清除实验

原理：参照 Fenton 反应的方法建立反应体系模型，利用 H_2O_2 与 Fe^{2+} 混合产生 ·OH，但由于 ·OH 具有很高的反应活性，存活时间短，若在体系中加入水杨酸，就能有效地捕捉 ·OH，并产生有色产物。该产物在 510nm 波长处有强吸收，若在反应体系中加入具有清除 ·OH 功能的被测物，便会与水杨酸竞争 ·OH，而使有色产物生成量减少，采用固定反应时间法，在相同体积的反应体系加入一系列不同浓度的木槿黄酮提取液，并以蒸馏水为参比，与试剂空白液比较，通过在 510nm 波长处测量各浓度下的吸光度 A，便能检测被测物对 ·OH 的清除作用。

实验步骤：取 5 支干净的比色管分别加入质量浓度为 3mg/mL、6mg/mL、9mg/mL、12mg/mL、15mg/mL 的黄酮提取物 100μL，分别加入蒸馏水 2.4mL，然后加入 6mmol/L 的 $FeSO_4$ 溶液 2.5mL，6mmol/L 的 H_2O_2 2.5mL，摇匀，静置 10min 后，再向其中分别加入 6mmol/L 的水杨酸溶液 2.5mL，混匀。在 37℃ 条件下反应 30min，然后用紫外分光关光度计于 510nm 波长处测吸光值（As1、As2、As3、As4、As5）；用 DMSO 代替体系中的样品，测得空白吸光值（Ao）；用蒸馏水代替体系中的水杨酸，测得样品本底吸光值（Ac1、Ac2、Ac3、Ac4、Ac5）。根据公式，计算清除率，绘制趋势图。

结果表明，木槿黄酮的浓度与羟自由基清除率具有良好的线性关系，抗氧化率随着浓度的增加而上升，呈现正相关。

本发明的优点和特性

组合技术新颖。采用 50% 乙醇水溶液为提取溶剂，控制料液比为 1∶40 ~ 1∶60，提取时控制温度为 60℃ ~ 70℃，提取时间为 40 ~ 60min，结合超声波辅助提取，就是将溶解性不是很好的酚类物质尽快、尽量提取出来。然后采用蒸发浓缩去掉乙醇，便于下一步 DM130 大孔吸附树脂尽量吸附酚类物质，尽量去除木槿叶提取液中含有的果胶、糖类物质、氨基酸等。采用 60% 的乙醇水溶液洗脱，就是将被 DM130 大孔树脂吸附的酚类物质洗脱出来，确保木槿叶提取物中总酚含量为 10% ~ 15%。通过 DPPH 自由基清除试验，超氧阴离子清除实验，羟自由基清除实验，证明该提取物具有强抗氧化作用，可以作为食品、保健品、药品、化妆品的功效原料。这些技术特征组合在一起，顺序不能颠倒，密不可分、互相支持、共同作用，才能得到所属的技术效果，组合技术方案不是已知技术，不是简单地叠加，具有突出的实质性特点和显著的进步。

附图说明

图 9 - 1：样品浓度与 DPPH 自由基清除率线性图

图 9 - 2：样品浓度与超氧阴离子清除率线性图

图 9 - 3：样品浓度与羟自由基清除率线性图

具体实施方式

以下结合附图，进一步说明本发明。

实施例

1. 木槿叶的前处理

将购买的干木槿叶用高速组织捣碎机粉碎，得到粗粉；粗粉呈暗绿色，具有木槿特殊的气味。

2. 超声波水 - 乙醇提取

采用超声波辅助提取，用 50kHz 100W 的超声波处理。

10g 木槿叶粗粉，加浓度为 50% 乙醇水溶液 500mL，用超声波破碎仪超声 50min，控制温度为 70℃，功率 100W，进行提取。提取结束后，将料液取出，用离心机在转速为 4000r/min 下离心 10min。取离心液，弃去残渣，用布氏漏斗过滤得到黄棕色提取液。

3. 回收乙醇

将得到的黄棕色提取液用旋转蒸发仪回收乙醇，控制温度为 60℃、转速为 50r/min，得到木槿提取水溶液。

4. 大孔树脂纯化

层析柱的规格是 φ1.4cm × 20cm，将得到的木槿提取水溶液缓慢流入树脂柱中，提取水溶液在树脂中的流速为每秒滴液体 2 ~ 3 滴，结束后用清水缓慢压出提取液，再用大量清水冲洗树脂除去杂质，最后用 300mL 60% 的乙醇洗脱，洗涤流速为每秒滴液体 2 ~ 3 滴，收集洗脱液。

5. 浓缩干燥

将收集到的洗脱液用旋转蒸发仪蒸发浓缩，控制温度为 60℃、转速为 50r/min，得到浓缩液；将浓缩液放进蒸发皿中，用烘箱烘干得到木槿叶提取物。

用福林酚法，对所得到的木槿叶提取物中总酚含量进行测定，检测结果为

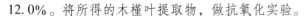

12.0%。将所得的木槿叶提取物，做抗氧化实验。

6. DPPH 自由基清除试验

实验步骤：取木槿叶提取物，用 DMSO 溶解，配制成浓度为 3mg/mL、4.5mg/mL、6mg/mL、7.5mg/mL、9mg/mL 的待测液。DPPH 用无水乙醇配制成 0.16mmol/L，置于棕色瓶中备用。取 5 支干净的比色管分别加入 5μL 的 0.16mmol/L 的 DPPH 溶液，再取不同浓度的样品溶液 100μL 分别加入比色管中，再加入 4.9mL 蒸馏水，反应体系为 10mL。加样后室温振荡 15min，用紫外分光光度计在 517nm 波长处检测样品吸光度（As1、As2、As3、As4、As5）；取 100μL 的 DMSO 代替样品溶液测得空白吸光度（Ao）；以 5mL 无水乙醇代替 DPPH 溶液测得样品本底吸光度（Ac1、Ac2、Ac3、Ac4、Ac5）。根据公式，计算清除率，绘制线性图（见图 9-1）。

清除率 = ［Ao-（As-Ac）］÷Ao×100%

式中 Ao：5mL DPPH+100μL DMSO+4.9mL 水

As：5mL DPPH+100μL 样品+4.9mL 水

Ac：5mL 乙醇+100μL 样品+4.9mL 水

空白：5mL 乙醇+100μL DMSO+4.9mL 水

由图 9-1 可知，木槿提取物总酚的浓度与自由基的清除率具有良好的线性关系，自由基的清除率随着浓度的增加而上升，呈现正相关。

7. 超氧阴离子清除实验

实验步骤：取 5 支比色管分别加入质量浓度为 3mg/mL、6mg/mL、9mg/mL、12mg/mL、15mg/mL 的提取物 100μL，然后分别加入 0.05mol/L 的 Tris-HC1 缓冲溶液（pH8.2）2.5mL，再分别加入再蒸馏水 6.9mL，摇匀，置于 25℃水浴中预热 20 min 后，再分别加入 500μL 用 10mmol/L HCl 配成的 25mmol/L 焦性没食子酸，混匀后于 25℃水溶液中反应 5 min，用紫外分光关光度计于 299nm 处测吸光值（As1、As2、As3、As4、As5）；用 DMSO 代替体系中的样品，测得空白吸光值（Ao）；用 10 mmol/L HCl 代替体系中的焦性没食子酸，测得样品本底吸光值（Ac1、Ac2、Ac3、Ac4、Ac5）。根据公式，计算清除率，绘制线性图（见图 9-2）。

清除率 = ［Ao-（As-Ac）］÷Ao×100%

式中 Ao：100μL DMSO +2.5mL Tris+6.9mL 水+500μL 焦性没食子酸

As：100μL 样品 +2.5mL Tris+6.9mL 水+500μL 焦性没食子酸

Ac：100μL 样品+2.5mL Tris+6.9mL 水+500μL HCl

空白：100μL DMSO +2.5mL Tris+6.9mL 水+500μL HCl

由图 9-2 可知，木槿提取物总酚的浓度与超氧阴离子清除率具有良好的线性关系，超氧阴离子清除率随着浓度的增加而上升呈现正相关，并且随着浓度的升高，清除率上升得很快。

8. 羟自由基清除实验

实验步骤：取 5 支干净的比色管分别加入质量浓度为 3mg/mL、6mg/mL、9mg/mL、12mg/mL、15mg/mL 的所得木槿提取物水溶液 100μL，分别加入蒸馏水 2.4mL，然后加入 6mmol/L 的 $FeSO_4$ 溶液 2.5mL，6mmol/L 的 H_2O_2 2.5mL，摇匀，静置 10 min 后，再向其中分别加入 6mmol/L 的水杨酸溶液 2.5mL，混匀。在 37℃ 条件下反应 30min，然后用紫外分光关光度计于 510nm 波长处测吸光值（As1、As2、As3、As4、As5）；用 DMSO 代替体系中的样品，测得空白吸光值（Ao）；用蒸馏水代替体系中的水杨酸，测得样品本底吸光值（Ac1、Ac2、Ac3、Ac4、Ac5）。根据公式，计算清除率，绘制线性图（见图 9 - 3）。

清除率 ＝ ［Ao － （As － Ac）］ ÷Ao×100%

式中 Ao：100μL DMSO ＋2.4mL 蒸馏水 ＋2.5mL $FeSO_4$ ＋2.5mL H_2O_2 ＋2.5mL 水杨酸

As：100μL 样品 ＋2.4mL 蒸馏水 ＋2.5mL $FeSO_4$ ＋2.5mL H_2O_2 ＋2.5mL 水杨酸

Ac：100μL 样品 ＋2.4mL 蒸馏水 ＋2.5mL $FeSO_4$ ＋2.5mL H_2O_2 ＋2.5mL 蒸馏水

空白：100μL DMSO ＋9.9mL 蒸馏水

由图 9 - 3 可知，木槿提取物总酚的浓度与羟自由基清除率具有良好的线性关系，抗氧化率随着浓度的增加而上升，呈现正相关。

权利要求书

1. 一种抗氧化作用强的木槿叶提取物制备方法，以质量比计，采用如下工艺步骤。

（1）木槿叶的前处理。

将木槿叶烘干，或者采用干叶，用粉碎机粉碎，得粗粉。

（2）超声波水 - 乙醇提取。

采用超声波辅助提取；提取的溶剂为 50% 乙醇水溶液，提取条件组合为：以质量比计，料液比为 1：40 ~ 1：60，提取时控制温度为 60 ~ 70℃，提取时间为 40 ~ 60min；然后过滤或者离心，弃去残渣，得到黄棕色提取液。

（3）回收乙醇。

将得到黄棕色提取液浓缩，蒸发回收乙醇，得到木槿提取水溶液。

（4）大孔树脂纯化。

将得到木槿提取水溶液，过 DM130 树脂层析柱，结束后用清水压、冲洗树脂，除去杂质；再用 60% 的乙醇水溶液洗脱；收集洗脱液。

（5）浓缩、干燥。

将收集到的洗脱液浓缩得到浓缩液；将浓缩液进一步干燥，得到木槿叶提取物。

2. 根据权利要求 1 所述的制备方法，其特征在于：步骤（2）中所述提取条件组合为：温度 70℃、配料比为 1∶50、乙醇水溶液浓度为 50%、提取时间为 50min。

3. 根据权利要求 1 所述的制备方法，其特征在于：步骤（4）中所述层析柱规格是 φ1.4cm×20cm，提取液在树脂中的流速为每秒滴液体 2~3 滴；用 60% 的乙醇水溶液洗脱，流速为每秒滴液体 2~3 滴。

4. 根据权利要求 1 所述的制备方法，其特征在于：步骤（5）中所述木槿叶提取物总酚含量为 12.0%。

5. 按照权利要求 1 所述的制备方法所得到的木槿叶提取物。

说明书摘要

一种抗氧化作用强的木槿叶提取物制备方法，将木槿叶烘干、粉碎，采用超声波辅助提取；提取的溶剂为 50% 的乙醇水溶液，提取条件组合为：料液的质量比为 1∶40~1∶60，提取时控制温度为 60℃~70℃，提取时间为 40~60min；然后过滤或者离心，浓缩蒸发去掉乙醇，得到木槿提取水溶液；过 DM130 树脂层析柱、冲洗、用 60% 的乙醇洗脱，收集洗脱液；洗脱液浓缩、干燥，得到木槿叶提取物。本专利得到一种总酚含量为 10%~15% 的木槿叶提取物，通过 DPPH 自由基清除试验、超氧阴离子清除实验、羟自由基清除实验，该提取物具有强抗氧化作用，可以作为食品、保健品、药品、化妆品的功效原料。

附图

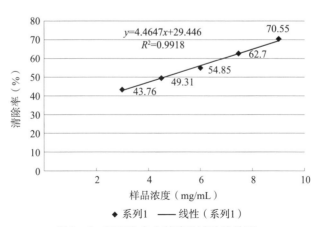

$y=4.4647x+29.446$
$R^2=0.9918$

图 9-1 DPPH 自由基清除试验线性图 a

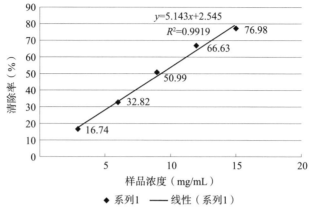

图9-2 DPPH 自由基清除试验线性图 b

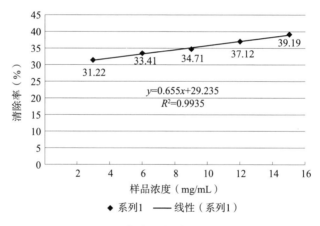

图9-3 羟自由基清试验线性图

【案例2】

用碳纳米管微悬臂梁生物传感器检测浓度范围
为0.5~10μg/mL 的凝血酶的方法

技术领域

本发明涉及生物医学工程领域，尤其涉及一种用微悬臂梁生物传感器检测凝血酶的方法。

背景技术

凝血酶是一种多功能丝氨酸蛋白酶，在体内一系列生理和病理过程中起重要作用。它不但参与止血和凝血、炎症、免疫反应、组织修复和创伤愈合，而且可激活正常细胞的致瘤潜能和导致恶性细胞的转移表型。此外，凝血酶还是肿瘤细胞的促有丝分裂剂，能够增强肿瘤细胞对细胞因子的增殖反应，增强肿瘤细胞对血小板的黏附及体外细胞基质的侵袭，促进肿瘤血管形成和肿瘤微环境的组织重建。因此，开展凝血酶的检测，具有十分重要的临床意义。目前凝血酶检测方法主要有发色底物法和荧光法等。其中发色底物法虽然简单易行，但灵敏度不高，不宜进行微量分析。而荧光法则操作步骤烦琐，荧光背景不易降低，灵敏度低。难以实现早期疾病的诊断与研究，且无法满足快速检测的需求。"nanomechanical microcantilever operated in vibratin modes with use of RNA aptamer as a receptoe molecules for label – free detection of HCV helicase"，Kyo Seon Hwang et al. ，Biosensors and Bioelectrontics，第 23 卷第 459 – 465 页，20070602，公开了一种用核酸适配体作为受体分子通过微悬臂梁的振动模式来检测 HCV 解旋酶的方法。发明专利申请 CN101935008A 公开了一种利用功能化碳纳米管为敏感材料的微悬臂梁传感器的方法。目前需要建立一种凝血酶浓度为 $0.5 \sim 10\mu g/mL$ 的快速、灵敏、操作简便的检测方法。

发明内容

本发明所要解决的技术问题是提供一种快速、准确，凝血酶浓度检测范围为 $0.5 \sim 10\mu g/mL$ 的凝血酶的测定方法。

为了解决上述技术问题，本发明通过构建一种碳纳米管微悬臂梁生物传感器来实现凝血酶的检测。该碳纳米管微悬臂梁生物传感器包括支架、基底材料、碳纳米管、拾取电路；其中基底材料固定在支架一侧构成微悬臂梁结构，采用低压化学气相沉积法（LPCVD），将碳纳米管生长在基底材料的上面，拾取电路在基底材料的下面，在碳纳米管上面还通过 π – π 叠加作用修饰有一层核酸适配体。

本发明用的碳纳米管微悬臂梁生物传感器的制备步骤如下。

1. 微悬臂梁结构的制造

微悬臂梁是以半导体材料硅为基底材料，加工成微悬臂梁结构。

2. 拾取电路的制作

拾取电路是在基底材料下表面，利用微电子工艺制作硅压敏电阻，将四个压敏电阻连接成惠斯通电桥形式。

3. 悬臂梁生长和涂敷碳纳米管工艺

对前述步骤中的基底材料的上表面进行清洗处理，分别用丙酮、无水乙醇、去离子水进行超声波清洗，然后用低压化学气相沉积法（LPCVD）生长碳纳米管。用 LPCVD 法生长碳纳米管质量稳定，不易变形、移位，有利于后面工序将核酸适配体通过 π – π 叠加作用修饰在碳纳米管上，形成稳定的检测探针。

4. 碳纳米管微悬臂梁上核酸适配体的修饰

将核酸适配体通过 π−π 叠加作用修饰在碳纳米管上，形成一种能特异性识别凝血酶的检测探针，从而构建完成碳纳米管微悬臂梁生物传感器。通过 π−π 叠加作用修饰，使得核酸适配体在碳纳米管上不容易流失，和 LPCVD 法生长碳纳米管一起作用，便于后序步骤中凝血酶与核酸适配体形成的复合物在微悬臂梁上的质量效应稳定，从而引起微悬臂梁谐振频率变化的稳定，为实现凝血酶的检测浓度范围为 $0.5 \sim 10\mu g/mL$ 打下基础。

本发明对凝血酶检测的步骤如下：

（1）在碳纳米管微悬臂梁上先制作含有凝血酶核酸适配体的检测探针。

（2）将检测探针放入待测样本中，待测样本中凝血酶的浓度范围为 $0.5 \sim 10\mu g/mL$，凝血酶通过特异性反应与检测探针上的核酸适配体形成复合物并附着在微悬臂梁上。

（3）所形成的复合物的质量大小与待测样本中凝血酶的浓度呈正相关。

（4）所述复合物在微悬臂上产生的质量变化引起微悬臂梁挠曲位移或谐振频率的变化，从而实现对凝血酶的检测。

附图说明

图 9−4 是检测凝血酶用的碳纳米管微悬臂梁生物传感器示意图。

本发明的优点和特点

本发明利用碳纳米管微悬臂梁生物传感器来检测凝血酶，该传感器采用低压化学气相沉积法（LPCVD），将碳纳米管生长在基底材料的上面，在碳纳米管上面通过 π−π 叠加作用修饰一层核酸适配体，利用核酸适配体与凝血酶发生特异性识别反应形成复合物，在微悬臂梁生物传感器上产生质量效应，通过质量效应来实现对凝血酶的检测。上述技术特征是互相支持、共同作用的，实现了当凝血酶浓度为 $0.5 \sim 10\mu g/mL$ 时快速、准确检测，灵敏度高、操作简便。

具体实施方式

图 9−4 是凝血酶检测用的碳纳米管微悬臂梁生物传感器的示意图，包括支架 1、基底材料 2、碳纳米管 3 以及拾取电路 4。其中基底材料 2 固定在支架 1 一侧构成微悬臂梁结构，在基底材料 2 的上表面分别用丙酮、无水乙醇、去离子水进行超声波清洗，然后用低压化学气相沉积法（LPCVD）生长碳纳米管 3；拾取电路 4 在基底材料 2 的下面，在碳纳米管 3 上面还通过 π−π 叠加作用修饰有一层核酸适配体 5。

首先，在碳纳米管 3 上通过 π−π 叠加作用修饰一层对凝血酶有特异性识别的核酸适配体 5，形成一种检测探针；

然后，将检测探针放入待测样本中，探针里的核酸适配体5与样本中的凝血酶发生特异性识别反应，形成复合物，该复合物在微悬臂梁生物传感器上产生质量效应，利用这种质量效应来实现对凝血酶的检测。

实施例

本发明检测凝血酶的步骤如下：

（1）将碳纳米管微悬臂梁置于含有对凝血酶有特异性识别作用的核酸适配体的溶液中，通过超声处理的方法，将核酸适配体通过 $\pi-\pi$ 叠加作用修饰在碳纳米管上，形成一种包含有凝血酶核酸适配体的检测探针。

（2）待测样本中凝血酶的浓度为 $0.5\sim10\mu g/mL$ 时，将待测样本滴加到修饰有核酸适配体的碳纳米管微悬臂梁上，在室温下孵育15分钟，使生物传感界面上的核酸适配体与待测样本中的凝血酶发生特异性识别反应，形成复合物。

（3）所形成的复合物的质量大小与待测样本中凝血酶的浓度呈正相关。

（4）形成的复合物在微悬臂梁上产生质量效应，利用该质量效应来实现对凝血酶的检测。

本实验取样 $10\mu g/mL$、$1\mu g/mL$、$0.5\mu g/mL$ 样品各 $1mL$，形成的复合物在硅微悬臂梁上产生质量效应分别是 $30.5Hz$、$2.9\,Hz$、$1.6Hz$，凝血酶的检测结果分别为 $10.2\mu g/mL$、$0.97\mu g/mL$、$0.53\mu g/mL$。

权利要求书

用碳纳米管微悬臂梁生物传感器检测浓度范围为 $0.5\sim10\mu g/mL$ 的凝血酶的方法，其特征在于：采用碳纳米管微悬臂梁生物传感器来检测，包括如下步骤：

（1）将核酸适配体通过 $\pi-\pi$ 叠加作用修饰在碳纳米管上，形成一种能特异性识别凝血酶的检测探针。

（2）待测样本中凝血酶的浓度为 $0.5\sim10\mu g/mL$，将检测探针放入待测样本中，待测样本中凝血酶通过特异性反应与检测探针上的核酸适配体形成复合物并附着在微悬臂梁上。

（3）所形成的复合物的质量大小与待测样本中凝血酶的浓度呈正相关。

（4）所述复合物在微悬臂上产生的质量变化引起微悬臂梁挠曲位移或谐振频率的变化，从而实现对凝血酶的检测。

所述碳纳米管微悬臂梁生物传感器包括支架1、基底材料2、碳纳米管3、拾取电路4；所述基底材料2固定在支架1一侧构成微悬臂梁结构，碳纳米管3生长在基底材料2的上面，拾取电路4在基底材料2的下面；在碳纳米管3上面通过 $\pi-\pi$ 叠加作用修饰有一层核酸适配体5；所述碳纳米管3采用低压化学气相沉积法（LPCVD）生长在基底材料 2 的上面。

说明书摘要

用碳纳米管微悬臂梁生物传感器检测浓度范围为 $0.5\sim10\mu g/mL$ 的凝血酶的方法，通过构建一种碳纳米管微悬臂梁生物传感器来实现。该生物传感器包括支架、基底材料、碳纳米管、拾取电路，以及在碳纳米管上面通过 $\pi-\pi$ 叠加作用修饰的一层核酸适配体。先在碳纳米管微悬臂梁上制作含有凝血酶核酸适配体的检测探针，检测时，将检测探针放入待测样本中，待测样本中凝血酶通过特异性反应与检测探针上的核酸适配体形成复合物并附着在微悬臂梁上；利用该复合物在微悬臂上产生的质量变化引起微悬臂梁挠曲位移或谐振频率的变化关系和该复合物的质量大小与待测样本中凝血酶的浓度呈正相关，从而实现对凝血酶的检测。

说明书附图

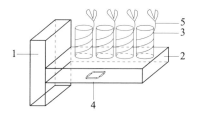

图 9-4 肿瘤标志物检测用的碳纳米管微悬臂梁生物传感器示意图

【案例3】

一种风味独特的罗汉果水果茶及其制备方法

技术领域

本发明涉及罗汉果加工技术领域，尤其是一种罗汉果水果茶及其制备方法。

背景技术

罗汉果营养价值很高，含有大量的葡萄糖、果糖、多糖、蛋白质、氨基酸、黄酮类、维生素 C、酶、矿质元素，还有甜味剂罗汉果甜苷，味甘性凉，有润肺止咳、生津止渴等功效。中国长江以南盛产水果，因其味极酸，肝虚孕妇最喜食，故称益母果或益母子。柠檬汁多肉脆，有浓郁的芳香气，含有丰富的水果酸，味道特酸，能作调味料，调制饮料。此外，水果富含维生素 C，能化痰止咳，生津健胃。金橘、柑橘、山楂、草莓、柿子、鸭梨等水果都含有丰富的维生素 C。

发明内容

本发明所要解决的技术问题是提供一种风味独特酸甜可口的罗汉果水果茶及

其制备方法，该茶冲泡以后茶水透明带淡黄色，香气独特，酸甜可口，不需要另外添加糖。

为了解决该技术问题，本发明采用如下配方：按照质量比取新鲜罗汉果果肉 10～30g；水果片 2～5g。

所述的水果片，可以是柠檬、金橘、柑橘、山楂、草莓、柿子、鸭梨中的一种或者是两种组合。

罗汉果水果茶的工艺流程及制备方法如下：

鲜罗汉果→清洗→去皮→切片→加水果片→压片→微波真空干燥→包装。

（1）清洗：将成熟的新鲜罗汉果清洗干净。用水将罗汉果表面的泥沙杂质洗净；将新鲜水果洗干净。

（2）去皮：将清洗后的新鲜罗汉果去皮，取出果肉。去皮可以人工用手去皮，也可以用工具或者机器去皮。

（3）切片：将取出的罗汉果果肉切片；根据果肉大小可以将果肉切成 2～4 片；将新鲜水果切成薄片，便于下一步加水果片压片。

（4）加水果片、压片：利用压片机，在制好的圆柱形模具内，先在模具底部添加水果片，然后加上 1 片罗汉果果肉，在果肉上再加水果片，然后开启压片机压片，得到规定形状的新鲜罗汉果水果片。罗汉果水果片的形状可以是圆柱形，也可以是半球形或者其他形状。

先在磨具底部添加水果片，然后加上 1 片罗汉果果肉，在果肉上再加水果片，然后开启压片机压片，这样处理是为了使水果片和罗汉果果肉充分接触、黏合，便于成型，有利于罗汉果水果茶的独特风味形成；同时还能防止压片时罗汉果果肉粘冲。水果可以采用新鲜水果，也可以采用干水果片；干水果用量是新鲜水果片用量的 30%～45%；水果的品种可以根据消费者需求进行选择。

进一步，可以将压好的罗汉果水果片放入 2%～20% 的柠檬酸水溶液浸泡一下，进行护色，对成品独特口感形成有影响，再进行微波真空干燥。

（5）微波真空干燥：将压好的罗汉果水果片放入动态微波真空干燥设备内，按照操作规程操作，干燥的工艺参数控制如下：真空度为 89～94KPa，温度为 48～67℃，微波动态干燥机内干燥 4～5 小时。当罗汉果水果片的含水量低于 12% 时停止干燥操作，出料，进行放置冷却；采用真空包装或者充氮气包装，防止干罗汉果水果片吸潮。

罗汉果水果片用 85～100℃ 的水泡成茶饮料，茶水透明澄清呈淡黄色；风味独特，冲泡口感保留其他水果和罗汉果的清香味、酸甜味，不需要添加糖。

本发明具有下列优点和特性。

组合技术新颖。将罗汉果去皮得到果肉，将果肉切片，按照比例添加水果片，压成规定形状，然后微波真空干燥，控制工艺参数等条件，能保证罗汉果和水果的活性成分大部分保留，才能得到所述的口感和风味独特的罗汉果水果茶。这种独特口感和风味是将罗汉果果肉、水果片按比例组合压片，微波真空干燥等技术组合所产生的，这些技术组合在一起，互相支持，共同作用，才能形成风味独特的罗汉果水果茶。

具体实施方式

以下所述实施例详细地说明了本发明。

实施例1

本发明采用如下工艺流程：

鲜罗汉果→清洗→去皮→切片→加柠檬→压片→微波真空干燥→包装。

（1）清洗：将成熟的新鲜罗汉果清洗干净；将干水果片表面的泥沙杂质洗净。

（2）去皮：将清洗后的新鲜罗汉果大果用刀片划破去皮，取出罗汉果果肉。

（3）切片：将取出的罗汉果果肉用刀切片，切成2片，便于下一步加柠檬压片成型。

（4）加水果、压片：利用压片机，在制好的模具内，先在磨具底部添加柠檬2g，然后加上1片罗汉果果肉30g，在果肉上再加柠檬3g，然后开启压片机压片，得到圆柱形的新鲜罗汉果柠檬片。按照同样的罗汉果果肉和柠檬比例，制作6000片圆柱形的新鲜罗汉果柠檬片。

（5）微波真空干燥：采用上海镧泰微波设备制造有限公司的VP-036A微波动态真空干燥机进行干燥。将5000片圆柱形的新鲜罗汉果柠檬片放入动态微波真空干燥设备的塑料筐内，按照操作规程操作，控制干燥的工艺参数如下：真空度为89KPa，温度为67℃，微波动态干燥机内干燥4小时。出料，进行放置冷却，真空包装，得到罗汉果柠檬片即罗汉果柠檬茶。

罗汉果柠檬茶形态自然，组织无皱缩、多孔疏松；泡水呈淡黄色；冲泡口感独特，保留柠檬和罗汉果的清香味、酸甜味，不需要另外添加糖。

实施例2

本发明采用如下工艺流程：

鲜罗汉果→清洗→去皮→切片→加山楂→压片→浸泡→微波真空干燥→包装。

（1）清洗：将成熟的新鲜罗汉果清洗干净，将新鲜的山楂洗净。

（2）去皮：将清洗后的新鲜罗汉果中果用刀片划破去皮，取出果肉。

（3）切片：将取出的罗汉果果肉用刀切片，切成2片；将山楂切成薄片，每片约1~3g，便于下一步加山楂压片成型。

（4）加山楂、压片：利用压片机，在制好的模具内，先在磨具底部添加新鲜山楂 1 片 1g，然后加上 1 片罗汉果果肉 25g，在果肉上再加水果 1 片 3g，然后开启压片机压片，得到半球形的新鲜罗汉果山楂。按照同样的罗汉果果肉和山楂比例，制作 5000 片半球形的新鲜罗汉果山楂片。

（5）浸泡：将压好的半球形的新鲜罗汉果山楂片放入 20% 的柠檬酸水溶液中浸泡一下，拿出，进行下一步微波真空干燥。

（6）微波真空干燥：采用上海镧泰微波设备制造有限公司的 VP–036A 微波动态真空干燥机进行干燥。将 5000 片半球形的新鲜罗汉果山楂片放入动态微波真空干燥设备的塑料筐内，按照操作规程操作，控制干燥的工艺参数如下：真空度为 94KPa，干燥一段温度控制为：上限 65℃，下限 60℃，最高 67℃，时间 80 分钟；干燥二段温度控制为：上限 65℃，下限 63℃，最高 67℃，时间 110 分钟；干燥三段温度控制为：上限 67℃，下限 63℃，最高 67℃，时间 80 分钟；出料，进行放置冷却，真空包装，得到罗汉果山楂茶。

干燥后的罗汉果山楂茶形态自然，山楂与果肉黏合紧密，组织多孔疏松；泡水呈淡黄色；冲泡口感独特，保留山楂和罗汉果的清香味、酸甜味，不需要另外添加糖。

实施例 3

本发明采用如下工艺流程：

鲜罗汉果→清洗→去皮→切片→加草莓→压片→浸泡→微波真空干燥→包装。

（1）清洗：将成熟的新鲜罗汉果清洗干净，将新鲜的草莓洗净。

（2）去皮：将清洗后的新鲜罗汉果中果用刀片划破去皮，取出果肉。

（3）切片：将取出的罗汉果果肉用刀切片，切成 2 片；将草莓切成薄片，每片约 1~3g，便于下一步加草莓压片成型。

（4）加山楂、压片：利用压片机，在制好的模具内，先在磨具底部添加新鲜草莓 1 片 2g，然后加上 1 片罗汉果果肉 25g，在果肉上再加草莓 1 片 2g，然后开启压片机压片，得到圆柱形的新鲜罗汉果草莓片。按照同样的罗汉果果肉和草莓比例，制作 5000 片圆柱形的新鲜罗汉果草莓片。

（5）浸泡：将压好的圆柱形的新鲜罗汉果草莓片放入 20% 的柠檬酸水溶液中浸泡一下，拿出，进行下一步微波真空干燥。

（6）微波真空干燥：采用上海镧泰微波设备制造有限公司的 VP–036A 微波动态真空干燥机进行干燥。将 5000 片圆柱形的新鲜罗汉果草莓片放入动态微波真空干燥设备的塑料筐内，按照操作规程操作，控制干燥的工艺参数如下：真空度为 94KPa，干燥一段温度控制为：上限 60℃，下限 48℃，最高 62℃，时间 100 分钟；干燥二段温度控制为：上限 62℃，下限 58℃，最高 65℃，时间 120 分钟；干燥三段温度控制为：上限 65℃，下限 63℃，最高 67℃，时间 60 分钟；出料，进行放置冷却，真空包装，得到罗汉果草莓茶。

干燥后的罗汉果草莓茶形态自然，草莓与罗汉果果肉黏合紧密，组织多孔疏松；泡水呈淡黄色；冲泡口感独特，保留草莓和罗汉果的清香味、酸甜味，不需要另外添加糖。

实施例 4

本发明采用如下工艺流程：

鲜罗汉果→清洗→去皮→切片→加水果→压片→浸泡→微波真空干燥→包装。

（1）清洗：将成熟的新鲜罗汉果清洗干净，将新鲜的水果洗净。

（2）去皮：将清洗后的新鲜罗汉果中果用刀片划破去皮，取出果肉。

（3）切片：将取出的罗汉果果肉用刀切片，切成 2 片；将柠檬切片，每片约 1～3g；草莓切成薄片，每片约 1～3g，便于下一步压片成型。

（4）加水果、压片：利用压片机，在制好的模具内，先在磨具底部添加新鲜柠檬 1 片 2g，然后加上 1 片罗汉果果肉 25g，在果肉上再加草莓 1 片 2g，然后开启压片机压片，得到圆柱形的新鲜罗汉果水果片。按照同样的罗汉果果肉和其他水果比例，制作 5000 片圆柱形的新鲜罗汉果水果片。

（5）浸泡：将压好的圆柱形的新鲜罗汉果水果片放入 10% 的柠檬酸水溶液中浸泡一下，拿出，进行下一步微波真空干燥。

（6）微波真空干燥：采用上海镧泰微波设备制造有限公司的 VP－036A 微波动态真空干燥机进行干燥。将 5000 片圆柱形的新鲜罗汉果水果片放入动态微波真空干燥设备的塑料筐内，按照操作规程操作，控制干燥的工艺参数如下：真空度为 90KPa，干燥一段温度控制为：上限 55℃，下限 48℃，最高 58℃，时间 100 分钟；干燥二段温度控制为：上限 60℃，下限 55℃，最高 62℃，时间 120 分钟；干燥三段温度控制为：上限 65℃，下限 60℃，最高 67℃，时间 70 分钟；出料，进行放置冷却，真空包装，得到罗汉果水果茶。

干燥后的罗汉果水果茶形态自然，其他水果与罗汉果果肉黏合紧密，组织多孔疏松；泡水呈淡黄色；冲泡口感独特，保留其他水果和罗汉果的清香味、酸甜味，不需要另外添加糖。

权利要求书

1. 一种风味独特的罗汉果水果茶，按质量计，采用如下配比：

新鲜罗汉果果肉 10～30g：水果片 2～5g。

2. 按照权利要求1所述的罗汉果水果茶的制作方法，其特征在于：采用如下工艺步骤：

鲜罗汉果→清洗→去皮→切片→加水果片→压片→微波真空干燥→包装。

所述清洗，将成熟的新鲜罗汉果清洗干净；将水果清洗干净。

所述去皮，将清洗后的新鲜罗汉果去皮，取出果肉。

所述切片：将取出的罗汉果果肉切片；将水果切成薄片。

所述加水果、压片：利用压片机，在制好的模具内，先在模具底部添加水果片，然后加罗汉果果肉，在果肉上再加水果片，然后开启压片机压片，得到规定形状的新鲜罗汉果水果片。

所述微波真空干燥：将压好的罗汉果水果片放入动态微波真空干燥设备内，按照操作规程操作，控制干燥的工艺参数如下：真空度为89～94KPa，温度为48～67℃，微波动态干燥机内干燥4～5小时；当罗汉果水果片的含水量低于12%时停止干燥操作，出料，放置冷却。

所述包装：采用真空包装或者充氮气包装，得到罗汉果水果茶。

3. 根据权利要求1所述的罗汉果水果茶，其特征在于：所述水果，可以是柠檬、柑橘、山楂、草莓、柿子、鸭梨中的一种或者是两种组合。

4. 按照权利要求2所述的罗汉果水果茶的制作方法，其特征在于：所述压片之后，将压好片的新鲜罗汉果水果片在0.2%～20%的柠檬酸水溶液中浸泡。

说明书摘要

本发明提供一种风味独特的罗汉果水果茶及其制备方法，茶的配比为：新鲜罗汉果果肉10～30g；水果1～5g。生产工艺步骤：鲜罗汉果→清洗→去皮→切片→加水果→压片→浸泡→微波真空干燥→包装。采用微波真空干燥，控制工艺参数：真空度为89～94KPa，温度为48～67℃，微波动态干燥机内干燥4～5小时，当罗汉果水果片的含水量低于12%时停止干燥操作。也可以将压好片的新鲜罗汉果水果片在0.2%～20%的柠檬酸水溶液中浸泡一下。该茶冲泡以后茶水透明呈淡黄色，风味独特、酸甜可口，不需要另外添加糖。

【案例4】

一种便携式仪器及检测茶氨酸的方法

技术领域

本发明属于生物检测技术领域，具体涉及一种检测茶氨酸的检测仪器及检测方法。

背景技术

茶叶是由茶树的幼芽嫩叶经过一系列工序制成的，主要化学成分有茶氨酸、茶多酚、茶蛋白、咖啡碱等。茶氨酸（N－乙基－γ－谷氨酰胺）是茶叶中特有的一种氨基酸，茶氨酸的含量直接决定茶叶的品质。茶氨酸占茶叶游离氨基酸的50%以上，茶氨酸在干茶叶中的含量大约为1%～2%。茶氨酸不但鲜爽，具有缓解苦涩、增加茶汤香甜味的作用，而且还具有拮抗咖啡碱引起的神经系统兴奋，以及降血压的功效。

茶氨酸的测定方法包括电化学分析法、纸层析和薄层色谱法、气相色谱法、离子交换色谱法、毛细管电泳法和高效液相色谱法等。GB/T 8314《茶游离氨基酸总量的测定》中采用茚三酮显色法，利用a－氨基酸在pH8.0的条件下与茚三酮共热，形成紫色络合物，再利用分光光度法在特定波长下测定其含量。其作为常规检测指标，通常只在实验室的条件下进行。茶树快速选育需要在田间鉴定的基础上，采用边筛选、边扩繁、边进行区域试验和叶片解剖结构鉴定的方法，选育出合适的方法作为制黑茶的优良类型，并对入选类型株系的物候期、产量、品质和抗逆性进行同步鉴定，品种选育周期为10年左右。因此，在田间鉴定时，需要一种便携式检测仪器，能够现场快速检测新鲜茶叶中茶氨酸的含量，帮助品种快速筛选，实现茶叶品种快速选育。

发明内容

本发明所要解决的技术问题是提供一种便携式检测仪器以及用该仪器快速检测茶氨酸的方法。

为了解决该技术问题，本发明设计了一种用便携式仪器快速检测茶氨酸的方法，检测原理是：根据朗伯－比尔定律，不同浓度的茶氨酸和茚三酮反应产生的络合物对特定波长的可见光吸光度的差异，实现对茶氨酸浓度的快速检测。和GB/T 8314相比，改变茶氨酸、缓冲溶液和茚三酮比例，不需要空白液对比，研制成便携仪器，便于野外检测，简化了实验室烦琐的步骤；本仪器自动加热升温、冷却的方式代替GB/T 8314中沸水浴加热、自然冷却的方式，可以更好地控制加热温度，缩短反应时间。

整个仪器由光源模块、加热装置、冷却装置、反应池、光电检测模块、转换模块、控制模块、显示模块等部分组成。

所述光源模块由LED1和LED2组成，LED1产生570nm的特定波长的可见光，LED2产生740nm的特定波长的可见光。不同浓度的茶氨酸溶液对570nm的可见的吸光度不同，而对740nm的可见光不吸收，通过茶氨酸溶液的570nm的可见光的吸光度减去740nm可见光的吸光度，达到消除背景干扰的目的。茶氨酸检测时，开启 570nm 的可见光源和 740nm 的可见光源，同时照射茶氨酸样品，检测经过茶氨酸样品的 570nm 可见光和 740nm 的可见光的光强，通过解算，消除背景干扰，用于替代 GB/T 8314 中空白液的作用。

所述加热装置、冷却装置、反应池通过管道相连，管道上设有气动阀，茶叶的浆液通过液位差由加热装置通过管道流入冷却装置最后流到反应池中。在连接冷却装置与反应池的管道上设置气动泵，静置后的茶叶清液通过气动泵由冷却装置输送到反应池中。

反应池放置待测试的茶叶清液。

所述光电检测模块用来探测紫外光强，由光电探测管和信号调理电路组成；光电探测管将光信号转换为电信号，并通过信号调理电路进行放大、滤波后转换成标准模拟电信号。

所述转换模块将光电检测模块输出的标准模拟电信号通过采样、保持转换为数字信号。

所述控制模块控制加热装置、冷却装置及它们之间的气动阀、气动泵的开关，并控制 LED 光源来产生特定波长的光，以及对转换模块输入的数字信号进行处理、计算、进一步控制显示模块。

所述显示模块把测试、分析的数据进行显示。

GB/T 8314 国标法测量一个样本大约需要 2 小时，而该方法需要的时间大概为几十分钟，缩短了测量时间，可应用在茶树选育和茶叶产品生产过程中的快速测定。

利用该便携式仪器，检测新鲜茶叶中茶氨酸的步骤如下。

步骤一：仪器开启。

接通电源，仪器调零；开启 570nm 的可见光源和 740nm 的可见光源，同时照射茶氨酸样品，检测经过茶氨酸样品的 570nm 可见光和 740nm 的可见光的光强，通过解算，消除背景干扰，用于替代 GB/T 8314 中空白液的作用。

步骤二：新鲜茶叶样品处理。

（1）茶叶清洗。

（2）通过打浆机将茶叶制成浆液，取滤液于加热装置。

（3）往滤液中加入配置好的 pH8.0 磷酸盐缓冲液和 2% 水合茚三酮，使滤液、pH8.0 磷酸盐缓冲液、2% 水合茚三酮三者的比值为 1：0.5：1。

（4）设定加热时间；然后开启加热装置与冷却装置中的阀门，通过液位差由加热装置流到冷却装置，开启冷却装置中的风扇，静置冷却至常温，关闭冷却风扇。

步骤三：待测样品的检测。

（1）茶叶浆液静置冷却后，开启冷却装置与反应池之间的气动泵阀门，将上层清液抽取到反应池中，系统自动启动对茶叶浆液进行测试。

（2）仪器显示茶氨酸测试结果。

步骤四：仪器的清洗。

（1）将加热装置、冷却装置中的容器以及反应池依次取出。

（2）分别用清水冲洗三次，晾干以备下次使用。

（3）最后将加热装置、冷却装置中的容器以及反应池复原到仪器中。

本发明与现有技术相比具有如下优点。

（1）和国家标准相比，本发明便携式仪器中加热装置、冷却装置、反应池通过管道相连，管道上设有气动阀，茶叶的浆液通过液位差由加热装置流到冷却装置，由冷却装置用电动泵抽取到反应池，实现了茶氨酸的快速便携式检测，并且不需要空白液对比，而国标法检测茶氨酸需要在实验室操作。

（2）本专利将茶氨酸的理化性质和快速检测仪器有机组合，可应用于茶树品种快速选育以及茶叶产品生产过程中的快速测定，仪器可工业化生产。

附图说明

图9-5为仪器组成示意图

图9-6为茶氨酸、红茶、绿茶1号、绿茶3号、绿茶6号全波段扫描图

具体实施方式

下面结合具体实施方式对本发明进行详细说明。该实施例仅是对本发明的较佳实施方式而已，并非对本发明作任何形式上的限制，凡是依据本发明的技术实质对以上实施方式所作的简单修改、等同变化与修饰，均属于本发明技术方案的范围。

图9-5为仪器示意图，由密闭腔和显示模块组成，密闭腔内部依次为光源模块1、加热装置2、冷却装置3、反应池4、光电检测模块5、转换模块6、控制模块7、显示模块8。

所述光源模块由LED1和LED2组成，LED1产生570nm的特定波长的可见光，LED2产生740nm的特定波长的可见光。不同浓度的茶氨酸溶液对570nm的可见光的吸光度不同，而对740nm的可见光不吸收，通过茶氨酸溶液的570nm的可见光的吸光度减去740nm可见光的吸光度，达到消除背景干扰的目的。茶氨酸检测时，开启570nm的可见光源和740nm的可见光源，同时照射茶氨酸样品，检测经过茶氨酸样品的570nm可见光和740nm的可见光的光强，通过解算，消除背景干扰，用于替代GB/T 8314中空白液的作用。

所述光电检测模块5的型号为LSSPD-U4，用来探测可见光强度；所述转换模块6的型号为AD7715，用来把光电检测模块的输出的模拟信号转化为数字信号；所述控制模块7的型号为STC89C52RC，用来对检测信号进行解算和控制光源

模块；所述显示模块 8 的型号为 LCD1602，将检测、解算结果进行显示。

所述加热装置 2、冷却装置 3、反应池 4 通过管道相连，管道上设有气动阀 a、气动泵 b，茶叶的浆液通过液位差由加热装置 2 流到冷却装置 3，再将冷却装置 3 中的上层清液通过气动泵 b 抽取到反应池 4 中。实现了自动进样操作。

利用该仪器检测茶氨酸的步骤如下。

步骤一：仪器开启。

接通电源；本仪器采用蓄电池作为电源，同时开启光源 1 中的 570nm 的可见光源 LED1 和 740nm 的可见光源 LED2；仪器调零，显示模块 8 为 0。

步骤二：新鲜茶叶样品处理。

（1）茶叶清洗。

（2）称取 1.0g 新鲜茶叶放置于加热装置 2，加 10mL 纯净水，开启加热装置 2 的搅拌器 1min，将茶叶搅匀。

（3）往加热装置 2 中加入配制好的 pH8.0 的磷酸盐缓冲液 5mL，2% 水合茚三酮 10mL；开启加热，设定加热时间 15min。

（4）开启加热装置 2 与冷却装置 3 间的阀门 a，通过液位差由加热装置 2 流到冷却装置 3，开启冷却装置 3 中的风扇 2min，静置冷却至常温，关闭冷却风扇。

步骤三：待测样品的检测。

（1）茶叶浆液静置冷却后，开启冷却装置 3 与反应池 4 之间的气动泵的阀门 b，将上层清液抽取到反应池 4 中，系统自动启动 570nm 的可见光光源 LED1 和 740nm 的可见光源 LED2；同时照射茶叶清液，进行紫外吸收测试。

（2）仪器显示模块 8 显示茶氨酸的检测结果。

表 9 - 1 为已知茶氨酸浓度的茶叶样品，用便携式仪器所测得的茶氨酸浓度及误差，相对误差 <15%，相应的曲线如图 9 - 6 所示，说明此仪器可以用来快速检测茶氨酸含量。

表 9 - 1 茶叶样品茶氨酸浓度含量表

茶氨酸浓度（mg/mL）	仪器测定的茶氨酸浓度（mg/mL）	相对误差（%）
0	0	0.0
0.20	0.17	15.0
0.30	0.265	12.0
0.40	0.364	9.0
0.50	0.465	7.0
0.60	0.525	12.5

步骤四：仪器的清洗。

（1）将加热装置2、冷却装置3中的容器以及反应池4依次取出。

（2）分别用清水冲洗三次，晾干以备下次使用。

（3）最后将加热装置2、冷却装置3中的容器以及反应池4复原到仪器中。

权利要求书

1. 一种便携式茶氨酸检测仪器，其特征在于：包括密闭腔和显示模块；密闭腔内部依次为光源（1）、加热装置（2）、冷却装置（3）、反应池（4）、型号为LSSPD－U4的光电检测模块（5）、型号为AD7715的转换模块（6）、型号为STC89C52RC的控制模块（7）、显示模块（8）；所述加热装置（2）、冷却装置（3）、反应池（4）通过管道相连，管道上设有气动阀（a）、气动泵（b）；所述光源（1）中包括产生570nm的可见光源LED1和产生740nm的可见光源的LED2。

2. 用权利要求1所述的检测仪器检测茶氨酸的方法，其特征在于：包括如下步骤。

步骤一：仪器开启。

接通电源，同时开启光源1中的570nm的可见光源LED1和740nm的可见光源LED2，仪器调零。

步骤二：新鲜茶叶样品处理。

（1）茶叶清洗。

（2）通过打浆机将茶叶制成浆液，取滤液于加热装置（2）内。

（3）往滤液中加入配制好的pH8.0的磷酸盐缓冲液和2%的水合茚三酮，使滤液、pH 8.0磷酸盐缓冲液、2%水合茚三酮三者的体积比值为1∶1∶0.5。

（4）设定时间加热；然后开启加热装置（2）与冷却装置（3）中的阀门（a），通过液位差由加热装置（2）流到冷却装置（3），开启冷却装置（3）中的风扇，静置冷却至常温。

步骤三：待测样品的检测。

（1）茶叶浆液静置冷却后，开启气动泵（b），将上层清液抽到反应池（4）中；同时开启光源（1）中的570nm的可见光源LED1和740nm的可见光源LED2；同时照射茶氨酸样品，系统自动对茶叶浆液进行紫外吸收测试。

（2）仪器显示模块（8）显示茶氨酸测试结果。

步骤四：仪器的清洗。

将加热装置（2）、冷却装置（3）中的容器以及反应池（4）依次取出；分别洗净、晾干，以备下次使用。

说明书摘要

一种便携式茶氨酸检测仪器，包括密闭腔和显示模块；密闭腔内部依次为光源、加热装置、冷却装置、反应池、光电检测模块、转换模块、控制模块、显示模块；所述加热装置、冷却装置、反应池通过管道相连，管道上设有气动阀、气动泵，所述光源中包括产生 570nm 的可见光源和产生 740nm 的可见光源，根据朗伯－比尔定律，不同浓度的茶氨酸和茚三酮反应产生的络合物对特定波长的可见光吸光度的差异，实现对茶氨酸浓度的快速检测。和 GB/T 8314 相比，此方案改变茶氨酸、缓冲溶液和茚三酮三者的比例，不需要做空白液样品。

说明书附图

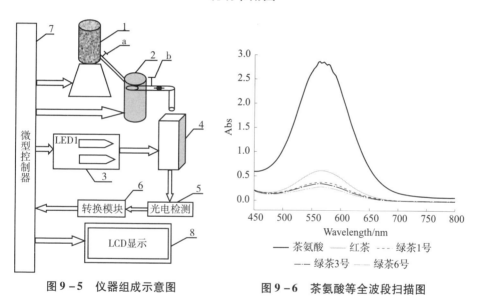

图 9－5　仪器组成示意图　　　　图 9－6　茶氨酸等全波段扫描图

【案例 5】

专利转让案

原告：高某某

被告：武汉市宾朋文体用品有限责任公司、义乌市稠城鑫潮文体用品商行

原告高某某为一项名称为"棋篓子"外观设计专利（专利号为：ZL201130113047.6）的权利人（原涉案专利权人为邵某某，后邵某某将该专利权转让给本案原告高某某），其发现被告武汉市宾朋文体用品有限责任公司、义乌市

稠城鑫潮文体用品商行在未取得原告许可的情况下，擅自生产、销售与涉案专利设计相同的产品。遂请求法院判令：第一，两被告停止生产、销售侵犯原告所拥有棋篓子外观设计专利（专利号：ZL201130113047.6）的侵权产品；第二，两被告赔偿因销售侵权产品导致原告经济损失12万元；第三，两被告赔偿原告为制止侵权所支出的购买侵权产品费、律师费、公证费、工商档案查询费、交通费等合理费用共5610元；第四，本案的诉讼费由两被告承担。被告宾朋公司书面答辩称：原告缺乏诉讼主体资格，其没有提交向原专利权人支付28万元专利转让费的凭证，也没有提交专利登记簿副本和缴纳著录项目变更费的收据，其诉讼主体资格存疑。被告鑫潮商行庭审口头答辩称：原告非本案适格主体，现有证据不能证明原告已实际取得专利权，且鑫潮商行向宾朋公司销售被控侵权产品在原告取得专利权之前，即使构成侵权，提起专利权的主体应该是邵焕年，不是本案原告。最后法院判决：（1）被告武汉市宾朋文体用品有限责任公司于本判决生效之日起立即停止销售侵犯名称为"棋篓"外观设计专利权的产品。（2）驳回原告高某某的其他诉讼请求。

【分析】该案中争议焦点之一是高某某是否有权提起本案共同侵权诉讼。法院查明认为根据《专利法》（2008）第10条第1款和第3款的规定，专利申请权和专利权可以转让；转让专利申请权或者专利权的，当事人应当订立书面合同，并向国务院专利行政部门登记，由国务院专利行政部门予以公告。根据高某某与邵某某签订的专利转让合同及国家知识产权局于2014年8月5日核发的手续合格通知书之记载，该案专利权已由邵某某转让给高某某并在专利公报上予以了公告，因此高某某作为受让人有权对受让取得本案专利权之后的侵权行为提起诉讼。

【案例6】

专利许可案

原告：广州特域机电有限公司

被告：东莞市达能机电有限公司

原告广州特域机电有限公司（以下简称"特域公司"）诉被告东莞市达能机电有限公司（以下简称"达能公司"）侵害名称为"冷水机（CW-5000）"的外观设计专利权纠纷案。涉案专利的权利人为特域公司总经理张某，而张某作为许可方以独占许可的方式许可原告在中国地区制造、许诺销售和销售。达能公司答辩称特域公司并非适格原告，其起诉应予驳回。涉案专利的专利权人为张某，特域公司提供其与张某签订的《专利实施许可合同》为无效合同。最后法院审理，判决特域公司是本案适格原告。

【分析】该案中达能公司辩称特域公司诉讼主体不适格的理由有：（1）根据《中华人民共和国专利法实施细则》第 14 条第 2 款的规定：专利权人与他人订立的专利实施许可合同，应当自合同生效之日起 3 个月内向国务院专利行政部门备案。特域公司并未提供向专利行政部门备案的证明，违反了上述法律的强制性规定，根据原《合同法》第 52 条第 5 款的规定该合同无效；（2）涉案《专利实施许可合同》第 4 条约定"使用费采用一次总付方式，合同签订生效之日起 5 个工作日内，被许可方将使用费全部汇至许可方账号，或以现金方式支付给许可方"，但特域公司未提供付款凭证，无法证明该合同已经真实履行；（3）涉案《专利实施许可合同》的真实性存疑，合同第 9 条约定"合同的生效、变更与终止"都以"双方签字、盖章之日起"作为生效时间，但该合同并未签署实际生效或履行日期。故涉案《专利实施许可合同》并非特域公司及专利权人的真实意思表示，既违反法律的强制性规定，又违背原《合同法》诚实信用的基本原则，应为无效合同，特域公司不具备原告主体资格。

法院查明后认为，根据原《最高人民法院关于适用〈中华人民共和国合同法〉若干问题的解释（一）》第 9 条的规定："依照合同法第四十四条第二款的规定，法律、行政法规规定合同应当办理批准手续，或者办理批准、登记等手续才生效，在一审法庭辩论终结前当事人仍未办理批准手续，或者仍未办理批准、登记等手续的，人民法院应当认定该合同未生效；法律、行政法规规定合同应当办理登记手续不影响合同的效力，合同标的物所有权及其他物权不能转移。"可见，专利实施许可合同在订立后未经专利行政部门登记备案不影响该合同的效力，结合专利权人张某是特域公司的法定代表人，其亦出具声明确认该专利实施许可合同已生效并实际履行，其授予特域公司对涉案专利行使独占实施许可权及相应诉权符合其真实意思表示。因特域公司是涉案专利的独占许可使用权人，且该案侵权行为发生时涉案专利实施许可合同仍在有效期内，故特域公司是本案适格原告。

【案例 7】

外观设计专利侵权案

原告：深圳市将者科技有限公司

被告：东莞市慧衍电子有限公司

原告深圳市将者科技有限公司为一项名称为"移动电源"的外观设计专利权人，其发现被告东莞市慧衍电子有限公司作为制造商，在阿里巴巴网络平台上销售、许诺销售侵害涉案专利权的汽车移动充电电源，侵害其专利权，故请求法院判令停止制造、销售、许诺销售侵权，并赔偿损失 10 万元。法院审理认为，被告未经原告的许可，实施制造、销售、许诺销售被诉侵权产品的行为，侵害了原告的外观设计专利权。关于赔偿数额的确定，根据相关法律规定，确定侵权人因侵权所获得的利益，应当限于侵权人因侵犯专利权行为所获得的利益。

【分析】法院充分结合涉案专利的市场价值以及侵犯该涉案专利权的电源主机在实现整款汽车应急启动电源的市场利润时所发挥的作用，认为汽车应急启动电源为具有一定创新程度的高新科技领域产品，而电源主机作为该款产品的主要零部件，其外观亦构成产品整体外观的重要部分，对产品的整体视觉效果产生重要影响，对实现产品的市场利润发挥重要作用。在此认定的前提下，法院经综合考虑涉案专利的类型、侵权行为的性质和情节等因素，判决被告赔偿原告经济损失及合理费用共 5 万元。

【案例 8】

实用新型侵权案

原告：芜湖科达公司

被告：东岳机械公司

原告芜湖科达公司系实用新型专利"一种蒸养车自动挂钩脱钩装置"的专利权人。原告发现被告东岳机械公司制造的蒸养车产品擅自使用了其专利，并将侵权产品销售给江苏中技公司等客户，侵害了其专利权，遂诉至法院请求判令停止侵权并赔偿经济损失 1 619 820 元。

【分析】法院经审理认为，被控技术方案包含了与原告涉案专利权利要求 1 记载的全部技术特征相同或者等同的特征，已经落入涉案专利权的保护范围。判令被告东岳机械公司停止侵权并赔偿原告经济损失 233 000 元。

在知识产权保护方面，看的不是企业大小，而是谁真的拥有自主知识产权。在专利面前，人人平等！想要保护好自己产品不被侵权，唯一的办法就是要申请知识产权。

四、实训操作步骤

（一）查看专利管理的流程

企业专利管理流程示例：

研发项目负责人向研发中心知识产权管理部提交是否申请知识产权保护的申请—研发中心知识产权管理部评估研发成果是否申请知识产权—总经理审批—研发中心知识产权管理部进行知识产权申报—研发中心知识产权管理部负责知识产权的保护、合作等法律事务。

（二）知识产权管理常规框架

趋势：一把手工程决策层参与，业务层支撑，执行层有效。

独立路线：知识产权事务由副总裁管理，向总裁直接负责，这是国际企业的常见模式（比如飞利浦、辉瑞药业）。

研发路线：将知识产权管理置于研发体系之中，研发在知识产权管理中发挥主导作用，往往只涉及专利业务，对商标和商业秘密涉及较少（比如华为、中兴通讯）。

法律路线：知识产权业务与法律业务综合管理，延及市场和内部管理各个方面，涉及专利、商标、商业秘密等企业所有 IP 业务，属于综合性管理。

（三）知识产权管理——制度建设

制度——企业长青之道的基石制度之分类：

IP 专项制度——知识产权管理办法、专利管理经营规范、知识产权奖酬办法、商标管理办法、商业秘密保护规定。

其他配套制度——研发制度、采购制度、营销制度、财务制度、人事制度、宣传制度、培训制度。

实训十
法律文书撰写

一、实训目的

(一) 熟悉知识产权诉讼法律文书及要求

知识点：法律文书的结构要素、特点、作用与分类；法律文书写作的结构、语言等基本要求。

重点：法律文书的结构要素；法律文书常用的叙述方法和语言要求。

难点：法律文书常用的叙述方法和语言要求。

基本要求：

(1) 识记：法律文书的概念、性质与特点；

(2) 领会：法律文书的作用与种类；法律文书写作的基本要求。

(二) 了解法律文书的撰写要求

1. 原则要求

(1) 遵循格式，写全事项。

(2) 主旨鲜明，阐述精当。

(3) 叙事清楚，材料真实。

(4) 依法说理，折服有力。

(5) 语言精确，朴实庄重。

2. 主旨要求

法律文书主旨是制作文书的目的和文书的中心思想，它在文书制作中起指导和统领全文的作用。

3. 理由要求

(1) 列举事实证据确凿。

(2) 分析受理以法为据。

（3）据案引法，据法论理。

（4）前后照应，引领全文。

4. 叙事要求

（1）写清事实的基本要素。

（2）关键情节具体叙述。

（3）因果关系交代清楚。

（4）争执焦点抓准记清。

（5）财物数量记叙确切。

（6）叙述事实平实有序。

（7）材料选择真实典型。

5. 引证要求

（1）引证法律要有针对性，针对案情引用外延较小，恰恰适合于本案的内容。

（2）引用法律凡有条款项的，应引到法条下的款或项。

（3）在不影响文字表述的情况下，尽可能引出法律的条文，但应注意条文文意的完整性，不能断章取义。

6. 语言要求

（1）表意精确，解释单一。

（2）文字精练，言简意赅。

（3）文风朴实，格调庄重。

（4）语言规范，语句规整。

（5）褒贬恰切，爱憎分明。

（6）语言诸忌，竭力避免。

在法律文书写作的语言运用中，应忌用方言土语，忌用流氓黑话，忌用脏话。

二、基本原理与法条

（一）国内知识产权相关法律

（1）《中华人民共和国专利法》。

（2）《中华人民共和国专利法实施细则》。

（3）《中华人民共和国著作权法》。

（4）《中华人民共和国著作权法实施条例》。

（5）《中华人民共和国商标法》。

（6）《中华人民共和国商标法实施条例》。

（7）《计算机软件保护条例》。

（8）《集成电路布图设计保护条例》。

（9）《中华人民共和国植物新品种保护条例》。

（10）《中华人民共和国反不正当竞争法》。

（二）我国参加的国际知识产权条约

我国加入的国际知识产权条约有《世界知识产权组织条约》《保护工业产权巴黎公约》《商标国际注册马德里协定》《保护文学和艺术作品伯尔尼公约》《世界版权公约》《保护录音制品制作者防止未经许可复制其录音制品的日内瓦公约》《商标注册用商品和服务国际分类尼斯协定》《专利合作条约》《国际承认用于专利程序的微生物保存布达佩斯条约》《商标国际注册马德里协定有关协定书》《建立工业品外观设计国际分类洛加诺协定》《国际专利分类斯特拉斯堡协定》《与贸易有关的知识产权协定》。

三、基本要求与案例

以下列举几个常用的知识产权法律文书作为示范，以便了解知识产权法律文书的撰写和注意事项，熟悉常用法律文书模板。

【案例1】

发明专利请求书

请按照"注意事项"正确填写本表各栏				此框内容由国家知识产权局填写	
⑦发明名称				①申请号	
				②分案提交日	
⑧发明人	发明人1		□不公布姓名	③申请日	
	发明人2		□不公布姓名	④费减审批	
	发明人3		□不公布姓名	⑤向外申请审批	
⑨第一发明人国籍或地区		居民身份证件号码		⑥挂号号码	

续表

⑩申请人	申请人（1）	姓名或名称		申请人类型	
		居民身份证件号码或统一社会信用代码/组织机构代码 □请求费减且已完成费减资格备案		电子邮箱	
		国籍或注册国家（地区）		经常居所地或营业所所在地	
		邮政编码	电话		
		省、自治区、直辖市			
		市县			
		城区（乡）、街道、门牌号			
	申请人（2）	姓名或名称		申请人类型	
		居民身份证件号码或统一社会信用代码/组织机构代码 □请求费减且已完成费减资格备案		电子邮箱	
		国籍或注册国家（地区）		经常居所地或营业所所在地	
		邮政编码	电话		
		省、自治区、直辖市			
		市县			
		城区（乡）、街道、门牌号			
	申请人（3）	姓名或名称		申请人类型	
		居民身份证件号码或统一社会信用代码/组织机构代码 □请求费减且已完成费减资格备案		电子邮箱	
		国籍或注册国家（地区）		经常居所地或营业所所在地	
		邮政编码	电话		
		省、自治区、直辖市			
		市县			
		城区（乡）、街道、门牌号			

续表

⑪联系人	姓　名		电话		电子邮箱		
	邮政编码						
	省、自治区、直辖市						
	市县						
	城区（乡）、街道、门牌号						

⑫代表人为非第一署名申请人时声明　　　　　　特声明第____署名申请人为代表人

⑬专利代理机构	□声明已经与申请人签订了专利代理委托书且本表中的信息与委托书中相应信息一致				
	名称			机构代码	
	代理人（1）	姓　名		代理人（2）	姓　名
		执业证号			执业证号
		电　话			电　话

⑭分案申请	原申请号	针对的分案申请号	原申请日　年　月　日

⑮生物材料样品	保藏单位代码	地址	是否存活	□是　　□否
	保藏日期　年　月　日	保藏编号	分类命名	

⑯序列表	□本专利申请涉及核苷酸或氨基酸序列表	⑰遗传资源	□本专利申请涉及的发明创造是依赖于遗传资源完成的

⑱要求优先权声明	原受理机构名称	在先申请日	在先申请号	⑲不丧失新颖性宽限期声明	□已在中国政府主办或承认的国际展览会上首次展出 □已在规定的学术会议或技术会议上首次发表 □他人未经申请人同意而泄露其内容
				⑳保密请求	□本专利申请可能涉及国家重大利益，请求按保密申请处理

续表

㉑□声明本申请人对同样的发明创造在申请本发明专利的同日申请了实用新型专利	㉒ 提前 公布	□请求早日公布该专利申请
㉓摘要附图	指定说明书附图中的图_____为摘要附图	

㉔申请文件清单	㉕附加文件清单
1. 请求书　　　　　　　份　页	□实质审查请求书　　　　　份　共　页
2. 说明书摘要　　　　　份　页	□实质审查参考资料　　　　份　共　页
3. 权利要求书　　　　　份　页	□优先权转让证明　　　　　份　共　页
4. 说明书　　　　　　　份　页	□优先权转让证明中文题录　份　共　页
5. 说明书附图　　　　　份　页	□保密证明材料　　　　　　份　共　页
6. 核苷酸或氨基酸序列表　份　页	□专利代理委托书　　　　　份　共　页
7. 计算机可读形式的序列表　份	总委托书备案编号（_____）
	□在先申请文件副本　　　　份
	□在先申请文件副本中文题录　份　共　页
	□生物材料样品保藏及存活证明　份　共　页
	□生物材料样品保藏及存活证明中文题录
权利要求的项数　　　　项	份　共　页
	□向外国申请专利保密审查请求书　份　共　页
	□其他证明文件（注明文件名称）　份　共　页
	□
㉖全体申请人或专利代理机构签字或者盖章	㉗国家知识产权局审核意见
年　月　日	年　月　日

【案例2】

发明专利请求书外文信息表

发明 名称		
发明人 姓名	发明人1	
	发明人2	
	发明人3	
申请人 名称及 地址	申请人1	名称 地址
	申请人2	名称 地址
	申请人3	名称 地址

发明专利请求书注意事项:

（1）申请发明专利，应当提交发明专利请求书、权利要求书、说明书、说明书摘要，有附图的应当同时提交说明书附图，并指定其中一幅作为摘要附图（表格可在国家知识产权局网站下载）。

（2）本表应当使用国家公布的中文简化汉字填写，表中文字应当打字或者印刷，字迹为黑色。外国人姓名、名称、地名无统一译文时，应当同时在请求书外文信息表中注明。

（3）本表中方格供填表人选择使用，若有方格后所述内容的，应当在方格内作标记。

（4）本表中所有详细地址栏，本国的地址应当包括省（自治区）、市（自治州）、区、街道门牌号码，或者省（自治区）、县（自治县）、镇（乡）、街道门牌号码，或者直辖市、区、街道门牌号码。有邮政信箱的，可以按规定使用邮政信箱。外国的地址应当注明国别、市（县、州），并附具外文详细地址。其中申请人、专利代理机构、联系人的详细地址应当符合邮件能够迅速、准确投递的要求。

（5）填表说明，详见国家知识产权局网站。

【案例3】

放弃专利权声明书

请按照"注意事项"正确填写本表各栏

①专利	专利号	
	发明创造名称	
	专利权人	

②声明内容:

☐根据专利法第 44 条第 1 款第 2 项的规定,专利权人声明放弃上述专利权。

☐根据专利法第 9 条第 1 款的规定,专利权人声明放弃上述专利权。

　注:同样的发明创造申请号为 ＿＿＿＿＿＿＿＿＿＿。

☐无效宣告程序中,根据专利法第 9 条第 1 款的规定,专利权人声明放弃上述专利权。

　注:同样的发明创造专利号为 ＿＿＿＿＿＿＿＿＿＿。

③全体专利权人或代表人签字或者盖章

④附件清单

☐全体专利权人同意放弃专利权的证明

☐已备案的证明文件备案编号: ＿＿＿＿＿＿＿＿

☐

⑤专利代理机构盖章	⑥国家知识产权局处理意见
年 月 日	年 月 日

放弃权利声明书注意事项：

（1）本表应当使用中文填写，字迹为黑色，文字应当打字或印刷，提交一式一份。

（2）本表第①栏应填写声明放弃专利权的专利号，所填内容应当与该专利申请请求书中内容一致。其中，专利权人应为第一署名专利权人。如果该专利办理过著录项目变更手续，应当按照国家知识产权局批准变更后的内容填写。

（3）本表第②、④栏中的方格供填表人选择使用，若有方格后所述情况的，应当在方格内作标记。

（4）专利权人要求放弃专利权，未委托专利代理机构的，应当由全体专利权人在本表第③栏签字或者盖章；或者由请求书中确定的代表人在本表第③栏签字或者盖章，并附具全体专利权人签字或盖章的同意放弃专利权的证明材料。委托专利代理机构的，应当由专利代理机构在本表第⑤栏盖章，并由全体专利权人在本表第③栏签字或者盖章，或者附具全体专利权人签字或盖章的同意放弃专利权的证明材料。

（5）专利权人无正当理由不得要求撤销放弃专利权的声明。

（6）专利申请授权前，申请人可以随时撤回其专利申请。同样，专利申请授权后，专利权人也可以随时放弃其专利权。根据《专利法》第44条的规定，专利权人放弃是导致专利权在期限届满前终止的原因之一。专利权被授予之后，专利权人可以在任何时候声明放弃其专利权，放弃专利权需要提交放弃专利权声明，不能附加任何条件。《专利法实施细则》及《专利审查指南》中对专利权人的放弃专利权声明提出了形式上的要求，放弃专利权声明审查合格后，应在专利公报上予以登记和公告。同样，在专利局中止有关程序期间，专利权人不能放弃专利权。

综上所述，放弃专利权是在专利申请及维持过程中，权利人对自己私权的一种处分行为，这种处分行为经专利局审查合格后，可以产生专利申请或专利权维持程序终止的法律后果。

【案例4】

专利代理委托书（中英文）

POWER OF ATTORNEY

我/我们是_____的公民/法人，根据中华人民共和国专利法，兹委托_____（代码_____），并由该机构指定其代理人_____、_____代为办理发明创造名称为_____

□国家申请号为_____的发明创造，在中华人民共和国申请专利以及在专利权有效期内的全部专利事宜。

□国际申请号为_____的专利申请，在指定局或选定局程序中的全部专利事宜。

Pursuant to the relevant provisions of the Patent Law of the People's Republic of China, I/we, citizen/legal entity of _____ hereby authorize _____（Code：_____）to appoint its patent attorney(s) _____、_____ to act for me/us with the invention entitled _____ and

□whose national application number is _____ and handle all related matters concerning about the patent right.

□whose international application number is _____ and handle all related matters concerning about the patent right in the progress of designated office or selected office.

委托人姓名或名称

Authorized by(Name)

委托人盖章或签字

Seal or Signature

(委托单位无印章的由法人代表签字)

委托日期

Date of Authorization　　年　月　日

被委托专利代理机构印章

Seal of the Authorized Agent

【案例5】

恢复权利请求书

请按照"注意事项"正确填写本表各栏

①专利申请或专利	申请号或专利号	此框由国家知识产权局填写 递交日
	发明创造名称	申请号条码
	申请人或专利权人	挂号条码

②请求内容：

根据专利法实施细则第 6 条的规定，针对 _____ 年 _____ 月 _____ 日国家知识产权局发出的 _____通知书（发文序号_____）请求恢复权利。

③请求恢复权利的理由：□正当理由　□不可抗拒的事由

④附件清单

□已备案的证明文件备案编号：_____

□

⑤当事人或专利代理机构签字或者盖章	⑥国家知识产权局处理意见
年　月　日	年　月　日

恢复权利请求书注意事项：

（1）本表应当使用中文填写，字迹为黑色，文字应当打字或印刷，提交一式一份。

（2）本表第①栏所填内容应当与该专利申请请求书中内容一致。其中，申请人或专利权人应为第一署名申请人或专利权人。如果该专利申请或者专利办理过著录项目变更手续，应当按照国家知识产权局批准变更后的内容填写。

（3）本表第②栏中的"发文序号"位于国家知识产权局发出的通知书地址栏下方。

（4）本表第③栏，根据《专利法实施细则》第6条的规定，应当清楚扼要地叙述恢复权利的理由。因不可抗拒的事由请求恢复权利的，应当提交有关证明文件。依据《专利法实施细则》第6条第2款规定请求恢复权利的应当勾选正当理由，依据《专利法实施细则》第6条第1款规定请求恢复权利的应当勾选不可抗拒的事由。

（5）本表第④栏中的方格供填表人选择使用，若有方格后所述情况的，应当在方格内作标记。

（6）请求恢复权利时，应当办理权利丧失前应当办理的相应手续，消除造成权利丧失的原因。当事人根据《专利法实施细则》第6条第2款的规定请求恢复权利的，还应当在规定的期限内缴纳恢复权利请求费（1000元）。

（7）本表第⑤栏，委托专利代理机构的，应当由专利代理机构加盖公章。未委托专利代理机构的，申请人或者专利权人为个人的应当由本人签字或者盖章；申请人或者专利权人为单位的应当加盖单位公章；有多个申请人或者专利权人的由代表人签字或者盖章。

（8）复审程序中请求恢复权利应当使用复审程序恢复权利请求书。

【案例6】

强制许可请求书

① 请求人	姓名或名称				电话		
	邮政编码			地址			
② 联系人	姓名				电话		
	邮政编码			地址			
③ 专利 代理 机构	名称				机构代码		
	代理人(1)	姓　名		代理人(2)	姓　名		
		执业证号			执业证号		
		电　话			电　话		

④根据专利法　□第48条　规定请求给予实施下述专利的强制许可
　　　　　　　□第51条

专利号＿＿＿＿＿＿＿＿　　申请日　＿＿年＿＿月＿＿日

专利权人＿＿＿＿＿＿＿＿

发明创造名称＿＿＿＿＿＿＿

⑤请求强制许可理由

⑥附件清单
□请求人具备实施条件的说明材料
□未能以合理条件与专利权人签订实施许可合同的证明文件
□

⑦ 请求人或专利代理机构签字或者盖章	⑧ 国家知识产权局处理意见
年　月　日	年　月　日

专利权生效后，当事人在一定期限内没有实施该专利时，经他人申请，可以强制要求专利权人实施该专利。《专利法》规定，具备实施条件的单位以合理的条件请求发明或者实用新型专利权人许可实施其专利，而未能在合理长的时间内获得这种许可时，国务院专利行政部门根据该单位的申请，可以给予实施该发明专利或者实用新型专利的强制许可。在国家出现紧急状态或者非常情况时，或者为了公共利益的目的，国务院专利行政部门可以给予实施发明专利或者实用新型专利的强制许可。一项取得专利权的发明或者实用新型比以前已经取得专利权的发明或者实用新型具有显著经济意义的重大技术进步，其实施又有赖于前一发明或者实用新型的实施的，国务院专利行政部门根据后一专利权人的申请，可以给予实施前一发明或者实用新型的强制许可。国务院专利行政部门根据前一专利权人的申请，也可以给予实施后一发明或者实用新型的强制许可。依照《专利法》规定申请实施强制许可的单位或者个人，应当提出未能以合理条件与专利权人签订实施许可合同的证明。国务院专利行政部门作出的给予实施强制许可的决定，应当予以登记和公告。取得实施强制许可的单位或者个人不享有独占的实施权，并且无权允许他人实施。取得实施强制许可的单位或者个人应当付给专利权人合理的使用费，其数额由双方商定；双方不能达成协议的，由国务院专利行政部门裁决。专利权人对国务院专利行政部门关于实施强制许可的决定或者关于实施强制许可的使用费的裁决不服的，可以在收到通知之日起 3 个月内向人民法院起诉。

申请人请求强制许可实施某项专利时，应当填写强制许可请求书。其格式如上，填写时应当注意以下几点。

（1）本表应认真填写，字体应端正清晰，一式两份。

（2）填写本表必须用中文。外国人名、地名如无统一中文译文时应当注明原文。

（3）表中的方框供填表人在填写选择性项目时使用，若有方格后所述情况，应在方格内标上"√"号。

（4）本表各栏填写不下时，可以用续页填写。大小尺寸应当如本表格式要求。根据《专利法》第 55 条规定要求强制许可的，必须在本表第 4 栏中写明强制许可请求人所持有的或者所有的专利申请号、发明或者实用新型名称等著录项目。

四、实训操作步骤

（一）熟悉知识产权法律文书案例
如"本章三、基本要求与案例"所展示的内容。

（二）查看不同知识产权法律文书的要点和重点

（三）按照软件格式要求完成一份知识产权文书撰写

五、思考题

法律文书从结构上划分通常可以分为哪几个部分？

法律文书结构一般包括：首部，正文，尾部。

法律文书大致分类：

（1）起诉类（书状）；

（2）法庭辩论类（无法定格式）；

（3）裁判类（一审、二审）。

首部一般包括以下四方面。

（1）文书标题：机关名称＋案件性质＋文书种类。

注意：第一，制作机关名称必须适用全称，不能简化；第二，制作机关名称应与尾部使用的机关印章名称相一致。

（2）文书编号：年度＋制作机关及文书性质代字＋顺序号。

（3）诉讼参与人与非诉讼参与人的基本情况。

（4）案由或者事由、案件来源和处理经过。

以下以案例进行说明。

【案例】

上诉人与被上诉人民间借贷纠纷一案，珠海市香洲区人民法院已于2005年8月10日作出（2005）香民一初字2617号民事调解书，已经发生法律效力。2006年8月9日，案外人玉环庆选阀门有限公司不服，向珠海市中级人民法院申请再审，珠海市中级人民法院于2006年12月11日作出（2006）珠中法立民监字第33号民事裁定书，指令珠海市香洲区人民法院另行组成合议庭进行再审。珠海市香洲区人民法院根据该指令对本案进行了审理，于2007年8月20日作出（2007）香民一再审第2号民事判决。上诉人对该判决不服，依法提起上诉。

正文一般包括以下四方面。

（1）事实。

（2）证据。事实与证据的结构安排方式：① 一事一证，分项举证；② 边叙事边举证，夹叙夹证，事证结合；③ 先叙事后举证，集中采证。

（3）理由。理由部分可以分为两个层次结构：① 根据认定的事实、情节、证据和有关的法学原理、法律规定，阐述定性及其处理的理由；② 引用处理决定所依据的法律条款的具体规定。

（4）处理结果。

尾部一般包括以下五方面。

（1）致送单位或交代有关事项。

（2）署名：文书制作机关或负责人、承办人员署名。

（3）日期：文书制作或发出的日期。

（4）印章：加盖文书制作机关的印章，有的还需加盖机关负责人的印章。

（5）附项：主要写明随文书移送的有关卷宗、证据材料、收件情况、文书副本份数等。

参考文献

［1］ 王新力. 由两个实际案例浅谈对《专利法》第二十六条第三款的理解与把握［C］//中华全国专利代理人协会. 2014 年中华全国专利代理人协会年会第五届知识产权论坛论文集，2014.

［2］ 吕申，李巍巍. 高新技术企业专利申请质量提升的方法：以专利技术交底书的撰写为例［J］. 江苏科技信息，2018，35 (35).

［3］ 赵跃. 专利技术交底书对专利申请文件撰写的作用［J］. 专利代理，2018 (1).

［4］ 沈乐平. 试述技术交底书的构成要素［J］. 中国发明与专利，2014 (4).

［5］ 连志英. 我国档案馆电子文件信息资源公共获取现状及策略研究［J］. 档案学研究，2010 (6).

［6］ 任玲. 从审查员的视角看发明或实用新型专利申请文件的撰写流程［J］. 专利代理，2015 (2).

［7］ 辜强. 浅谈电学类实用新型专利申请文件的撰写［C］//中华全国专利代理人协会. 2015 年中华全国专利代理人协会年会第六届知识产权论坛论文集，2015.

［8］ 孔德明. 专利审查工作中的激励机制探讨：加强青年审查员审查文化建设的几点体会［C］//中华全国专利代理人协会. 2014 年中华全国专利代理人协会年会第五届知识产权论坛论文集，2014.

［9］ 冷玉珊. 浅谈医疗器械领域发明专利和实用新型专利申请的注意事项［J］. 中国发明与专利，2013 (6).

［10］ 杨宇，徐晶. 浅谈专利技术交底材料的作用和撰写［J］. 中国发明与专利，2016 (2).

［11］ 何春晖. 专利申请文件撰写中应当注意的几个问题［J］. 电子知识产权，2003 (4).

［12］ 赵国虹. 专利申请文件撰写中的两个问题［J］. 知识产权，1993 (4).

［13］ 郑华. 实用新型专利申请文件的撰写技巧探讨［J］. 科协论坛（下半月），2010 (3).

［14］ 刘歆洁，许秀英. 专利申请文件撰写中若干问题分析［J］. 合肥工业大学学报（社会科学版），2013，27 (3).

［15］ 耿萍. 专利申请意见陈述中的常见问题和逻辑说理［J］. 中国发明与专利，2014 (6).

［16］ 季红军. 从避免公开不充分角度谈专利申请文件撰写技巧［J］. 中国发明与专利，2015 (4).

［17］ 邓丽娟. 浅谈中药专利申请中异名的记载可能带来的问题以及撰写建议［C］//中华全国

专利代理人协会.2014 年中华全国专利代理人协会年会第五届知识产权论坛论文集，2014.

[18] 张占江. 从实审角度谈如何避免说明书出现公开不充分的缺陷［C］//中华全国专利代理人协会.2013 年中华全国专利代理人协会年会暨第四届知识产权论坛论文汇编，2013.

[19] 王玮玮，安蕾，邹丽娜，等. 浅谈"公开不充分"审查意见的答复方式［J］. 中国发明与专利，2012（10）.

[20] 邵苏秀，夏兆鹏. 纺织专利申请文本公开充分的撰写及答复技巧［J］. 针织工业，2013（12）.

[21] 吕茂平. 从说明书公开不充分谈中药专利申请撰写中应注意的问题［J］. 中国医药指南，2012，10（1）.

[22] 秦思，孙玉静，谭南，等. 材料领域专利申请中的常见公开不充分缺陷以及撰写建议［J］. 新材料产业，2014（2）.

[23] 贺永. 专利撰写工作中对技术交底书的应用探讨［J］. 法制与社会，2018（6）.

[24] 徐燕.《专利法》第二十六条第三款的理解与适用：对说明书中引证文件的考虑［C］//中华全国专利代理人协会.2013 年中华全国专利代理人协会年会暨第四届知识产权论坛论文汇编，2013.

[25] 孙世新. 从专利申请文件撰写的角度浅谈专利法第二十六条第四款中的功能性限定［J］. 法制博览，2015（34）.

[26] 王睿. 归纳，还是演绎？：浅析专利文件撰写的思路［C］//中华全国专利代理人协会. 全面实施国家知识产权战略，加快提升专利代理服务能力：2011 年中华全国专利代理人协会年会暨第二届知识产权论坛论文集，2011.

[27] 王宏钧，刘渊. 机械领域专利申请撰写中清楚问题探讨［J］. 科技与创新，2019（6）.

[28] 郑华. 实用新型专利申请文件的撰写技巧探讨［J］. 科协论坛（下半月），2010（3）.

[29] 胡菁，刘宏涛. 专利权利申报及管理工作概说［J］. 科教导刊（上旬刊），2018（8）.

[30] 杨萍，高媛. 电商平台专利维权探析［J］. 科技创业月刊，2018，31（12）.

[31] 谢光旗. 专利侵权警告函：正当维权与滥用权利的合理界分［J］. 重庆大学学报（社会科版），2019（10）.

[32] 陶凤波. 专利维权在曲折中前进［J］. 中国发明与专利，2012（11）.

[33] 杨钰铭. 论我国专利侵权与专利无效冲突［J］. 法制博览，2019（14）.

[34] 陈湘涛. 论专利侵权中的等同原则［D］. 长沙：湖南师范大学，2007.

[35] 石必胜. 论无效程序中权利要求书修改的最小单元［J］. 知识产权，2015（1）.

[36] 李洪江. 方法专利权利要求侵权判定中的疑难问题［C］//中华全国专利代理人协会. 实施国家知识产权战略，促进专利代理行业发展：2010 年中华全国专利代理人协会年会暨首届知识产权论坛论文集，2010.

[37] 赵臻淞. 专利主题名称是否构成权利要求的保护范围［J］. 专利代理，2017（3）.

[38] 杨立超. 审查指南对实施细则 51 条 3 款适用排除内容第 4 条的规定与专利局通用格式的

审查意见相矛盾［C］//中华全国专利代理人协会. 全面实施国家知识产权战略，加快提升专利代理服务能力：2011 年中华全国专利代理人协会年会暨第二届知识产权论坛论文集，2011.

［39］吴玉和. 专利权利要求保护范围及等同物判定 最高法院《关于处理专利侵权纠纷案件有关问题解决方案草稿》评价［J］. 中国专利与商标，2004（1）.

［40］穆建军. 权利要求书撰写应在专利侵权中发挥防线作用［J］. 电子知识产权，2005（9）.

［41］史晶晶. 关于网上购物维权问题的案例分析［D］. 兰州：兰州大学，2010.

［42］石超. 论专利权宣告无效后利益人的权利保护：解读《专利法》第四十七条［J］. 科技与法律，2018（6）.

［43］中国汽车保修设备行业协会法务部. 外观设计专利被认定无效后的救济途径［J］. 法律园地，2018（11）.

［44］成磊. 朗科："专利"一出：谁与争锋［J］. 大经贸，2008（8）.

［45］徐明. 专利侵权诉讼中无效宣告程序滥用的危害［J］. 法制博览，2019（14）.

［46］白若鸽，章放. 涉及权利要求未以说明书为依据的无效案例的分析及启示［J］. 科技创新导报，2015，12（15）.

［47］刘冀. 如何基于技术问题对权利要求未以说明书为依据的审查意见进行答复［J］. 中国发明与专利，2016（11）.

［48］刘阳峰. 浅析"权利要求书以说明书为依据"：谈谈对中国专利法第二十六条第四款条文的理解［J］. 中国专利与商标，1995（4）.

［49］王静. 专利代理人答复创造性缺陷的意见陈述撰写探究［C］//中华全国专利代理人协会. 2014 年中华全国专利代理人协会年会第五届知识产权论坛论文集，2014.

［50］朱益岩. 专利无效后显失公平问题的法律救济［D］. 长沙：中南大学，2013.

［51］李军，陈淑萍. 专利侵权诉讼的特性研究［J］. 河北青年管理干部学院学报，2019，31（4）.

［52］张轶. 论专利独占被许可人的诉权［J］. 知识产权，2018（1）.

［53］张晓东. 美国专利制度改革运动与科技创新企业利益博弈［J］. 中国发明与专利，2012（1）.

［54］李竹. 浅述专利转让中的著录项目变更手续［J］. 专利代理，2018（4）.

［55］刘歆洁，刘冬梅. 专利许可和转让中值得注意的若干问题［J］. 合肥工业大学学报（社会科学版），2015，29（1）.

［56］张冰剑. 论禁止反悔原则的适用［J］. 法制与社会，2018（34）.

［57］陈聪. 专利捐献原则的法理分析［J］. 知识产权，2019（1）.

后　记

　　国家实施知识产权战略，提出坚持人才为先，要把人才作为创新的第一资源。党的二十届三中全会指出，"教育、科技、人才是中国式现代化的基础性、战略性支撑"，"建立科技发展、国家战略需求牵引的学科设置调整机制和人才培养模式"。在发展新质生产力背景下，需要探索复合型知识产权人才培养模式。当前，我国知识产权人才培养的主要矛盾不再是社会日益增长的创新保护需要与知识产权人才极度匮乏之间的矛盾，而是转化为企业日益增长的产业化需要和不契合不优质的人才培养之间的矛盾。知识产权人才培养应当重点强化创新能力、产业化能力和国际化能力等核心能力的提升。面向新质生产力发展的复合型知识产权人才培养，要围绕产业创新的需求优化知识产权人才培养模式。专利实务实训是联系专利法与专利实务的重要桥梁。在理工科背景下，落实"理论—实践—塑造"教学理论，转变教学观念，完善专利实务实训课程，设计专利模拟教学、专利检索分析、专利管理等软件模块，编写配套《专利实务实训》指导书，组织实训教学与实践。

　　桂林电子科技大学是一所理工科特色鲜明的高校，在新质生产力、共建"一带一路"背景下，针对广西的区域优势以及广西高校专业布局实际情况，设置知识产权专业，2016年5月成立广西第一家独立的知识产权学院。"专利实务实训"课程是培养实务操作、管理和解决专利实际问题能力、实现法学向复合型人才转变的实践课程。学校从2013级学生开始开设"知识产权实务"理论课程，效果并不理想，原因主要在于：偏重理论教学环节，实务环节薄弱；实务教学手段单一，理论不能联系实际；实训所需的硬件、软件和设备、设施不完备，实务教学内容简单。针对以上问题，以"知识产权实务"教学改革为基点，以学校特色鲜明的理工科背景为依托，以理论课程与实务课程中重复与交叉的内容进行整合为核心，对课程设计进行重建，建立"知识产权实训室"，开设"专利实务实训"课程。其意义体现在几个方面：一是完善知识产权实务教学的体系，强化实践教学的理念；二是促进理论学习与实践活动的融合，强化应用能力培养；三是改革知识产权实务教学内容和方法，构建层次递进的立体化实践教学模式。经过多年的伏案写作和不断修改完善，书稿终于完稿。

关于专利实务实训，我们的思考和研究持续多年。由于工作需要，2016 年底，本人从桂林电子科技大学生命与环境科学学院调往法学院/知识产权学院，由生物工程（制药方向）专业教师转变为知识产权专业的教师，所授课程由"化工原理及设备""食品营养学""药物制剂学"，调整为"专利法学""知识产权实务""专利审查""专利文献撰写""知识产权管理"等。教学和研究方向由理工科的植物提取、食品科学、生物制药等调整为专利法、专利代理实务、知识产权管理等领域。在知识产权专业教学和研究过程中，我发现现有知识产权专业学习偏重于法理学习，知识产权实训、专利代理实务等方面课程涉及得很少。2017年，本人主持的广西壮族自治区科学技术厅（广西知识产权局）专利专项"企业专利特派员试点示范"（桂知专 15831 - 9），通过验收；我深感企业所需要的知识产权人才需要有较强的实务能力。为此组织了"专利知识介绍""专利撰写及申请"培训；还组织企业领导层、科技人员和骨干力量进行"企业知识产权管理规范"培训，包括"知识产权贯标介绍"、《制药公司知识产权管理手册》。为了组织好培训，我花了大量时间，精心准备培训资料，尤其是关于中药领域专利文献撰写及注意事项，包括专利申请文件的组成、不可授权客体、说明书的撰写、权利要求书的撰写、专利申请流程；帮助制定"企业专利战略"，做好专利布局，建立公司的知识产权目标。在企业开展《企业知识产权管理规范》贯标，从组织机构建立，岗位职责划分，知识产权方针、目标，知识产权管理体系策划、管理评审输入、输出等方面，对人力资源、基础设施、财务资源、信息资源等进行管理。尤其是对知识产权工作人员，从教育与培训、人事合同、入职、离职、激励等方面进行规范和管理。从获取、维护、运用、实施、许可和转让、投资融资、合并与并购、标准化、联盟及相关组织、保护、风险管理、争议处理、涉外贸易、合同管理、保密等方面进行基础管理。实施和运行从立项、研究开发、采购、生产、销售和售后等方面进行实施和运行管理。审核和改进主要从内部审核、分析与改进方面进行。形成了一整套的企业知识产权管理标准和制度，提升了企业的知识产权管理水平。同时也深感知识产权专业学生实务能力的不足，于是开始思考和研究"知识产权专业"的培养方案和教学改革。经过调研，结合学院的实际情况，决定在学院成立"知识产权实训室"，购买电脑、办公用品等硬件设施，购买或者联合开发知识产权模拟教学软件和专利管理软件，开设"专利实务实训"课程。经过大家共同努力，"知识产权实训室"已经成立，硬件设施已经满足实务教学要求，软件在不断购买和完善。2017 年 7 月我在《广西教育》杂志上发表了教改论文《〈知识产权实务〉》教学改革探讨：以桂林电子科技大学为例》，迈出了编写《专利实务实训》的第一步。

2018 年是国家知识产权战略实施十周年，全国掀起了总结知识产权战略实施十周年的高潮。我有幸参加桂林市知识产权战略实施十周年总结，从知识产权创造、运用、保护、建设等方面进行总结，参与修改《桂林市专利申请资助及奖励暂行办法》。在深入实施知识产权战略的对策建议时，深感知识产权人才实务能力的不足。在研究生案例库建设过程中，发现法学案例库内容丰富，但是法学案例库多以维权诉讼为视角，基本没有知识产权诉讼前的实务案例库。关于专利案件，没有专利挖掘、检索、申报、管理过程中的问题案例，也没有专利挖掘、撰写、申报、审查等实务内容。面对非法学专业的法律硕士、具有理工科背景的知识产权双学位、辅修学位、第二学士学位的学生，为了以后参加专利代理师考试，需要加强知识产权实务能力培养。反思知识产权专业人才培养方案时，有动力推动本书的编写和思考。本人还主持广西科技发展战略研究专项课题"科技立项和专利的代理制度研究"（桂科 ZL18077011），基于微观层面的企业视角，从专利产出、专利挖掘、专利申报、专利管理以及考核指标等方面进行多维分析，为准确预测科技项目立项对企业创新的影响，为科技立项专利管理提供了一个新的分析和考量视角。在研究过程中，也深感知识产权实务人才的重要性。在厦门大学知识产权研究院攻读知识产权管理专业的博士期间，我抽时间和精力来撰写和完善《专利实务实训》。在大家的帮助下，得以完成本书的撰写工作。由于各种原因以及本人的撰写水平有限，本书的缺漏甚至某些学术错误在所难免，敬请有关专家、学者、老师和各位读者不吝赐教，以便以后做得更好，本人不胜感激！

在本书编写过程中，桂林电子科技大学宋志国教授、高兰英教授、彭俊教授提供了部分资料和场地；覃超、雷宇、王博元等同学收集了大量的资料并进行文字勘误工作；广州奥凯信息有限公司提供了专利法模拟教学软件以及专利法部分模拟习题；深圳峰创智诚科技有限公司提供了专利管理软件和良好建议；南宁新创之友知识产权代理有限公司提供部分案例和建议；桂林华杰专利商标事务所有限公司、北京轻创知识产权代理有限公司桂林分公司也提供了部分案例和建议。在厦门大学求学期间，我的博士生导师林秀芹教授对本人进行学术指导，对本书的撰写、修改提出许多宝贵意见，特此表示感谢！此外，知识产权出版社的刘睿编审、邓莹副编审为本书撰写提出很好的参考意见，在出版时付出辛勤劳动；还有众多的专家、学者和对软件使用提出建议的同学，以及提供参考文献的作者，在此一并表示诚挚的谢意！

本书得到桂林电子科技大学知识产权学院、广西知识产权培训（桂电）基地的大力支持，得到国家自然科学基金项目（62161009）、广西科技项目（桂科ZL18077014）、广西区教改课题（2018JGB195）、桂林电子科技大学研究生科研创新项目（2018YJCX118）、桂林电子科技大学研究生课程建设项目"知识产权实务案例库"（YKC201807）的资助，特此说明！

周治德

2024 年 3 月 29 日

于桂林电子科技大学尧山校区